KB116442

TMI: 정보가 너무 많아서

TMI: 정보가 너무 많아서

캐스 **R.** 선스타인 지음   고기탁 옮김

열린책들

아! 그들이 왜 자신의 운명을 알아야 할까?
슬픔은 늦게 찾아올수록 낫고,
행복은 쏜살같이 지나가건만.
생각은 그들의 낙원을 파괴할 것이다.
이제 그만, 무지가 축복인 곳에서
현명해지는 것은 어리석은 일이다.

— 토머스 그레이, 『멀리 이튼 칼리지를 바라보는 노래』

나는 어떤 이야기를 접하든 결말을 알고 싶어서 견디지 못한다. 오로지 결말 — 단맛이든, 신맛이든 — 을 집어삼키려는 탐욕스러운 열정으로 지극히 시시한 중간 내용들 — 일단 손에 잡으면 — 을 읽어 내고, 결과적으로 굳이 손댈 필요가 없었던 무언가를 독파한다. 당신도 나와 비슷한 경우인가? 아니면 좀 더 분별력 있는 독자인가? 무익한 것은 제쳐 놓는가?

— 앤토니아 수전 바이엇, 『소유』

머리말

이 책의 핵심 질문은 간단하다. 정부는 언제 기업과 고용주, 병원을 비롯한 누군가에게 정보 공개를 요구해야 하는가? 내가 제안하는 대답 역시 적어도 겉으로 보기에는 간단하다. 정보가 인간의 삶을 유의미하게 개선할 수 있을 때이다. 이와 같은 목표를 달성하려면 정보는 사람들에게 — 그들의 행복이나, 시간이나, 재정과 관련해서 — 더 나은 선택을 하도록 해야 한다. 그렇게 함으로써 사람들을 더욱 행복하게 만든다면 그들의 삶도 개선할 수 있을 것이다. 안타깝게도 어떤 정보는 사람들의 삶을 어떤 식으로든 개선하지 않는다. 사람들이 더 나은 결정을 하도록 도와주지 않으며, 그들을 더 행복하게 만들어 주지도 않는다. 때로는 아무런 쓸모가 없기도 하고, 때로는 오히려 사람들을 불행하게 만들기도 하며, 때로는 사람들로 하여금 현명하지 못한 결정을 내리도록 만들기도 한다.

정보가 인간의 삶에 미치는 영향에 의문을 갖는 것은 어쩌면 당연한 듯 보인다. 하지만 공공 정책 분야에서는 많은 사람이 다른 식으로 생각한다. 그들은 〈알 권리〉를 강조하면서 설령 정보를 가지고 할 수 있는 것이 거의 없더라도 소비자와 고용주에게는 정보에 대한 권리가 있다고 주장한다. 어떤 사람들은 주어진 정보가 자신의 삶을 개선해 주지 않더라도 정보가 없을 때보다 있을 때 더 많은 자유를 누릴 수 있다고 주장하면서 정보와 개인의 자율성 간의 상관관계를 강조하기도 한다. 나는 이 책에서 〈알 권리〉를 자주 거부할 것이다. 아울러 어떤 정보가 인간의 복지에 기여하는지보다 자율성에 초점을 맞추는 방식이 덜 유익하다고 주장할 것이다. 적어도 기업이나 고용주, 병원을 비롯한 그 밖의 누군가가 언제 정보를 공개해야 할지 공무원들이 결정해야 하는 상황에서는 이와 같은 주장을 이어 갈 것이다.

나는 그런 주장들을 명시함으로써 전 세계 공무원이 오늘날 직면하고 있는 유행병이나 암, 흡연, 기후 변화, 빈곤, 대출, 노동자 권리, 교육, 성평등, 유전자 변형 농산물, 산만한 운전 등에 관련된 광범위한 질문에 대답하기 위한 틀을 제안하고자 한다. 제안된 틀은 의무적인 정보 공개가 언제 효과적인지에 더해서, 어떤 형식을 취해야 하는지를 명확히 하기 위함이다. 그리고 나의 주된 질문과 얼핏 보기에 간단한 나의 대답을 이해하기 위해서는 인간이 무엇을, 얼마나 알고 싶어 하는지와 같은 — 알기를 원하거나 원하지 않음으로써 우리가 심각한 실수를 저지르고 있지는 않은지와 같은 — 좀 더 근본적인 문제들을 다룰 필요가 있다.

팝콘 맛을 망치다

이런 문제에 대한 나의 관심은 오바마 행정부 시절에 증폭되었다. 당시에 나는 백악관에서 일할 수 있는 기회를 얻었고, 그곳에서 연방 정부의 규제 감독 업무를 지원했다. 내 업무의 상당 부분은 칼로리나 영양소, 작업장의 위험 요인, 고속 도로의 안전성, 연료 효율, 온실가스 배출량, 신용 카드, 주택 담보 대출 등과 관련해서 정보 공개를 요구하는 각종 규제에 관한 것이었다. 소비자 금융 보호국에는 관련 슬로건도 있었는데 〈빚내기 전에 알아 두세요〉라는 것이었다.

나는 규제 전략의 일환으로 정보 공개에 열심이었다. 정보를 공개함으로써 사람들의 삶이 더 나아질 거라고 생각했다.

어느 날, 친구에게 이메일을 보내서 미국 식품 의약국이 영화관을 포함한 다양한 음식점에 칼로리를 공개하도록 요구하는 규정을 마침내 확정했다는 소식을 전했다. 나는 이 일에 많은 시간을 들인 터였다. 솔직히 말해서 나는 열정이 넘쳐흐르는 상태였고, 설레기도 했으며, 조금은 자랑스러운 마음도 있었다.

친구가 답장을 보내왔다. 〈캐스가 팝콘 맛을 망쳐 놓았군.〉 친구의 말은 당연히 나를 풀 죽게 만들었다. 하지만 그녀의 말도 일리가 있었다. 극장에 가는 사람들은 영화를 보며 팝콘을 즐기고 싶어 한다. 극장 조명이 꺼짐과 동시에 자신이 뚱뚱해질지를 알고 싶어 하지 않는다. 칼로리 표시는 그들에게 딱히 즐거움을 더해 주지 않을 것이 분명하다.

나중에 보게 되겠지만, 실증적인 연구는 내 친구가 옳았음을 보여 준다. 즉 많은 사람이 칼로리 표시를 보고 싶어 하지 않는다. 실제로 그들은 칼로리 표시를 보지 않기 위해서 기꺼이 진짜 돈을 지불하고자 했다.

칼로리를 공개하려는 것이 나쁜 생각이라는 뜻일까? 아마도 아닐 것이다. 칼로리 표시는 부정적인 영향보다 긍정적인 영향이 더 많을 수 있다. 어떤 사람들은 칼로리 표시를 본 이후에 더 나은 선택을 할 수 있으며, 그들 중 일부는 좀 더 건강한 음식을 즐길 줄 알게 될 수도 있다. 이런 식의 전환은 취향과 가치관이 본질적으로 변할 수 있음을 암시하며, 특히 분석을 복잡하게 만든다. 샐러드를 계속 먹다 보면 누군가에게는 샐러드가 점점 맛있게 느껴질 것이다.

그런데도 팝콘 맛을 망칠 수 있는 위험은 중요한 문제이다. 또한 더 포괄적이고 흥미로운 어떤 사실에 대한 단서를 제공한다. 바로 어떤 정보는 사람들 기분을 나쁘게 만들거나 심지어 끔찍하게 만든다는 사실이다. 그런 부분이 꼭 결정적인 것은 아닐 수 있다. 이를테면 자신이 패혈성 인두염이라는 사실을 알았을 때 좋아할 사람은 아무도 없겠지만, 이와 같은 사실을 알게 됨으로써 사람들은 다시 건강해질 방법을 찾게 될 것이기 때문이다. 직장에서도 마찬가지이다. 자신의 실적이 좋지 않다는 사실을 알았을 때 사람들은 실적을 개선할 방법을 찾게 될 것이다. 그러나 어떤 경우에는 무지가 진정한 축복일 수 있으며, 사람들은 알지 못했을 때 더 행복할 수 있다.

같은 취지에서 나는 수십 년 전에 매우 슬픈 교훈을 얻었다. 1976년에 예순의 나이임에도 운동을 좋아하고 건강하던 아버지가 테니스 코트에서 비틀거리기 시작했다. 몇 번은 하마터면 넘어질 뻔했다. 아버지의 단골 테니스 상대였던 매형 로저 역시 깊은 우려를 나타냈다. 몇 주 뒤에 어머니와 나는 아버지에게 병원에 가서 여러 가지 검사를 받아 보자고 주장했다.

검사 당일은 힘들고 고단한 하루였다. 아버지는 시종일관 시무룩하고 멍한 표정이었다. 몇 시간 뒤에 좋은 소식이 전해졌다. 의사와 상담을 마친 어머니가 환한 미소와 함께 병실로 돌아와 아버지에게 말했다. 「당신은 집행 유예야! 평범한 두통일 뿐이래. 건강에 아무 문제도 없대. 다만 아직 몇 가지 검사가 남아서 병원에 조금 더 있어야 해. 의사들 말로는 아무것도 아니래.」 우리 세 사람은 자축하는 의미로 병실에서 함께 밥을 먹었다.

그로부터 한 시간 뒤에 어머니는 차로 나를 집에 데려다주면서 감정이 거의 느껴지지 않는 단호한 어조로 말했다. 「아버지는 치명적인 뇌종양으로 돌아가실 거야. 아마도 18개월 정도 더 사실 거 같아. 의사들도 할 수 있는 것이 없다는구나, 아무것도. 하지만 우리는 이 사실을 아버지에게 이야기하지 않을 거야.」

우리는 정말로 아버지에게 알리지 않았다. 두통이 심해지기는 했지만, 아버지는 1년 동안 낙관적인 태도를 보였다. 하지만 어느 순간부터 당신의 상태가 예사롭지 않음을 직감한 듯했다. 죽음을 얼마 앞두었을 때 아버지는 내게 그 점을 확실히 했다. 그때 아버지가 한 말이 아직도 기억에 생생하다. 「너는 아버지를 잃게 될 거야.」 어머니가 내게 똑같은 취지로 말한 지 1년이 지났을 때였다.

진실을 숨김으로써 어머니는 당신 스스로를 보호하고자 했을까? 당연히 그랬을 것이다. 의심의 여지가 없다. 같은 방식으로 어머니는 아버지도 보호하고자 했을까? 물론이다. 이 또한 의심의 여지가 없다. 그렇다면 어머니가 옳았을까? 수십 년이 지난 지금도 비록 확신은 없지만, 나는 그렇다고 생각하는 편이다. 어머니는 아버지를 잘 알았고, 당신 자신에 대해서는 더욱 잘 알았다. 나쁜 소식을 공개할지 말지는 사람과 상황에 따라 다르다. 한 가지 치수의 옷이 모든 사람에게 다 맞지 않는 것과 같은 이치이다. 그리고 나는 어머니가 자신과 아버지에게 가장 잘 맞는 치수가 무엇인지 알고 있었다고 생각한다.

이쯤에서 다른 이야기를 하자면, 나는 온라인으로 전기면도기를 구매한다. 내가 선호하는 브랜드를 주문하면 상품은 으레 온갖 종류의 전선과 플라스틱에 더해 겹겹으로 포장된 상태로 배달된다. 다시 말해, 포장을 뜯어서 전기면도기 자체를 꺼내는 과정이 즐겁지는 않다는 뜻이다. 그런데 최근에 아마존에서 〈좌절 없는 포장Frustration-free packaging〉 상태로 전기면도기를 구매할 수 있음을 알게 되었다. 나는 그 말이 무슨 뜻인지 정확히 알지 못했지만, 왠지 좋은 말인 것 같아서 해당 포장 방식을 선택했다. 그리고 아니나 다를까, 포장을 해체하기가 훨씬 수월했다. 그야말로 좌절할 일이 없는 포장 방식이었다.

몇 주가 지난 다음에 나는 좌절 없는 포장 방식에 대해 알아보았다. 간략히 요약하면 다음과 같다.

- 쓰레기를 줄이기 위한 설계: 적절한 크기로 아마존 포장 없이 배송됨.
- 사전 실험을 통한 보호 설계: 제품 손상을 최소화하기 위한 인증된 설계.
- 재활용 가능한 포장재: 100퍼센트 도로변 수거 방식으로 재활용 가능.
- 손쉬운 개봉: 암수 잠금장치가 된 플라스틱 용기나 케이블 타이가 없음.

여기에서 주목해야 할 점은 좌절 없는 포장이 상당 부분 환경 피해를 최소화할 목적으로 설계되었다는 사실이다. 쓰레기는 줄이고 재활용이 가능한 재질만 사용하는 식이다. 그런데도 〈마케팅은 이런 부분을 부각시키지 않는다〉. 즉 소비자에게는 더 이상 좌절하지 않아도 된다는 단순한 정보만 제공된다. 아마존은 소비자에게 무언가를 알리는 가장 좋은 방법이 팝콘 맛을 망치는 행위와 거의 정반대로 행동하는 거라고 판단하고 있음이 틀림없다. 즉 그들은 긍정적인 감정을 유발하기 위해 노력하고 있다.

하지만 팝콘 맛을 망치는 행위가 바람직할 때도 많다. 어떤 정보가 꼭 필요한 정보일 때도 이런 경우에 해당하는데, 해당 정보를 얻음으로써 우리의 삶이 헤아릴 수 없을 만큼 나아질 수 있기 때문이다. 설령 그 정보가 끔찍한 내용일지라도 마찬가지이다. 물론 가끔은 모르는 것이 약일 때도 있다. 나의 주된 목표 중 하나는 정보를 얻는 데 따른 정서적인 영향 — 정보가 며칠이나 몇 주, 몇 달, 몇 년에 걸쳐 사람들을 더욱 행복하게 만들지 또는 우울하게 만들지 — 에 집중해야 한다고 제안하는 것이다. 나의 또 다른 주장 중 하나는 이런 제안과 약간 긴장 관계에 있다. 사람들은 종종 정보가 자신을 행복하게 만들어 주기 때문이 아니라 정보를 추구하는 행위 자체가 자신의 삶을 좀 더 충만하거나 풍요롭게 만들어 줄 거라고 믿기 때문에 정보를 추구한다. 지극히 평범한 주장이지만, 우리는 이와 같은 주장이 적어도 한 가지 이상의 역설을 풀어내는 데 도움이 된다는 사실을 알게 될 것이다.

계획

앞서 언급한 나의 핵심 질문을 기억하자. 정부는 언제 기업과 고용주, 병원을 비롯한 누군가에게 정보 공개를 요구해야 하는가? 이 질문은 〈판매자가 소비자에게, 고용인이 피고용인에게, 교육 기관이 학생들에게, 기업이 투자자에게 무엇을 말해야 하는가〉라는 문제와 직결된다. 질문에 대한 답을 도출하기 위해서는 기본적인 것들부터 시작할 필요가 있다. 1장에서는 사람들이 왜 정보를 원하면서도 정보에 무관심하거나, 알고 싶어 하지 않는지에 관한 일반적인 개요를 살펴본다. 아울러 왜 군이 알 필요가 없는 정보를 알고 싶어 하는지, 꼭 알아야 하는 정보를 알고 싶어 하지 않는지에 대해서도 알아본다. 미리 말하자면 인간의 본성은 이 점에서 매우 복잡하며, 우리는 우리가 알아야 하는 것보다 (그리고 알고 싶어 하는 것보다) 훨씬 적게 알고 있다. 나의 목표는 방향을 설정하는 데 필요한 원칙을 제공하는 것이다.

2장부터 5장까지는 각종 경고 문구와 의무 표시에 집중한다. 정보 공개가 과연 인간의 복지를 증진하는지와 관련해서 나는 두 가지 질문에 집중한다. 첫 번째 질문은 사람들이 정보를 이용해서 무엇을 할 수 있는가 하는 것이다. 대부분 사람들은 아무것도 하지 못한다. 어쩌면 정보가 그들에게 중요한 어떤 것과 아무런 관련이 없기 때문이다. 어쩌면 정보가 너무 혼란스럽고 장황해서 사람들이 〈그래, 그게 뭐든〉이라고 이야기할 수도 있을 것이다. 정보 공개가 본질적으로 무익한 경우는 비일비재하다. 비용만 많이 들고 그로 인한 혜택은 없을 때가 많다.

두 번째 질문은 정보가 사람들을 어떻게 느끼도록 만드는가 하는 것이다. 나는 〈정보를 추구하거나 외면하려는 사람들의 행동이 해당 정보가 자신을 행복하게 만들거나 슬프게 만들 거라는 생각에 자주 좌우된다〉라는 사실에 특히 주목한다. 아울러 그들의 판단이 일반적으로 더할 나위 없이 합리적이라고 암시한다. 인간은 삶을 즐기고 싶어 하기 때문이다. 이런 목표를 위협하는 정보와 같은 것을 피하고자 하는 행동은 당연하다.

중요한 것은 즐기는 것만이 능사는 아니라는 사실이다. 삶은 단지 즐거울 뿐 아니라 질적으로도 좋아야 한다. 예컨대 내가 매입을 고려 중이던 집과 관련한 나쁜 소식은 (아마도 검수 과정에서 기준을 충족하지 못함으로써) 나를 우울하게 만들 수 있겠지만, 나로서는 어떤 경우에도 해당 사실을 아는 편이 나을 것이다. 때때로 정보는 삶을 더 즐겁게 만들지 않더라도, 더 행복하고 의미 있게 만들 것이다. 그렇지만 나는 정보를 얻는 데 따른 정서적인 영향에 좀 더 무게를 둘 예정이다. 정서적인 영향이 언제나 가장 중요한 고려 사항이기 때문이 아니다. (의사나 마케팅 담당자, 정부, 판사 등으로) 자주 간과되기 때문이다. 다른 조건이 동일하다는 전제로 이왕이면 팝콘 맛을 망치지 않는 편이 낫다.

어떤 사람은 다른 사람이 쓸모없다고 생각하는 정보를 이용하고, 어떤 사람은 다른 사람이 불편하게 여기지 않는 정보에 매우 부정적으로 반응한다는 점에서 정보를 추구하거나 회피하는 사람들에게서 상당한 비균질성을 발견하는 것은 딱히 놀라운 일이 아니다. 어떤 사람은 다른 사람을 고통스럽게 하는 정보를 즐겁게 소비한다. 또한 뒤에서 보게 되겠지만, 어떤 형태의 정보 공개는 특정인들에게 좀 더 유용할 수 있으며, 어떤 형태의 정보 공개는 특히 효과적일 수 있다. (앞서 언급한 〈좌절 없는〉이라는 용어도 하나의 예시가 될 수 있다. 이런 식의 표현을 좋아하는 나와 다르게 누군가는 좋아하지 않을 것이 분명하며, 그런 사람들은 〈친환경 포장〉이라는 용어를 선호할 것이다.) 하지만 내 목표는 정보 표시나 경고 문구가 언제 효과를 발휘하고, 언제 효과를 발휘하지 않는지 설명이나 리뷰를 제공하는 것이 아니다. 훨씬 광범위한 내 목표는 성공하거나 실패한 모든 결과를 정리하고 체계화하기 위한 토대를 제공하는 것이다.

6장에서는 의무적인 정보 공개와 별개로 다양한 정보를 제공하는 소셜 미디어 플랫폼 때문에 제기되는 문제를 다룬다. 그리고 소셜 미디어 플랫폼이 사람들을 더 행복하게 만드는지, 아니면 불행하게 만드는지를 질문한다. 표준적인 경제 기준으로는 판단이 불가능하다. 그 자체로는 딱히 중요한 뉴스거리도 아니다. 하지만 그 이유가 흥미로우며, 그런 기준의 불충분함은 우리 관심을 올바른 질문으로 이끄는 효과가 있다. 바로 소셜 미디어가 우리 인간의 삶에 미치는 실질적인 영향에 관한 질문이다. 페이스북을 중단하면 더 행복해진다는 증거가 존재함에도 사람들은 해당 플랫폼 이용을 중단하는 대가로 오히려 상당한 액수의 금전적 보상을 요구한다. 아마도 해당 플랫폼이 (비록 그들을 불행하게 만들지라도) 그들이 정말로 알고 싶어 하는 정보를 제공하기 때문인 듯하다. 바로 여기에 더욱 충만하거나 의미 있는 삶을 영위하기 위해 사람들이 통상적으로 정보를 추구하는 방식과 관련해서 중요한 핵심이 있다. 즉 우리가 알기를 원하는 어떤 것들은 우리를 행복하게 만들지 않지만, 그래도 우리는 알기를 원한다는 것이다. 한편으로는 소셜 미디어를 계속해서 사용하기를 원하는 사람들이 실수하고 있을 가능성도 짚어

볼 필요가 있다. 어쩌면 그들은 중독되어 있을지 모른다. 그래서 소셜 미디어가 그들의 삶에 해로운 영향을 주고 있다는 사실 자체를 아예 인지하지 못하는지도 모른다.

7장에서는 기어를 바꾸어 정보가 지나치게 많은 데 따른 문제를 다른 각도에서 살펴본다. 특히 〈슬러지〉 문제를, 즉 정부에 의해서 부과되며 일반적으로 사람들에게 정보를 제공하도록 요구하는 (그리고 때로는 그 과정에서 사람들을 미치게 만드는) 행정 부담을 집중적으로 탐구한다. 간단히 말해서 나는 정부가 무엇을 알고자 하는지를 질문한다. 때로는 타당한 이유로, 때로는 터무니없는 이유로 공무원들은 사람들에게 정보를 넘기라고 요구한다. 슬러지는 좌절감과 수치심을 비롯해서 높은 경제적, 심리적 비용을 부과할 수 있다. 우리 중 가장 취약한 누군가에게 상처를 줄 수 있다. 정부는 과도한 정보 요구를 줄여서 슬러지를 줄일 필요가 있다.

이 짧은 책에는 많은 나무가 존재하지만, 숲을 놓치지 말아야 한다. 정보는 어떤 면에서는 가장 강력한 도구이다. 정보를 제공하거나 다른 누군가에게 정보를 요구하는 정부의 행위는 다양한 맥락에서 전적으로 타당하다. 일단 정지 표지판이나 담뱃갑이나 처방 약의 경고 문구들, GPS 장치들, 청구서 납부 기한이나 진료 예약일이 임박했음을 상기해 주는 알림 등은 분명히 우리를 이롭게 한다. 하지만 때로는 모르는 편이 더 도움 될 때도 있다. 미래를 위해서는 정보가 실제로 어떻게 기능하고 있는지, 어떤 효과를 불러오고 있는지를 더욱 명확히 알 필요가 있다. 이런 질문과 각각의 답변에 끈질기게 집중할 때 우리는 더 행복하고, 더 자유롭고, 더 나은 삶을, 더 오래도록 영위할 수 있을 것이다.

목차

1장

아는 것은 힘이지만 무지는 축복이다

새로운 도시로 이사를 간다고 가정해 보자. 아마도 당신은 새로운 도시가 살기에 어떤지 궁금할 것이다. 집을 구입할 예정이라면 지붕은 수리할 필요가 있는지, 난방은 문제없는지 알고 싶어 한다. 노트북이나 자동차, 휴대 전화를 구입할 때도 각각의 가격과 사양, 내구성 같은 제품의 특징을 파악하고자 할 것이다. 투표할 사람을 정하고자 할 때도 각각의 후보자들이 가진 생각을 알고 싶어 한다.

정보를 얻는 것은 일반적으로 유익한 일로 여겨진다. 그런데 정보는 정확히 언제 유익할까? 아울러 얼마나 유익할까?

사람들이 굳이 알려고 노력하지 않는 정보도 많다. 이런 정보는 사람들에게 아무런 가치를 갖지 못한다. 괜스레 머리만 어지럽히고 지루하게만 만들 뿐이다. 또한 사람들이 일부러 얻지 않기를 〈원하는〉 정보도 많다. 이런 정보는 사람들을 불쾌하거나 괴롭게 만든다. 어떤 정보는 사람들이 알기를 〈원하지 않는〉 경우도 있는데, 그들이 생각하기에는 굳이 알려고 애쓸 유인이 없기 때문이다.[1] 이런 경우에 사람들은 정보를 얻기 위해서 적극적으로 행동하지 않을 것이다. 어떤 사람들은 의도적으로 〈모르는〉 쪽을 선택하기도 한다. 차라리 알지 말아야 할 특별한 유인이 존재하는 사람들이다. 이런 사람들은 정보를 적극적으로 외면하려 들 것이다.

사람들은 식당에 갔을 때 옆 테이블에 앉은 사람의 머리카락 숫자나, 자신이 타고 있는 자동차를 만들 때 사용된 정확한 금속이나, 동네 가게에서 구매한 커피 원두가 브라질산인지, 콜롬비아산인지, 부다페스트산인지, 아니면 다른 어떤 곳에서 왔는지는 별로 궁금하지 않을 것이다. 자신이 장차 알츠하이머병에 걸릴지, 암이나 심장병에 취약한 유전적 소인을 가졌는지, 동료들이 자신을 정말로 어떻게 생각하는지, 자신이 몇 년도에 사망할지는 알고 싶지 않을 수 있다. 맥주나 커피, 피자, 아이스크림 — 즉각적인 즐거움을 선사하지만, 잠재적으로 해를 끼칠 수 있는 제품들 — 을 소비하는 데 따른 건강상의 위험도 그다지 알고 싶지 않을 것이다. 혹시라도 그런 위험에 관한 생각들로 머릿속이 가득 차 있다면 소비 행위는 그 자체로 두려움이나 죄책감, 수치심 같은 감정을 유발한다. 바로 무지가 축복일 수 있는 이유이다. (당장 오늘 아침에 나는 몸무게를 측정했는데 기분이 좋지 않았다.)

〈정보 회피〉라는 일반적인 현상은 사람들이 종종 모르는 편을 선호할 뿐 아니라 정보를 회피하기 위해 실제로 적극적인 조치를 취하려고 한다는 사실을 암시한다.[2] 그렇다면 그 조치란 무엇일까? 아울러 그에 따른 대가는 무엇일까?

앞서 나는 정보를 얻음으로써 사람들이 더 행복해지는지가 가장 근본적인 문제라고 주장했다. 이와 같은 주장은 사례별 접근법을 지지하며, 정보가 관련 모집단(설령 단 한 명으로 이루어진 모집단일지라도)에 실제로 그러한 효과를 미칠지를 따진다.[3] 사실 우리는 〈행복한 삶〉의 의미에 대해 먼저 이야기할 필요가 있다. 경제학자들은 사람들이 옷이나 음식, 스포츠 용품, 노트북, 자동차, 정보와 같은 어떤 것을 취득할 때 이득을 볼지 아니면 손해를 볼지 가늠할 수 있는 가장 유용한 척도로써 자주 지불 의사액 개념을 언급한다.

일단 나는 지불 의사액 기준에 대해 할 말이 많으며, 대부분 부정적인 내용이다. 중요한 것은 인간의 복지이지 지불 의사액이 아니다. 한 가지 분명한 문제는 형편이 어려운 사람들은 돈이 부족한 까닭에 많은 돈을 지급하려고 하지 않을 거라는 사실이다. 하지만 이 문제는 일단 넣어 두고 당장은 지불 의사액 개념을 적용해 보자. 요컨대 지불 의사액을 사람들이 무언가를 정말로 원하는지, 얼마나 원하는지 평가하기 위한 척도로 보자는 것이다. 지불 의사액 개념의 장점 중 하나는 적어도 이론상으로는 인간이 관심을 갖는 — 인간에게 중요한 — 모든 것을 담아낸다는 점이다. 어떤 사람들은 정보를 얻으려고 많은 돈을 지불한다. 반면에 어떤 사람들은 정보를 얻기 위해 정확히 아무것도 지불하지 않는다. 또 어떤 사람들은 정보를 얻지 않기 위해서 기꺼이 돈을 지불하고자 한다.[4]

돈을 지불하거나 지불하지 않으려는 사람들의 의지가 정보와 합리적인 판단에 기초하는지 묻는 것은 중요하다. 결정적으로 사람들은 특정한 정보에 얼마를 지불할지 판단할 정보가 부족할 수 있다. 이런 경우에 사람들의 지불 의사액은 해당 정보의 중요성에 관한 정보의 부재에 좌우될 수 있다. 여기에 더해서 사람들의 지불 의사액은 어쩌면 그들의 삶을 크게 개선할 수도 있는 정보에 대한 무관심을 유도하는 박탈과 불평등으로 좌우되기도 한다. 예를 들어, 돈을 절약하는 방법을 알게 될 경우에 얼마나 많은 것을 얻을 수 있는지 모르는 사람들은 그와 같은 정보를 얻는 데 아무런 관심이 없을 수 있다. 또한 현재 편향(내일보다 오늘에 집중하는 것)이나 가용성 편향(일부 특정한 위험만 현실화될 가능성이 있는 것처럼 보이는 것)과 같은 인기 편향으로 사람들의 지불 의사액이 좌우될 수도 있다.

지불 의사액은 괴로움을 피하려는 — 또는 놀라움을 유지하려는 — 이성적인 욕구에 좌우되기도 한다. 우리는 우리에게 필요한 바로 그 순간에 정보를 원한다. 그 이전도, 이후도 아니다. 깜짝 파티에서 놀라움이 없으면 재미가 없고, 추리 소설이 끝까지 비밀을 유지해야 하는 것도 같은 이유이다. 동시에 사람들은 그들이 가진 적응력을 과소평가하기도 한다. 그래서 자신의 건강에 관련된 잠재적으로 괴로울 수 있는 정보를 회피하려고 들기도 한다. 지나고 보면 괴로움은 한순간에 불과하고 금방 의학적인 도움을 받을 수 있음에도 말이다.

그렇지만 사람들이 어떤 정보에는 기꺼이 많은 돈을 지불하면서도, 어떤 정보에는 아무것도 지불하지 않는다는 사실은 우리에게 중요한 무언가를 말해 준다. 더욱 흥미로운 사실은 때때로 사람들이 정보를 회피하기 위해 기꺼이 진짜 돈을 지불하고자 한다는 점이다.

알고자 하는 두 가지 이유

사람들이 무언가를 알고자 할 때는 보통 두 가지 중 하나이다.[5] 첫째는 그 무언가를 앎으로써 〈긍정적인 감정〉을 얻을 수 있기 때문이다. 즉 정보가 즐거움이나 기쁨, 놀라움, 위안을 선사할 때이다. 둘째는 〈도구적 가치〉 때문이다. 즉 우리가 하고 싶은 것을 하거나, 가고 싶은 곳을 가거나, 선택하고 싶은 것을 선택하거나, 피하고 싶은 것을 피할 수 있게 해줄 때이다.

인간의 사고에서 두 가지 체계로 이루어지는 인지 작용을 구분하는 것은 행동 과학의 표준이 되었다. 시스템 1은 빠르고, 무의식적이며, 직관적이고, 때때로 감정적이다. 시스템 2는 느리고, 계산적이며, 신중하다.[6] 시스템 1은 〈이 사실을 앎으로써 나는 행복해질까? 아니면 슬퍼질까?〉와 같은 정보에 이끌리거나 거부감을 느끼는 것과 관련 있다. 시스템 2는 〈나는 이 정보를 가지고 무엇을 할 수 있을까?〉와 같은 정보의 활용을 강조한다. 대부분의 사람은 시스템 2의 관점에서 정보를 생각하는 경향이 있으며, 실제로도 그럴 필요가 있다. 그렇지만 대부분의 삶에서 주도권을 잡는 것은 시스템 1이다. 즉 우리가 무언가를 간절히 알고 싶어 하거나, 무언가를 알게 될 거라는 전망에 거부감을 느끼는 이유는 일반적으로 시스템 1이 작동했기 때문이다.

좌절 없는 포장 개념은 대체로 시스템 1에 작용한다 (물론 시스템 2도 해당 개념을 지지한다). 반면에 많은 사람에게 친환경 포장 개념은 대체로 시스템 2에 작용한다 (물론 시스템 1도 해당 개념에 얼핏직일 수 있다). 이와 같은 설명에는 비균질성이 존재한다. 즉 시스템 1이나 시스템 2의 관점에서 어떤 사람들은 포장이 좌절 없는 방식인지에만 관심을 나타내고, 친환경 방식인지에 대해서는 아무런 관심을 보이지 않는다. 그리고 어떤 사람들은 정반대의 성향을 보일 수 있다. 여기에서 알 수 있는 유일한 사실은 정보 그 자체에 더해서 정보를 획득하는 데 따른 사람들의 직관적이고 감정적인 반응이 때때로 정보를 추구하거나 외면할지를 결정한다는 것이다.

즉 사람들은 어떤 정보가 비록 유용하지 않더라도 그들을 기분 좋게 만들어 줄 거라는 기대 때문에 해당 정보를 원하기도 한다는 뜻이다. 자신이 장차 절대로 암에 걸리지 않을 거라는 사실이나 자신이 비인간적으로 똑똑하거나 잘생겼다는 사실을 알게 되었을 때 사람들은 그 정보로 인해 자신의 행동이 달라지든, 달라지지 않든 상관없이 기분이 좋아질 것이다. 정보는 기쁨이나 자부심, 만족감, 안도감, 위안, 고마움 등 다양한 형태의 긍정적인 감정을 유발할 수 있다. 많은 경우에 정보는 쾌락적 가치를 가지며 — 요컨대 정보는 즐거움을 제공한다 — 또한 그래야 한다. 나는 앞으로 계속 이 〈쾌락적〉이라는 용어를 사용할 예정인데, 관련한 감정들을 좁은 의미로만 해석하는 것은 적절하지 않다. 어쩌면 즐거움과는 아무런 관련이 없을 뿐더러, 좀 더 넓은 의미에서 복지와 관련이 있을 수 있기 때문이다. 어쩌면 삶에 의미를 부여해 주는 감정일 수도 있을 것이다. 우리는 이런 긍정적인 유형의 감정을 묘사하기 위해 정서적 가치라는 용어를 사용할 수 있다.

정보의 도구적 가치는 아는 것이 힘이라는 개념에서 잘 나타난다. 사람들은 자신이 상사의 기대만큼 잘하지 못하고 있음을 알게 된 경우에 더 나은 모습을 보이기 위해 노력할 것이다. 주식 시장이 향후 몇 달 동안 상승세를 유지할 거라는 사실을 알게 된다면 그 기회를 이용해서 주식에 투자하고 돈을 벌 수 있다. 학생들이 수업에 재미를 느끼지 못한다는 사실을 알게 된다면 교사들은 더욱 잘 가르치기 위해 노력할 것이다. 자신이 당뇨병에 걸릴 위험이 있다는 사실을 알게 된다면 사람들은 위험을 줄이고자 조치를 취할 수 있다. 자신이 운전하는 자동차의 연료 효율이 좋지 않다는 사실을 알게 된 사람들은 연비가 좋은 새로운 차를 구입할 수 있다. 이처럼 사람들은 일단 알고 나면 대체로 행동이 달라지고 문제를 개선해 나간다. 정보가 돈과 삶을 구하는 것이다.

여기서 주목할 점은 도구적 가치가 나 자신의 행복이나 다른 사람의 행복과 관련이 있을 수 있다는 사실이다. 이를테면 소비자는 사회적 편익을 증대하거나 사회적 손실을 줄이기 위해 특정 제품에 대한 정보를 원할 수 있다. 그리고 공무원은 소비자가 정보를 요구하기 때문이 아니라 소비자의 관심과 양심, 우려를 촉발하고 그렇게 함으로써 사회의 전형적인 행동 양식에 영향을 주고 사회적 목표를 고취하기 위해서 관련 정보를 공개하도록 요구할 수 있을 것이다. 대표적인 예로 동물 복지와 기후 변화 문제를 생각해 보라.

의무적인 정보 표시에서는 일반적으로 도구적 가치가 가장 중요하지만, 때로는 쾌락적 가치도 중요하다. 의무적인 정보 표시에 많은 관심을 가진 나는 대체로 이 두 가지 가치에 초점을 맞추고 있다. 그러나 두 가지만으로 항상 충분한 것은 아니다. 자신이 살고 있는 국가나 행성, 우주에 대해 안다고 해서 딱히 더 행복해지거나, 관련 정보를 가지고 할 수 있는 일이 아무것도 없음에도 누군가는 그런 것들을 알아야 한다고 생각할 수 있다. 관련 정보를 가지고 자신이 할 수 있는 일과 아무런 관련이 없어도, 자신의 즐거움과 전혀 상관이 없어도 누군가는 다른 나라 사람들의 삶이나 세계 여러 종교의 역사에 대해 알아야 한다고 생각할 수 있다. 어쩌면 그들은 특정한 어떤 사안들에 대해 알아야 할 도덕적 사명이 있다고 생각한다. 즉 그들은 자신이 사는 도시나 나라에서 사람들이 고통받고 있다면, 세계 어딘가에서 대규모 잔혹 행위가 일어나고 있다면 자신이 알아야 한다고 생각하는 것이다.

더 나아가서 사람들은 설령 도구적 가치나 정서적 가치가 없더라도 특정한 종류의 지식이 더 행복하거나, 더 충만하거나, 더 풍요로운 삶을 만든다고 생각할 수 있다. 그들은 지인이나 가족에 관련된 무언가를 알고 싶어 한다. 그 무언가가 비록 그들을 행복하게 만들어 주지 않더라도, 심지어 아무런 쓸모가 없더라도 그런 것들을 앎으로써 자신의 삶이 더욱 바람직하고 충만해진다고 믿기 때문이다. 그들은 딱히 어떤 해답을 찾고자 하는 것이 아님에도, 자신이 해당 정보를 이용할 수 있을지 없을지와 상관없이 윌리엄 셰익스피어의 삶, 지구의 기원, 개와 늑대의 관계, 인도의 역사 등에 대해서 알고 싶어 할 수 있다.

정보의 어두운 단면

많은 정보가 사람들에게 사실상 아무런 도움을 주지 못한다. 1920년에 파리에서 태어난 모든 사람의 키나, 방문 예정도 없는 외국 도시의 다음 주 날씨나, 알아듣지도 못하는 언어로 된 노래 20곡의 가사를 알게 된다고 해서 사람들의 삶이 바뀔 가능성은 거의 없다. 파리 사람들의 키나, 외국 도시의 날씨나, 알아듣지 못하는 말로 된 가사는 어떠한 긍정적인 감정도 이끌어 내지 못한다. 그런 정보는 단지 지루할 뿐 아니라 아무런 쓸모가 없을 수 있다.

한편 어떤 정보는 부정적인 감정을 유발한다. 당신이라면 배우자의 잠재적인 사망 연도를 알고 싶을까? 아들의 잠재적인 사망 연도를 알고 싶을까? 일련의 의료 검사 결과를 알고 싶을까? 당신이 입고 있는 옷을 만든 사람들이 정당한 임금을 지급받았는지 알고 싶을까? 정확히 그런 이유로 사람들은 불쾌하거나 슬픈 정보를 기피하려는 경향을 보인다. 심지어 비교적 좋은 소식일 가능성이 높은 경우에도 사람들은 앞의 질문에 따른 위험을 감수하지 않으려고 할 수 있다. 그들은 계속해서 모르는 쪽을 선호할지 모른다. 아니면 관련 문제들에 대해서는 아예 생각하지 않는 쪽을 선호할 수도 있다. 정보는 고뇌나 좌절, 슬픔, 분노, 절망과 같은 감정을 초래할 수 있다.

인상적인 증거도 있다. 때때로 사람들은 상품의 가격이 얼마인지 알고 싶어 하지 않으며, 가격과 관련된 정보를 〈의도적으로〉 기피하기도 한다는 사실이다.[7] 가격도 마찬가지로 팝콘 맛을 망칠 수 있음을 사람들은 알고 있다. 더욱 구체적으로 와이오밍 대학교 경제학 교수들인 린다 툰스트렘Linda Thunström과 시안 존스 리튼Chian Jones Ritten은 스스로 생각하기에도 자신이 물건을 구입하는 데 너무 많은 돈을 쓴다고 동의하는, 이른바 〈돈을 헤프게 쓰는 사람들〉이 있음을 발견했다. 또한 그런 사람들일수록 자신이 최근에 물건을 구입하는 데 얼마를 지출했는지 정확히 모르는 경향이 있음을 알게 되었고, 다음과 같은 진술에 대체로 동의하는 경향을 보인다는 사실도 알아냈다. 〈나는 어떤 재미있는 활동에 참여할 때 거기에 들어가는 비용에 대해서는 생각하지 않으려고 하는 편이다.〉 린다 툰스트렘과 시안 존스 리튼이 제시한 증거는 돈을 헤프게 쓰는 사람들이 자발적으로 비용에 대한 자신의 관심을 줄이기 위해 행동한다는 사실을 강력하게 암시한다. 물론 가격을 완전히 무시하기란 확실히 쉽지 않을 것이다. 그런데도 소비자들은 의도적으로 가격이 부각되지 않도록 가격에 덜 집중함으로써 이에 대해 덜 생각할 수 있다. 린다 툰스트렘과 시안 존스 리튼은 가격에 대한 이

런 의도적인 무관심이 가격을 투명하고 부각되어 보이도
록 만드는 법과 정책을 정당화한다고 결론짓는다.

어떤 정보들은 〈부정적인〉도구적 가치를 갖는다.[8]
예컨대 당신이 변호사이고 살인죄로 기소된 의뢰인을 대
변한다고 가정해 보자. 증거에 따르면 의뢰인은 유죄가
불분명하거나 또는 경찰에게 헌법적 권리를 침해당했음
이 불분명해 보이는 상황이다. 당신은 의뢰인이 살인자인
지 아닌지 모를 때 주어진 역할을 더욱 잘 수행할 수 있을
것이다. 또한 당신이 심각한 질병을 앓고 있다고 가정해
보자. 당신의 병이 낫고 장수할 가능성은 관련된 확률을
모르는 것에 달려 있을 것이다. (영화 「스타워즈」의 저돌
적인 조종사 한 솔로는 걸핏하면 〈내게 확률을 말하지 마
시오!〉라고 이야기한다.) 또는 당신이 9명의 선수로 이루
어진 테니스팀에 속해 있으며, 다섯 경기를 먼저 이긴 팀
이 전체 경기에서 승리한다고 가정해 보자. 다른 동료 중
4명이 큰 차이로 앞서고 있음을 알게 된다면 당신은 그다
지 열심히 하지 않을 것이다. 그런 사실을 모르는 편이 당
신에게는 더 낫다. 당신은 성별이나 종교, 나이, 인종과 같
은 이유로 사람들을 차별하고 싶지 않을 수 있다. 하지만
어떤 구직자의 인구 통계학적인 정보가 주어지는 경우에
당신은 자신이 차별하게 될지 모른다는 두려움을 느끼게

될 것이다. 이와 같은 위험을 피하려는 의도에서 당신은 어쩌면 알지 않기 위해 노력할지 모른다.

도구적 가치를 가지면서 부정적인 감정을 유발하는 정보도 있다. 자신이 비만이나 고혈압임을 알게 된다면 사람들은 매우 높은 확률로 화가 나겠지만, 동시에 이와 관련한 조치를 취할 수 있다(그렇게 함으로써 부정적인 감정은 감소할 것이다). 자신에게 더 나은 성취를 기대하는 교사의 생각을 알게 된 학생들은 아마도 상처받을 수 있지만, 동시에 자신의 성취를 향상시키기 위한 행동에 나설 수 있다. 마찬가지로 배우자가 당신에게 화가 나 있다는 사실을 알게 된다면 기분은 나쁘겠지만, 한편으로는 관계를 개선하기 위해 노력할 것이다.

반면에 어떤 정보는 부정적인 도구적 가치를 가지면서 긍정적인 감정을 유발하기도 한다. 자신이 선택한 대학에 합격했다는 사실을 알게 된 고등학생은 아마도 마지막 학기에 열심히 공부하지 않을 것이다. 주요 경쟁자가 탈락함으로써 자신들이 플레이오프에 진출했다는 사실을 알게 된 축구팀은 그다음 게임에서 이기기 위해 전력을 다하지 않을 수도 있다. 어떤 사람들은 성과에 악영향을 미칠 수 있다는 이유로 좋은 소식을 최대한 뒤로 미루어 놓기도 한다.

개념 적응을 위해 〈표 1.1〉을 참고하자. 각각의 정보는 사람에 따라 각기 다른 칸을 차지한다. 누군가에게는 1번인 것이 다른 누군가에게는 7번이 되고, 누군가에게는 5번인 것이 다른 누군가에게는 4번이 된다. 몇 년 전에 나는 문세가 뇌시 않을 것이 거의 확실한 어떤 증상 때문에 끝이 보이지 않는 일련의 의료 검사를 받았다. 약간 악몽에 가까운 경험이었다. 열 번째 검사를 앞두었을 때 친절한 의사가 말했다. 「당신은 건강에 아무런 문제가 없어 보입니다. 하지만 관련 검사를 하나라도 빼먹으면 밤에 잠을 이루지 못하는 환자들이 많아요. 내가 당신이라면 이 검사를 받지 않을 겁니다. 물론 결정은 당신의 몫이에요.」 그는 해당 검사가 나에게 3번(도구적 가치는 없지만, 검사를 받는 행위로부터 긍정적인 감정이 유발되는 경우)에 해당할지 모른다고 생각했지만 틀렸다. 내가 판단하기로 나는 6번(도구적 가치도 없고, 잇단 검사로 부정적인 감정만 유발되는 경우)에 해당되었다. 핵심은 정보의 가치와 정보를 접함으로써 생기는 감정이 긍정적이거나, 부정적이거나, 중립적일 수 있으며 긍정적인(또는 부정적인) 가치가 꼭 긍정적인(또는 부정적인) 감정을 유발하는 것은 아니라는 사실이다. 감정과 가치는 다양한 방식으로 뒤섞이고 조합될 수 있다.

〈표 1.1〉 정보의 가치

감정		도구적 가치		
		긍정적	부정적	중립적
	긍정적	(1)	(2)	(3)
	부정적	(4)	(5)	(6)
	중립적	(7)	(8)	(9)

도박

지금까지 정보를 얻음으로써 초래되는 영향에 대해 이야기했다. 하지만 사람들은 자신이 알고 싶다거나, 알고 싶지 않다고 말할 때 그들이 장차 알게 될 내용이 무엇인지 미리 알지 못한다. 즉 그들은 일종의 도박을 하고 있는 셈이다. 많은 경우에 문제는 그런 사실 자체를 아는 것이 아니라 알아야 할지 말지를 아는 것이다.

사람들은 때때로 〈예〉나 〈아니오〉로 대답할 수 있는 질문을 한다. 이에 대한 답변으로 〈예〉는 어쩌면 긍정적인 영향을 유도하고 〈아니오〉는 육체적, 정신적 고통을 초래할 수도 있다(〈그녀가 나를 좋아하지 않을까요? 아주 약간이라도?〉). 그들은 또 (〈그 시험에서 나는 몇 점을 받았나요?〉나 〈10년 뒤에 나는 얼마나 많은 돈을 벌고 있을까요?〉처럼) 열 가지나 스무 가지, 백 가지의 다양한 답변이 가능한 질문을 하기도 한다. 그런 답변 가운데 어떤 것은 사람들이 실제로 이용할 수 있는 정보를 생산할 것이다. 물론 그렇지 않은 것도 있다. 그러므로 사람들은 자신이 알고자 해야 할지 말지에 대해 생각할 때 예상되는 결과와 실제로 그런 결과가 발생할 가능성에 대해 알 필요가 있다. 그들은 자신이 알게 될 사실이 긍정적인 감정을 유발할 가능성이나 유용할 가능성에 특히 관심을 가질 것이다. 아울러 그럴 가능성이 매우 높다면(90퍼센트 정도로) 그들은 가능성이 매우 낮을 때보다(10퍼센트 정도로) 알고자 하는 마음이 훨씬 강해질 수 있다. 자신이 절대로 암에 걸리지 않을 거라고 확신하는 — 그런데도 완전히 확신하지는 못하는 — 사람들은 확률이 자신에게 유리하다는 이유만으로도 관련 정보를 얻는 데 흥미를 느낄 것이다. 나쁜 결과가 매우 나쁘거나, 좋은 결과가 매우 좋을 때에 사람들의 판단력은 가능성에 영향을 받으며, 이런 현상은 도구적 가치와 정서적 가치에 모두 적용된다. 합리적인 선택자라면 정보를 얻을지, 아니면 회피할지 결정할 때 가능성 측면에서 수치를 따져 보고자 할 것이다.

　원칙적으로 알기를 원해야 할지 말지를 결정하는 일은 중요한 모든 것에 대한 이성적인 평가를 활성화한다. 사람들은 자신이 중요하게 생각하는 것이 무엇인지(마음의 평화나 장수, 돈, 친밀한 인간관계 등) 평가하고자 할 것이며, 정보를 수용하기로 한 그들의 결정은 이런 평가가 반영된 결과일 것이다.[9] 하지만 부당한 환경 조건이나 불평등도 정보를 수용할지 결정하려는 사람들에게 영향을 미칠 수 있다.[10] 빈곤이나 박탈, 차별에 둘러싸인 사람들은 중요한 정보를 얻는 일에 흥미를 느끼지 못할 수 있으며, 설령 관심이 있더라도 정보를 얻을 능력이 없을 수 있다. 최악에는 사람들의 취향 자체가 자신이 종속되어 있는 불평등에 적응된 상태이거나, 그에 따른 산물일 수 있다. 만약 그렇다면 이들은 종종 지극히 중요한 정보조차 알려고 하지 않을 것이다.

행동 과학자들도 우리의 결정이 항상 완전히 이성적인 것은 아님을 보여 주었다. 사람들은 그들을 때때로 불행한 방향으로 이끄는 휴리스틱, 즉 정신적 지름길을 이용하며 다양한 방식으로 편견에 사로잡혀 있다. 사람들이 정보를 얻을지 말지를 결정할 때 휴리스틱과 편견도 중요하다. 특히 중요한 것이 〈현재 편향〉인데, 현재 편향이란 장기적인 측면은 외면한 채 대체로 오늘과 내일에 집중하는 현상을 의미한다.[11] 다음과 같은 질문을 가정해 보자. 오늘 당장은 비록 괴로울지 모르지만, 장기적으로 큰 가치가 있는 정보가 있다면 과연 알고자 해야 할까? 마땅히 그래야 할 것이다. 하지만 당신은 어쩌면 알려고 하지 않

을 수도 있다. 때로는 단기적인 고통이 결정적인 요인이

될 수 있으며, 그런 이유로 당신은 해당 정보를 알고 싶어

하지 않을 수 있다. (어쩌면 당신은 자신의 몸무게를 재지

않는다. 어쩌면 주치의와의 연례 약속을 건너뛸지도 모른

다. 뒤로 미룰수록 두려움은 점점 더 커질 수 있다는 점에

서 이와 같은 행동은 특히 어리석은 짓일 수 있다.)

　　정보를 추구하는 행위와 관련해서 가장 이해를 돕는

몇몇 연구는 〈미래의 자신에게 해로울 수 있지만, 우선 당

장 즐거운 활동을 탐닉하기 위한 구실로 무지를 이용하는

것〉을 의미하는 이른바 〈전략적 자기 무지〉를 강조한다.[12]

여기에서 알 수 있는 사실은 사람들이 현재 편향적인 사

고를 가진 경우에 현재의 행동을 덜 매력적으로 만드는

정보를 회피할 수 있다는 것이다. 어쩌면 해당 정보가 죄

책감이나 수치심을 유발하기 때문일 수 있고, 해당 정보

가 전체적인 이해득실을 암시하면서 그와 같은 행동을 자

제하라고 조언하기 때문일 수도 있다. 성 아우구스티누스

는 〈주님, 제게 정결함을 내려 주소서, 내일요〉라고 말한

것으로 유명하다. 현재 편향적인 사람들은 으레 이렇게

말한다. 「내게 위험 요인을 알려 주세요, 내일요.」 사람들

은 단기적으로 이득이지만, 장기적으로 대가가 뒤따르는

활동에 참여하는 문제를 고려할 때마다 중요한 정보에 대

한 확인을 뒤로 미루려는 경향을 보인다.[13] 우리를 슬프거나 화나게 만들 수 있는 정보에 대해서도 마찬가지이다. 「내가 알아야 할 것을 이야기해 주세요, 내일요.」

행동 과학자들은 손실 회피 성향도 강조했는데, 손실 회피 성향이란 사람들이 손실을 특히 싫어한다는 것을 의미한다. 실제로 사람들은 동량의 이득을 좋아하는 것에 비해 손실을 훨씬 더 싫어한다.[14] 손실 회피 성향인 사람들은 어떤 정보가 매우 높은 확률로 나쁜 내용일 수 있다고 생각되는 경우에 해당 정보를 외면하려는 경향이 유독 강할 수 있다. 예컨대 정보가 잠재적인 암 진단과 관련 있는 경우에 그들은 이렇게 생각할 것이다. 〈나는 지금 아주 건강한 느낌이 들어. 그리고 앞으로도 계속 건강할 것 같아. 만약 검사를 받는다면 나쁜 소식을 듣게 될지도 몰라. 그런데 왜 굳이 검사를 받아야 하지?〉 확실히 현재 편향과 손실 회피 성향은 높은 수준의 정보 회피 현상을 유발하는 강력한 조합이 될 수 있다. 그리고 바로 그 강력한 조합 때문에 사람들은 종종 정보를 회피하거나 외면하게 된다.

여기에서 주목할 점은 나쁜 소식 — 이를테면 예상보다 훨씬 심각한 건강상의 문제가 발견되는 경우처럼 — 을 접한 사람들이 초기에는 높은 수준의 고통을 겪지만, 금방 고통에서 회복된다는 것이다.[15] 자신이 고통받을 거라는 사실만 명백할 뿐 회복 가능성을 알 수 없을 때 사람들은 어쩌면 자신의 생명을 구해 주고, 자신의 감정에 끔찍한 부작용을 초래하지 않을 수도 있는 정보를 회피하고자 한다. 질병 예측 유전자 검사에 대한 사람들의 반응을 조사한 15건의 연구 논문을 상세히 검토한 보고서도 비슷한 어떤 것을 보여 준다. 즉 질병 예측 유전자 검사를 받는 사람들은 어떠한 유의미한 고통도 겪지 않는 것으로 나타난다.[16] 연구는 유전성 유방암과 난소암, 헌팅턴 질환, 가족성 선종성 용종증, 유전성 실조증 등 일단의 질병과 관련된 검사에 초점을 맞추었다. 검사는 모두 성인을 대상으로 진행되었다(단 하나의 검사만 어린이들을 포함했다). 전반적인 패턴은 검사 후 12개월 동안 보균자와 비보균자 모두에게 정신적인 고통(일반적이고 상황적인 고통과 불안, 우울증으로 파악되는)이 증가하지 않는다는 것이었다. 오직 2건의 연구에서만 검사 결과가 나오고 나면 피실험자들이 한 달이나 그 이상 정신적인 고통을 겪게 될 거라는 예측이 나왔을 뿐이다. 저자들은 〈질병 예측 유전자 검사를 받은 사람들이 심리적으로 부정적인 결과를 경험하지 않았다〉라고 결론을 내리면서 그들의 연구가 〈심리 연구에 참여하기로 스스로 선택한 모집단〉을 포함했다고 밝혔다.[17]

저자들이 마지막에 밝힌 것처럼 비록 중요한 조건이 붙기는 했지만, 나는 이런 결과 — 사람들이 달갑지 않은 예측 검사 결과에 대한 그들의 잠재적 반응을 과장한다는 가설을 뒷받침하는 — 에 대해 알게 된다면 일반 검사나 유전자 검사를 앞둔 많은 사람이 놀랄 거라고 생각한다. 현재 편향과 손실 회피 성향에 더해서 초점의 오류도 부정확한 예측의 원인일 수 있다.[18] 사람들은 흔히 특정 사건이 그들의 전반적인 행복에 미치는 영향을 과대평가하는 경향이 있다. 눈앞의 사건에 너무 집중하는 까닭이다. 심리학자인 데이비드 슈케이드David Schkade와 대니얼 카너먼Daniel Kahneman의 말처럼 〈당신이 집중하는 그 어떤 것도 당신이 생각하는 정도로 큰 변화를 만들어 내지 못할 것이다〉.[19] 춥고 비 오는 날, 반짝이는 새 자동차, 늘어난 급여, 심각한 질병은 일견 중대한 영향을 끼칠 것 같지만, 금방 배경의 일부가 되고 삶의 가구와 같은 어떤 것이 된다. 이런 이유로 사람들은 나쁜 소식이 자신의 행복에 미치는 영향을 과대평가할 수 있으며, 그래서 정보를 취득하는 데 따른 위험을 감수하지 않으려는 선택을 하기도 한다.

정보를 얻고자 하는 욕구는 낙관적 편향의 영향을 받기도 한다. 자신이 좋은 소식을 들을 것 같다고 생각될 때 사람들은 매우 높은 확률로 〈무조건〉 알고 싶어 할 것이다. 실제로 대부분의 사람은 (건강이나 안전 등의 문제와 관련해서) 자신의 개인적인 전망이 적어도 평균치보다 ─ 사실상 통계를 바탕으로 한 현실적인 근거보다 ─ 더 낫다고 생각하며, 그런 이유로 비현실적일 만큼 낙관적인 태도를 보인다.[20] 비현실적인 낙관주의는 손실 회피 성향과 반대로 작용하며, 어쩌면 매우 유용할 수 있는 정보를 취하도록 사람들을 유도할 수도 있다.

확률을 평가할 때 사람들은 가용성 휴리스틱에 의지하는데, 즉 그들이 비슷한 사례 중에 기억나는 것이 있는지 자문한다는 뜻이다. 홍수나 비행기 추락 사고, 교통 체증, 테러가 발생하거나 원자력 발전소에서 재앙이 발생할 가능성은 얼마나 될까? 통계학적 지식이 부족한 까닭에 사람들은 이런 질문에 직면해서 실제 사례들을 떠올리려고 한다. 이에 따른 결과로 〈비슷한 확률로 발생하지만, 관련 사례가 쉽게 떠오르는 사건은 쉽게 떠오르지 않는 사건보다 훨씬 자주 일어나는 것처럼 여겨질 것이다〉.[21] 다른 사람이 나쁜 소식을 들었던 상황을 기억하는 사람들의 개연성 평가는 기억에 비례해서 부풀려질 수 있다. 마찬가지로 좋은 소식과 관련된 일단의 상황들은 이에 상응하는 영향을 미칠 것이다.

우리는 이제 어떤 집단에든 상당한 비균질성이 존재할 수 있음을 알게 되었다. 첫째로, 정보를 취득함으로써 누군가는 도구적인 측면에서 많은 것을 얻지만, 누군가는 적은 무언가를 얻거나 아무것도 얻지 못하는 사람도 있다. 둘째로, 좋지 못한 소식을 접하는 경우에 크게 걱정하는 사람이 있는가 하면, 약간 당황하는 정도에서 그치거나 담담하게 받아들이는 사람도 있다. 회복력이 약한 사람도 많지만, 회복력이 강한 사람도 많다. 어떤 사람은 히스테리를 일으키는 반면에, 어떤 사람은 현실적으로 대처한다. 똑같이 합리적인 소비자라도 누군가는 정보를 추구할지 말지를 결정할 때 도구적 가치와 정서적 가치를 고려할 것이고, 누군가는 자신의 상황과 감정을 고려하여 다른 합리적인 선택을 할 것이다. 셋째로, 누군가는 다른 사람보다 더 현재 편향적이고, 누군가는 다른 사람보다 손실 회피 성향이 더 강하며, 누군가는 다른 사람보다 더 낙관적이다. 그리고 이런 사실을 고려할 때 비균질성은 더없이 복잡해진다. 넷째로, 가용성 휴리스틱은 어떤 사람에게는 좋은 소식을 예상하게 만들고, 어떤 사람에게는 나쁜 소식을 예상하게 만들 것이다. 사람마다 머릿속에서 떠올리는 결과물이나 사건이 모두 다를 수 있기 때문이다.

박탈과 불평등, 불공정의 문제로 돌아가 보자. 어떤

사람들은 정보를 앎으로써 이익을 얻을 수 있는 아주 좋은 위치에 있는 반면에, 어떤 사람들은 그렇지 않다. 정보를 이해하기 위해서는 배경지식이 필요한 경우도 많은데 어떤 집단은 그런 배경지식이 부족하다. 따라서 의무적인 정보 공개를 고려할 때는 일반적으로 분배 공정성 문제를 직시하고, 다음과 같이 묻는 것이 중요하다. 누가 혜택을 받고, 누가 혜택을 받지 못하는가?

이런 고려 사항들에 비추어 볼 때 누군가는 많은 의료 검사를 받기를 원하지만, 누군가는 받지 않기를 원한다는 사실은 전혀 놀라운 일이 아니다. 어떤 소비자들은 에너지 효율과 연비를 매우 깐깐하게 따지지만, 어떤 소비자들은 무관심하거나 부정적이라는 사실도 놀라운 일이 아니다. 어떤 사람들은 칼로리 표시를 중요하게 챙기면서 적극적으로 활용하는 반면, 어떤 사람들은(가난하거나 교육 수준이 낮은) 그런 표시에 관심을 갖거나 활용하지 않는다. 심지어 〈칼로리가 높을수록 더 낫다〉라고 생각할 수 있다는 사실도 전혀 놀랍지 않다. 사람들은 저마다 다른 도덕적 신념을 가지고 있다. 그래서 어떤 사람은 다른 사람이 관심 없는 동물 복지와 관련한 정보를 원할 수도 있다.

단서

아마존 메커니컬 터크를 이용해서 나는 이 문제에 관한 일련의 조사를 진행했고, 400명의 미국인을 대상으로 그들이 다양한 종류의 정보를 원하는지와 관련 정보에 얼마를 지불할 의사가 있는지를 물었다. 나는 다음 네 가지의 간단한 명제를 뒷받침하는 명확한 증거를 얻게 될 것으로 기대했다. 첫째, 사람들은 어떤 정보가 유용하거나 긍정적인 감정을 불러일으키는 경우에 해당 정보를 원한다. 둘째, 사람들의 정보료 지불 의사는 그 정보가 얼마나 유용한지, 그 정보가 사람들을 얼마나 행복하게 만드는지에 달려 있다. 셋째, 사람들은 정보가 유용하지 않거나, 그들을 우울하게 만드는 경우에 상대적으로 매우 낮은 확률로 해당 정보를 원한다. 넷째, 사람들의 대답에는 상당한 비균질성이 존재한다.

나는 이 명제들이 모두 옳다고 생각했다. 그리고 점점 많은 연구가 첫째, 둘째, 셋째의 명제를 뒷받침하는 추세였기 때문에 그런 증거를 얻을 수 있기를 희망했다. 예를 들면 다음과 같다.

1. 사람들은 주식 시장이 하락세일 때보다 상승세일 때 자신의 투자 포트폴리오를 확인하고 돈을 벌고 있는

지 또는 잃고 있는지 알려고 할 것이다. 〈타조 효과〉*
의 전형을 보여 준다.[22] 정보를 확인하는 데 따른 쾌
락적 가치가 부정적일 가능성이 높을 때 사람들은 정
보를 알려고 하지 않을 가능성이 높다.

2. 사람들은 자신의 견해와 일치하는 정치적 견해에 대
해 알고 싶어 하는데, 부분적으로는 자신의 그것과
상반되는 정치적 견해가 자신을 우울하거나 화나게
만들 거라고 생각하기 때문이다.[23] 여기에서도 사람
들은 이와 같은 정보가 부정적인 감정을 불러일으킬
거라고 예상하면서 해당 정보를 알고 싶어 하지 않을
확률이 높다. 흥미롭게도 사람들은 이 부분에서 실수
를 범한다. 즉 상반되는 견해가 자신을 얼마나 기분
나쁘게 만들지 과대평가하는 것이다. 이런 이유로 사
람들은 〈정서 예측 오류〉를 범한다. 상반되는 정보가
자신의 감정에 어떻게 영향을 미칠지 정확히 예측하
지 못하는 것이다. 특히 건강 정보들과 관련해서 이
는 매우 중요한 교훈이다.

3. 스스로를 자제하는 데 문제가 없는 한 사람들은 칼로
리 표시를 선호할 뿐 아니라 관련 정보에 기꺼이 돈

* 위험이 닥치면 머리를 땅에 박고 외면하는 타조의 (사실은 곡해된) 행
동에 빗댄 용어. 이하 모든 각주는 옮긴이의 주이다.

을 지불하고자 할 가능성이 높다. 따라서 칼로리를 표시함으로써 이득을 취하는 위치에 있기 쉬울 것이다.[24] 그런 사람들은 칼로리 표시에 아무런 불편을 느끼지 않는다. 상당수는 칼로리 표시가 있는 것을 오히려 좋아한다. 그들은 자신이 칼로리 표시를 이용할 수 있다고 생각할 것이다. 반면에 자제력이 부족한 사람들은 칼로리 표시를 보지 않기 위해 기꺼이 돈을 지불하려고 한다. 그런 사람들은 칼로리 표시와 같은 정보가 자신에게 전혀 도움이 되지 않으며, 기분만 상하거나 화나게 만들 거라고 생각할 것이 분명하다.[25] (실제로 칼로리 표시는 자제력이 부족한 사람들에게 정확히 그런 영향을 끼치는 경향이 있다.) 결론은 〈소비자에 따라 상당한 비균질성 ─ 긍정적인 가치부터 부정적인 가치까지 ─ 이 존재하기는 하지만〉 칼로리 정보를 눈에 잘 띄게 만드는 조치가 〈소비자들의 행복에 영향을 미친다〉라는 것이다.[26] 또한 자제력이 강한 사람들일수록 칼로리 정보를 이용해서 이득을 취할 가능성이 높다. 반대로 〈자제력이 약한 사람들은 성가시고 불편한 정보로 인해 (더욱 높은) 감정 비용만 치르면서 어떠한 이득도 취하지 못하거나, 아주 약간의 이득을 취할 것이다〉.[27]

4. 대다수 사람은 자신의 배우자가 언제 세상을 떠날지, 배우자의 사망 원인이 무엇일지 알고 싶지 않다고 말한다.[28] 그들은 자신이 언제 죽을지, 사망 원인은 무엇일지도 알고 싶어 하지 않는다.

5. 업무 실적과 관련해서 사람들은 어떤 정보가 좋은 소식을 알려 줄 거라고 생각되는 경우에 — 이를테면 그들이 잘하고 있다고 알려 주는 정보라고 생각되는 경우에 — 그 정보를 원하고, 해당 정보를 얻기 위해 기꺼이 돈을 지불하려고 할 가능성이 높다.[29] 반대로 실적이 형편없다고 알려 줄 것으로 예상되는 경우에는 정보를 원할 가능성이 상대적으로 줄어들고, 해당 정보를 회피하기 위해 돈을 지불할 가능성이 더욱 높아진다. 관련 연구는 행동뿐 아니라 뇌 영역도 연구했는데 긍정적인 감정과 관련된 뇌 영역이 좋은 소식을 들음으로써 활성화된다는 사실을 밝혀냈다. 이런 결과는 정서적인 반응이 어떤 정보를 추구할지 말지와 관련된 사람들의 결정을 이해하는 데 도움이 될 수 있음을 강력히 암시한다.

각각의 사례에서 쾌락적 가치는 사람들이 알고자 할지 말지를 결정하는 데 결정적인 역할을 하는 듯 보인다.

포트폴리오의 가치가 줄어들 때나 늘어날 때 자신의 투자 포트폴리오를 점검할 다른 이유는 없다. 전자의 경우에는 투자 포트폴리오를 돌아보는 재미가 훨씬 덜할 것이다. 쾌락적 가치에 더해서 도구적 가치도 의심의 여지 없이 중요하다. 칼로리 표시를 둘러싼 사람들의 평가는 다음과 같은 질문에 대하여 대체로 한 가지 답을 제시한다. 이 정보가 나에게 득이 될까? 높은 수준의 자제력을 가진 사람들은 〈그렇다〉라고 대답할 가능성이 높고, 해당 정보를 얻기 위해 돈을 지불하려고 할 가능성도 높다. 같은 맥락에서 그들은 자신이 무언가 조치를 취할 수 있다고 — 그래서 원인을 사전에 제거할 수 있다고 — 생각되는 경우에 배우자의 사망 원인에 대해서도 당연히 알기를 원할 것이다.

여기에서 질문은 사실상 두 가지이다. 나에게 이득이 될까? 결과가 마음에 들지 않을 경우에 내가 결과를 바꿀 수 있을까? 두 질문은 서로 밀접한 연관이 있으며, 두 번째 질문이 주체 의식을 강조한다는 점에서 차이가 있다. 통제력은 그 자체로 긍정적인 감정을 불러일으킨다. 그리고 건강이나 경제와 관련된 부분에서 이득을 가져다줄 수 있지만, 독립적인 가치를 갖는다.

우리는 앞선 두 질문의 관점에서 이해되는 도구적 가

치가 지배적인 경우를 쉽게 가정해 볼 수 있다. 예를 들면, 우리는 사람들에게 내년 한 해 동안 모든 날짜별로 날씨가 어떨지, 그들의 상사가 직원에게 가장 기대하는 모습이 무엇인지, 다음 달에 주식 시장의 상승세를 알고 싶은지를 물어볼 수 있을 것이다.

내가 얻은 증거에 따르면 쾌락적 가치와 도구적 가치는 둘 다 중요하다. 다수에 해당하는 약 60퍼센트의 사람이 자신의 가정에서 가전제품을 사용하는 데 소요되는 연간 비용을 알고 싶다고 대답했다. 짐작건대 그들 대부분은 돈을 절약하기 위해서 관련 정보를 원할 것이다. 휴대전화가 인터넷에 연결되지 않을 때 수리하는 법을 알고 싶다고 대답한 사람도 59퍼센트에 달했다. 알 수만 있다면 매우 유용한 정보일 터였다. 약 58퍼센트의 사람은 자신이 강한 호감을 느끼는 누군가가 자신과 비슷한 감정을 느끼고 있는지 알고 싶어 했다. 이 모든 경우에서 관련 정보는 매우 유용할 것이다.

이 세 가지 경우에서 상당수의 소수자가 분명히 유용한 듯 보이는 정보에 관심을 갖지 않은 이유에 대해서도 당연히 설명이 필요하다. 그리고 가장 그럴듯한 답은 〈분명히 유용한 듯 보이는〉이라는 말을 가리킨다. 동시에 감정의 중요성을 강조한다. 각각의 경우에서 우리는 비균질성을 고려해야 한다. 많은 사람은 다양한 가전제품을 운용하는 연간 비용을 계산하는 일이 상당히 지루한 작업이며 자신에게 큰 도움이 되지 않을 거라고 생각한다. 어떤 사람들은 자신이 이미 관련 정보를 가졌거나, 가지고 있다고 생각해서 해당 정보를 얻기 위해 대가를 지불하지 않으려고 할 것이다. 어떤 사람들은 충분히 합리적인 이유로 휴대 전화가 대개는 인터넷에 연결되며, 혹시 연결되지 않더라도 저절로 문제가 해결될 가능성이 높다고 생각한다. 많은 사람은 자신이 호감을 느끼는 누군가가 어쩌면 자신과 동일한 감정을 느끼지 않을 수 있다고 생각하며, 그래서 혹시라도 나쁜 소식을 듣게 될까 봐 두려워한다. 반대로 좋은 소식이 오히려 위험할 수 있다고 생각하는 사람들도 많다. (어쨌거나 나는 약 40명의 20대에게 동일한 질문을 던졌는데, 단 한 명을 제외한 모든 사람이 그래도 알고 싶다고 대답했다!)

　나는 심각한 건강 질환과 관련해서도 몇 가지 질문을 던졌고 응답자들의 반응은 거의 반반으로 나뉘었다. 많은 사람(53퍼센트)은 자신이 장차 알츠하이머병을 앓게 될지를 알고 싶지 않다고 말했다. 하지만 자신이 당뇨병에 걸릴 위험이 매우 높은 경우에 해당 사실을 알고 싶다고 대답한 사람도 절반에 달했다. 자신이 암이나 심장 질환에 취약한 유전적 소인을 가졌는지 알기를 원한다고 대답한 사람도 58퍼센트로 절반이 조금 넘었다.[30] 모르는 쪽을 선호하는 사람들은 틀림없이 대부분 나쁜 소식이 유발할 부정적인 감정 때문일 터였다. 이런 질문에 대한 대답이 놀랍기는 하지만, 여전히 많은 사람은 미리 알면 대비할 수 있다고 생각하는 것이 분명하다. 어쩌면 그들은 당뇨병이나 암, 심장 질환에 걸릴 위험을 줄이기 위해 무언가를 할 수 있다. 자신이 알츠하이머병에 걸릴 거라는 사실을 알게 된 사람은 기존의 생활 방식을 부분적으로나 전면적으로 바꿀 수 있을 것이다.

이외에도 나는 다양한 종류의 정보에 대해서 질문했다. 약 57퍼센트의 사람은 자신의 연인이나 배우자가 바람을 피운 적이 있는지 알기를 원했다. 지인이나 가족이 자신을 진심으로 어떻게 생각하는지 알고 싶어 한 사람은 42퍼센트에 불과했다. 2100년에 지구가 얼마나 더워질지 알고 싶다고 한 사람은 42퍼센트 정도였으며, 오직 27퍼센트의 사람만 자신이 사망할 날짜를 알고 싶다고 말했다. 미래의 어느 특정한 날짜에 주식 시장이 어떨지 알고 싶어 한 사람은 놀랍게도 54퍼센트에 불과했다. (사람들은 당연히 〈저 정보를 알게 되면 틀림없이 내가 원하는 만큼 돈을 벌 수 있을 거야〉라고 생각할 수 있음에도 그러지 않은 것이 분명했다.)

　　다른 행성에 생명체가 존재하는지를 알고 싶다고 대답한 사람은 놀랍게도 71퍼센트에 달했다. 천국이 실제로 존재하는지 알고 싶다고 한 사람의 수가 절반을 겨우 넘긴 것(53퍼센트)도 어쩌면 놀라운 일일 것이다. 천국의 존재를 알고 싶지 않다고 대답한 사람들은 아마도 다음 범주 중 하나에 속할 것이다.

　　첫째, 천국이 존재하는지 확실하지 않기 때문에 해당 정보가 무의미하다고 생각하는 사람.

　　둘째, 천국이 존재하지 않는다고 확신하기 때문에 해당 정보가 무의미하다고 생각하는 사람.

　　셋째, 자신은 어차피 천국에 가지 못할 것이기 때문에 천국의 존재를 알게 된다면 기분만 나빠지거나 화가 날 거라고 생각하는 사람.

　　넷째, 일정 수준의 불확실한 상태, 즉 모르는 상태로 있는 것이 최선이라고 생각하는 사람.

　　반면에 지옥이 존재하는지 알고 싶다고 대답한 사람은 44퍼센트로 비교적 적었다. 이 같은 수치는 혹시라도 지옥이 실제로 존재하면 자신이 커다란 문제에 맞닥뜨리게 될 거라고 생각하는 사람들이 많다는 반증일 수 있다.

　　소비 선택과 관련된 정보에 대해서는 겨우 43퍼센트

의 사람만 식당에서 칼로리 표시를 보고 싶다고 말했다. 관련 정보를 얻기 위한 그들의 지불 의사액도 그다지 크지 않았다. 중간값은 연간 15달러였으며, 평균값도 48.61달러에 불과했다. 가정에서 가전제품을 사용하는 데 드는 연간 비용과 관련한 정보의 지불 의사액도 비슷했다. 중간값은 15달러, 평균값은 43.71달러였다. 식당에서 판매되는 음식의 칼로리를 공개하도록 요구하는 연방 정부의 정책을 절대 다수의 미국인이 지지한다는 점을 감안할 때 이런 결과는 특히 흥미롭다.[31] 연방 정부의 정책에 찬성하는 사람 중 상당수는 분명히 해당 정보가 자신에게 별로 도움이 되지 않을 거라고 — 심지어 해를 끼칠 수도 있다고 — 생각하는 듯하다.[32] 그들은 자신이 관심을 갖지 않는 정보를 (또는 모르기를 원하는 정보를) 정부가 대신 나서서 공개하도록 요구해 주기를 원한다.

여기에 명백한 역설이 있다. 왜 사람들은 칼로리 표시를 보고 싶어 하지 않을까? 그런데도 왜 연방 정부가 음식점에 해당 정보를 표시하도록 요구해야 한다고 생각할까? 한 가지 합리적인 추론에 따르면, 그 정보가 다른 사람들에게 도움이 될 거라고 생각하기 때문이다. 또한 기업들이 관련한 조치를 취해야 한다고 생각하는지의 질문을 받는 경우에 자신에게 그런 조치로 인한 개인적인 이득이 없더라도 기꺼이 〈그렇다〉라고 대답할 가능성이 높다.

다른 종류의 정보에 대해서는 지불 의사액이 다소 높았다. 2020년 1월 1일의 주식 시장 동향과 같은 정보에 대해서는 중간값이 100달러, 평균값은 165.93달러였다. (정보를 알기만 하면 엄청난 돈을 벌 수 있다는 점에서 그다지 큰 금액은 아니었다.) 자신이 암에 취약한 유전적 소인을 가졌는지 알고 싶어 하는 사람들의 지불 의사액은 중간값이 79달러, 평균값은 115달러였다. 알츠하이머병의 경우에는 중간값이 59달러, 평균값이 106.98달러였다. 자신의 잠재적인 사망일에 관련된 정보에 대해서는 각각 93달러와 154.44달러였다. 자신의 연인이나 배우자가 바람을 피운 적이 있는지에 관련된 정보는 각각 74.50달러와 120.67달러였다. 2100년 지구의 기온 정보는 숫자가 크게 줄어서 각각 19달러와 59.37달러였다. 〈표 1.2〉는 주요 결괏값들을 보여 준다.

소비자들이 알고 싶어 할까?

나는 아마존 메커니컬 터크를 이용해서 400명의 미국인을 대상으로 또 하나의 비슷한 연구를 진행했다. 이번에는 전적으로 소비자들에게 이득이 될 수 있으며 당국이

〈표 1.2〉 잠재적으로 중요할 수 있는 정보의 공개

제공되는 정보	연간 지불 의사액		
	정보를 원하는 비율	중간값 ($)	평균값 ($)
응답자가 알츠하이머병에 걸리게 될지 여부	47%	59	107
2020년 1월 1일 주식 시장 동향	54%	100	166
남은 한 해의 일별 날씨	55%	70	121
암이나 심장 질환에 취약한 유전적 소인	58%	79	115
당뇨병에 걸릴 위험성	50%	52	116
응답자의 연인이나 배우자가 바람을 피운 적이 있는지 여부	57%	75	130
천국의 실재 여부	53%	200	221
지옥의 실재 여부	44%	148	210
암에 걸릴지 여부	52%	26	101
아프리카에 있는 모든 나라의 수도	20%	18	122
내년에 우승할 야구팀	42%	105	187
휴대 전화가 인터넷에 연결되지 않을 때 조치 방법	59%	11	61
다른 행성에 생명체가 존재하는지 여부	71%	51	125
자신이 강한 호감을 느끼는 누군가가 자신과 비슷한 감정을 느끼는지 여부	58%	67	114
국제 연합 회원국 수	30%	10	97
연체료를 포함한 신용 카드와 관련된 모든 약관 및 규정	56%	1	60

배우자가 사망하게 될 날짜	26%	167	198
자신에 대한 친구들과 가족들의 진심	42%	88	130
응답자의 집에서 가전제품을 사용하는 데 들어가는 연간 비용	60%	15	44
2100년의 지구 기후	42%	19	59
자신이 사망할 날짜	27%	93	154
각 식당의 칼로리 표시	43%	15	49

관심을 가지고 있던 정보들만 포함시켰다. 모든 정보는 적어도 어느 정도는 유용해 보였으며, 누군가에게는 상대적으로 훨씬 유용한 정보일 터였다. 해당 정보 중 일부는 아는 것이 그다지 즐겁지 않을 수도 있었다.

이 조사에서도 상당한 비균질성이 나타났으며, 많은 사람이 관련 정보를 얻는 데 전혀 관심을 보이지 않았다. 신용 카드 대금을 늦게 지불함으로써 발생하는 표준적인 연체료에 관한 정보를 원한 응답자도 62퍼센트에 불과했다. 나머지 38퍼센트는 신용 카드 대금을 제때제때 납입하는 사람들이거나, 연체료 정도는 신경 쓰지 않는 사람들일 것이다. 자신이 먹는 음식에 유전자 변형 식품이 포함되어 있는지를 알고 싶어 한 사람도 60퍼센트에 불과했다. 아마도 나머지 40퍼센트는 이미 알고 있거나, 아무래도 상관없는 사람일 것이다.

오직 64퍼센트의 사람만 계약 용량을 초과하여 휴대 전화를 사용했을 때 부과되는 요금에 대해 알고 싶어 했다. 자신이 구입한 자동차 타이어의 안전 등급을 알고 싶어 한 사람은 약 67퍼센트였다. (이는 비교적 높은 수치인데, 〈안전〉이라는 단어가 기폭제 역할을 했을 듯하다.) 약 65퍼센트의 사람은 애드빌이나 타이레놀 같은 진통제의 잠재적인 부작용에 대한 정보를 원했다. 자신이 구입한 제품에 분쟁 광물(콩고 민주 공화국 같은 나라에서 생산되며, 대규모 잔혹 행위의 자금으로 이용된다고 알려진 광물)이 들어 있는지를 알고 싶어 한 사람은 대략 55퍼센트였다. 어떤 사람들은 윤리적인 문제를 진심으로 중요하게 생각하면서 자신의 소비 선택에 관련 정보를 활용하고자 하는 반면, 어떤 사람들은 전혀 그렇지 않은 것이 분명하다.

이 모든 경우에서 지불 의사액의 중간값은 상당히 작았다. 연체료의 경우에 중간값은 8달러, 평균값은 103달러였다. 유전자 변형 식품의 지불 의사액은 중간값이 10달러, 평균값은 95달러였다. 안전 등급에 관련된 지불 의사액은 중간값이 16달러, 평균값이 101달러였다. 진통제 부작용은 중간값이 9달러, 평균값이 85달러였다. 분쟁 광물의 경우에는 중간값이 26.50달러, 평균값이 109달러였다. 〈표1.3〉의 결괏값을 참조하라.

〈표 1.3〉 소비자 관련 정보

제공되는 정보	연간 지불 의사액		
	정보를 원하는 비율	중간값($)	평균값($)
응답자가 사용하는 신용 카드의 표준 연체료	62%	8	103
유전자 변형 식품의 포함 여부	60%	24	101
계약 용량을 초과한 휴대 전화 사용료	64%	10	95
자신이 사용하는 자동차 타이어의 안전 등급	67%	16	101
진통제의 잠재적인 부작용	65%	9	85
분쟁 광물이 포함된 제품인지 여부	55%	26.50	109

우리는 많은 사람이 그들의 선택과 관련 있음에도 때때로 정보를 알고 싶어 하지 않는다고 — 설령 원하는 경우에도 해당 정보에 큰 가치를 두지 않는다고 — 결론을 내릴 수 있다. 그중 상당수는 분명히 해당 정보가 그들의 선택에 영향을 미치지 않거나, 알고 나면 괜히 기분만 나빠질 거라고 생각할 것이다.

공공 정책과 관련해서도 우리는 사람들의 대답을 절

대적으로 받아들이지 말아야 한다. 다시 말하지만, 그들의 대답은 정보의 부재나 부당한 환경 조건, 모종의 편향등이 반영된 결과일 수 있기 때문이다. 그리고 이런 연구결과들을 고려하여 우리는 개인화된, 즉 개인 맞춤형 정보 공개를 통해 실제로 원하는 사람들에게만 (어쩌면 틀릴 수 있겠지만, 정보를 원하거나 원하지 않는 사람들에게 앞서 언급한 정보 문제나 환경적인 불평등, 편향 문제등이 존재하지 않는다고 가정하면서) 정보를 제공할 필요가 있다. 하지만 안타깝게도 개인화된 정보 공개는 불가능할 때가 많다. 한 사람이 알게 되면 다른 사람들도 알게된다는 점에서 정보는 공공재일 수 있기 때문이다. 칼로리 표시를 생각해 보라. 칼로리 표시는 모든 사람에게 제공된다는 점에서 개인화가 쉽지 않다. 좋은 소식도 있다. 미래에는 신기술이 개인화되거나 표적화된 정보 공개를 그 어느 때보다 실현 가능하게 할 거라는 사실이다.

나는 적절할 때 이 문제를 다룰 예정이다. 지금은 세부적인 내용에서 한발 물러나고자 한다. 사람들은 일반적으로 어떤 정보가 유용하거나 알면 기분이 좋아질 거라고생각될 때 또는 둘 다일 때 정보를 원한다. 가장 흔한 동시에 괴로운 경우는 정보가 유용하기는 하지만, 불쾌한 내용을 담고 있을 때이다. (인간이 된 것을 환영합니다.) 반면에 유쾌한 정보가 해로운 경우는 별로 없다. 많은 경우에 정보를 추구할지, 아니면 외면할지를 둘러싼 판단은 일종의 도박으로 결정된다. 사람들은 큰 판돈이 걸린 포커를 치고 있는 셈이다. 낙관적인 사람들이라면 끔찍한 기분을 맛보는 한이 있더라도 정보를 추구할 것이다. 반면에 손실 회피 성향인 사람들은 설령 그 정보가 그들의 목숨을 구할 수 있는 경우에도 정보를 외면할 것이다. 그리고 이 모든 것은 공공 정책에 관련된 주요 쟁점들 — 향후 수십 년 동안 가장 중요하게 부각될 — 과 관련 있다.

정보 공개가 인간의 복지를 증진시킬까? 정보 표시와 경고 문구는 과연 좋은 생각일까? 어떤 경우에 좋은 생각일까? 우리는 이제 이런 질문이 지극히 추상적임을 알게 되었다. 다행히도 미국 정부는 구체적인 제안들을 심사하는 과정에서 앞의 질문에 답을 찾고자 한 많은 경험을 가지고 있다. 연비 표시를 비롯해서 칼로리 표시나 영양 표시, 에너지 효율 표시, 담뱃갑에 인쇄되는 경고 사진과 같은 대표적인 예를 떠올려 보자. 사람들이 왜 알기를 원하거나 원하지 않는지 그 이유에 대한 이해를 바탕으로 나는 이 장에서 정보를 공개하도록 요구하는 것이 과연 좋은 생각인지, 어떤 경우에 좋은 생각인지를 집중적으로 살펴보려고 한다. 건강과 안전도 매우 중요하지만, 팝콘 맛을 망칠 위험을 고려하는 것도 중요한 까닭이다.

이 문제를 다루기에 앞서 우리는 합리적인 정부가 정보를 공개하도록 요구하는 이유가 무엇인지 짚어 볼 필요가 있다. 내가 생각하는 주된 이유는 간단하다. 정보 공개가 인간의 복지를 증진하기 때문이다. 공개 요구가 인간의 행복한 삶을 증진하지 않는다면, 이와 같은 의무를 부과할 이유가 없을 것이다. 하지만 앞서 보았듯이 정보 공개를 지지하는 사람 중에는 정보 공개가 꼭 인간의 복지를 증진하는 것은 아니라고 생각하는 사람들도 있다. 그들은 사람들이 결정을 내리는 과정에서 충분한 정보를 제공받도록 하는 것이 유일한 목표라고 주장한다. 그리고 이런 목적이라면 설령 인간의 복지를 전혀 증진하지 않더라도 우리는 정보 공개 요구를 지지할 수 있다. 실제로 이와 같은 요구가 〈효력〉을 발휘하게 되기를 바랄 것이다. 어쩌면 그에 따른 결과로 도대체 무슨 말인지 모를 30쪽 분량의 정보에 압도되어 사람들이 오히려 아무런 정보를 얻지 못하는 경우도 발생할 수 있다. 그런데도 의무적인 공개를 통해 사람들에게 정보가 제공되는 한, 일부 정책 입안자들은 승리를 선언할 것이다. 하지만 과연 그럴까? 의무적인 정보 공개가 사람들을 더욱 행복하게 만들지 않는다면, 불행하게 만든다면 무슨 소용이 있을까?

또 다른 잠재적인 이유는 별개의 중요한 개념인 자율

성 때문이다. 어떤 면에서 정보 공개 요구의 목적은 전적으로 사람들에게 자율적인 선택을 보장하기 위함이다. 덧붙여 말하자면 소비자나 노동자, 환자일 수 있는 그들은 존중받아야 하며, 그들에게 충분한 정보가 제공되도록 보장하는 것은 그들이 존중받도록 하는 방법 중 하나일 수 있다. 이론가를 비롯한 많은 사람은 여기에 적용되는, 이른바 제러미 벤담Jeremy Bentham과 존 스튜어트 밀John Stuart Mill로 시작된 공리주의 전통으로부터 발전한 복지주의, 그리고 임마누엘 칸트Immanuel Kant가 옹호하고 지지한 개인의 자율성과 존중 개념에 초점을 맞춘 의무론적 접근법 사이에서 무엇을 선택할지를 두고 격렬한 논쟁을 벌인다.[1]

2019년에 미국 식품 의약국은 담뱃갑에 새로운 경고 문구와 사진을 넣도록 요구하는 일단의 규제를 제안하고 해명하는 과정에서 과감하게 자율성을 추구하는 방향으로 나아갔다.[2] 그들은 경고 문구와 사진이 흡연을 감소시키고, 수많은 생명을 구할 거라고 주장하는 대신에 그런 조치들이 〈흡연이 건강에 미치는 악영향에 대한 좀 더 나은 대중의 이해〉를 촉진할 거라고 설명했다. 다시 말해, 그들의 관점에서 새로 제안된 규제가 가져다줄 주된 이득 — 해당 규제가 대중의 건강에 미칠 영향과 별개로 — 은 이른바 좀 더 나은 이해였다. 식품 의약국이 이러한 이해를 그 자체로 중요하게 생각했는지, (인간의 복지와 관련된) 다양한 이유에서 하나의 수단으로 중요하게 생각했는지, 관련 규제가 궁극적으로 흡연을 감소시킬 거라는 점에서 하나의 수단으로 중요하게 생각했는지는 확실치 않다. 그들은 단지 더 나은 이해가 본질적으로 중요하다고 강조했다.

　　여기는 복지주의를 대신해서 전면적인 논쟁을 벌이기 위한 공간이 아니다. 그리고 나는 단순히 〈정부가 정보 공개를 요구해야 하는가〉라는 문제를 다루는 것이 가장 도움이 되는 방식이라고 전제한다. 또한 다수의 사례를 참고함으로써 가장 이치에 맞는 주장을 내놓기 위해 노력할 것이다. 다행인 점은 대부분 복지주의와 의무론에 입각한 접근법들이 적어도 나의 이런 목적과 완전히 다른 방향으로 흘러가지 않는다는 사실이다. 복지주의에 반대하고 자율성을 중시한다고 해서 꼭 의무적인 정보 공개가 일반적으로 좋은 생각이라는 뜻은 아니다. 중요한 문제는 사람들이 자율성을 가지려면 어떤 종류의 정보가 제공되어야 하는가이다. 여기에 더해서 자율적인 사용자들이 무엇을 알고 싶어 하는지, 그리고 그들이 정말로 알기를 원하는지도 마찬가지로 중요한 문제이다. 혹시라도 정보가 그들의 결정에 도움이 되지 않거나 그들을 비참하게 만들 것이 분명하다면, 그들은 알지 않기를 원할 것이다. 그들의 자율성을 존중하고자 한다면, 우리는 그들의 선택을 적어도 하나의 신념으로서 존중해야 한다.

생각해 보라. 합리적인 선택자들은 종종 선택하지 않는 쪽을 선택한다. 그 또한 그들이 자율성을 행사하는 방식 중 하나이다. 대신에 그들은 다른 사람(의사나 변호사, 기술자, 투자 고문 등)에게 선택을 위임한다. 선택을 위임하는 이유는 그 사람이 좀 더 나은 선택을 할 거라고 생각하기 때문일 것이다. 어쩌면 자신이 직접 선택하고 싶지 않거나, 자신이 바쁘기도 하거니와 다른 문제에 더 집중하고 싶기 때문일 수도 있다. 그들은 선택을 위임함으로써 자신이 더 많은 자유를 누릴 수 있을 거라고 생각할 것이다. 이런 상황에서 그들에게 선택을 강요하는 것은 자율성을 존중하지 않는 셈이다. 정보도 마찬가지이다. 즉 정보를 원하지 않는 사람에게 정보를 강요하거나 막무가내로 들이미는 것은 엄밀히 말해서 존중과 거리가 멀다. 물론 정보의 부재나 환경적인 불평등, 인간의 편향이 정보를 추구할지 또는 외면할지를 둘러싼 사람들의 판단을 왜곡하는 것도 사실이다. 한 가지 분명한 사실은 우리가 사람들의 자율성을 존중한다고 가정할 때 그들이 정보를 원하지 않는 상황에서도 정보를 제공해야 하는지가 분명하지 않다는 점이다.

복지 개념을 다루기 위해서는 먼저 개념을 구체화시킬 필요가 있다. 추상적인 의미에서 복지는 많은 것을 포함할 수 있기 때문이다.[3] 그러나 지금은 한 가지만 강조하자. 분배 문제는 매우 중요하다는 사실이다. 우리는 누가 도움을 받고, 누가 피해를 보는지 알아야 한다. 정보 공개가 교육받은 부유한 사람들에게만 도움이 되고, 교육받지 못한 가난한 사람들에게는 도움이 되지 않는다면 심각한 문제가 있는 셈이다. 부유한 사람들만 정보를 이용할 뿐 가난한 사람들은 정보를 이용하지 못한다면 정책 입안자들은 그와 같은 부분을 고려할 필요가 있다. 아마도 그들은 무언가 다른 조치를 취하고자 할 것이다. 이론가들은 가장 가난한 사람들의 복지를 특히 중시하는 복지주의의 한 형태인 우선주의 개념을 옹호해 왔다.[4] 합리적인 규제 체계 안에서 우선주의는 정보 공개 정책을 설계하는 데 큰 역할을 수행한다.

네 가지 질문

대부분의 국가에서 법은 가장 중요한 이론적인 문제들에 명시적인 입장을 취하지 않는다. 하지만 미국의 연방 기관들은 수십 년에 걸쳐 중요한 규제들을 발표할 때마다 그들의 정치적인 선택이 사람들에게 미칠 영향에 초점이 맞추어진, 즉 명백히 복지주의를 지향하는 다음 네 가지 질문에 답하도록 요구받아 왔다.[5]

1. 정부는 정확히 언제 정보 공개를 요구해야 하는가? 바꾸어 말하면, 어떤 상황에서 일종의 시장 실패가 일어나는가?
2. 정보 공개에 따른 비용과 편익은 무엇인가?
3. 이러한 비용과 편익을 어떻게 측정할 수 있는가?
4. 비용 편익 분석이나 그 밖의 다른 측정 기준을 참고했을 때, 정보 공개로 잃는 것보다 얻는 것이 많은가?

1981년에 로널드 레이건Ronald Reagan 대통령을 시작으로 공화당과 민주당 출신 대통령들은 하나같이 미국 환경 보호국이나 교통부와 같은 기관들이 정보 공개 요구를 비롯한 중요한 규제를 발표할 때마다 그들에게 앞의 모든 질문에 답하도록 요구하는 행정 명령을 내렸다. 많은 사람이 보기에는 선뜻 이해하기 힘든 요구였다. 하지만 여기에는 명백한 이유가 있었다. 그 일련의 과정이 정보를 공개함으로써 사람들의 행복이 증진될지를 확인하는 최선의 방법으로 여겨졌기 때문이다.[6] 비용 편익 분석은 앞의 질문에 답하기 위한 지극히 불완전하지만 시행 가능한 방법이다. 일례로 정보 공개를 요구하는 어떤 규정을 시행하는 데 5억 달러의 비용이 필요한 것에 반해서, 그로 인한 편익은 10달러에 불과한 상황을 가정해 보자. 그런 경우에 우리는 당연히 해당 규정이 인간의 복지를 증진하지 않을 거라고 주장할 것이다.

나는 이와 같은 주장이 많은 의문과 의혹을 불러일으킬 것임을 안다. 금전적 편익을 초과하는 금전적 비용을 부과한다고 해서 그 규정이 반드시 인간의 복지를 증진하지 못하는 것은 아니기 때문이다. 또한 금전적 비용을 초과하는 금전적 편익을 제공한다고 해서 그 규정이 반드시 인간의 복지를 증진시키는 것도 아니다. 다시 말하지만, 분배 효과를 고려해야 한다. 나는 비용 편익 분석과 인간의 복지 사이에 어떤 관계가 있는지 앞으로 많은 이야기를 할 계획이다. 지금은 일단 앞의 네 가지 질문의 목적을 강조하고자 한다. 즉 정보 공개가 인간에게 미치는 실질적인 영향에 초점을 맞출 것이다. (그리고 인간이 아닌 동물에게 미치는 영향에 대해서도 이야기할 예정이다.)

네 가지 질문은 다양한 맥락에서 제기된다. 이를테면

칼로리 표시, 주택 담보 대출 관련 공시, 에너지 효율 표시, 이해 충돌 정보의 공개, 건강 정보 공개, 연비 표시, 신용 카드 관련 공시, 유전자 변형 식품 표시, 식품 영양 성분표, 원산지 표시, 돌고래를 해치지 않는 방법으로 포획한 참치임을 알려 주는 표시, 자외선 차단 표시, 분쟁 광물 표시, 담뱃갑에 인쇄되는 경고 사진 등이다. 이런 정보 표시 중 일부는 소비자와 근로자, 환자를 비롯한 그 밖의 사람들이 돈 문제나 건강 문제를 비롯한 각종 위험으로부터 스스로를 보호할 수 있도록 하기 위해 계획되었다. 또한 일부는 제삼자를 보호하거나 도덕적 우려 — 예를 들어, 동물 복지와 관련된 정보가 표시된 안내문처럼 — 에 대응하기 위해 계획되었다. 어떤 위험과 실제로 관련되었든, 관련되지 않았든 정부 차원에서 행동에 나서 주기를 바라는 일종의 소비자나 이해 집단의 요구에 대응하기 위한 것들도 있다. 〈그림 2.1〉은 의무적인 정보 표시의 세 가지 대표적인 예를 보여 준다.

숫자를 좇아서

의무적인 정보 공개의 효과를 평가하기란 쉽지 않다. 첫 번째 문제는 〈사람들이 어떻게 반응할지 정부 기관들이 때때로 모를 수 있다〉는 것이다. 특정한 냉장고나 전자레

〈그림 2.1〉 세 가지 정보 표시

(a)

경고: 설탕이 들어간 음료를 마시면 비만이나
당뇨, 충치가 생길 수 있음.

(b)

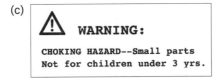

(자외선 A와 B를 모두 차단하는) 폭넓은 효능,
자외선 차단 지수 30.

(c)

⚠️ **WARNING:**

CHOKING HAZARD--Small parts
Not for children under 3 yrs.

경고: 질식 위험 — 작은 부품, 3세 이하의 아동 이용 금지.

(a) 단 음료를 마시는 데 따른 위험을 경고 (b) 자외선 차단 유형과 차단
범위를 알려 주는 표시 (c) 질식 위험 경고

인지의 에너지 효율이 좋다는 사실을 알게 되거나, 일단의 가전제품을 운용하는 정확한 비용 정보를 알게 될 경우에 사람들의 행동은 어떻게 달라질까? 주택 담보 대출을 받음으로써 발생하는 비용과 관련해서 충분히 많은 정보를 알게 될 경우에 사람들은 어떻게 반응할까? 그런 정보를 얻지 못했을 때와 비교한다면 그들의 행동은 어떻게 다를까?

두 번째 문제는 〈사람들이 어떻게 반응할지 예측하더라도 기관들 입장에서 그들의 반응을 동등한 금전 가치로 전환하기가 어려울 수 있다〉는 것이다. 정부 기관들 입장에서 칼로리 정보 표시가 칼로리를 더욱 적게 소비하도록 유도하거나, 유전자 변형 식품을 사용했다는 정보 표시가 다른 소비 선택을 유도할 거라는 사실을 알게 된다고 해서 정확히 무슨 이득이 있을까? 틀림없이 많은 사람은 동등한 금전 가치라는 개념 자체에 회의적일 것이다. 중요한 것은 인간의 복지이며, 그런 점에서 진짜 문제는 정보 표시를 둘러싼 각각의 반응이 사람들의 삶에 사실상 어떻게 영향을 미치는가 하는 것이다. 그런데도 동등한 금전 가치로 환산된 수치를 이용하는 이유는 그 수치가 우리에게 알아야 할 모든 것을 이야기해 주기 때문이 아니라 우리가 알아야 할 것의 지금 당장 이용할 수 있는 대용물 —

복지 효과와 관련된 중요한 정보를 얻는 방법 중 하나 ─ 이기 때문이라는 점을 상기할 필요가 있다.

앞서 우리는 목표가 금전 가치로 환산된 등가물인 경우에 경제학자들이 개인적인 지불 의사액을 이론상 최선의 접근법으로 생각하는 경향이 있음을 확인했다.[7] 많은 사람이 보기에 그들의 주장은 직관적으로 딱히 와닿지 않는다. 심지어 터무니없게 보일 수도 있을 것이다. 그런데 앞서 우리는 지불 의사액이 인식 가능한 전제 하에서 사람들이 어떤 정보를 앎으로써 얻었거나 잃었다고 주장하는 모든 것을 담아낸다는 사실 또한 확인했다. 즉 지불 의사액 기준은 사람들이 신경 쓰지 않거나, 이용하지 않거나, 알려고 하지 않을 거라는 점에서 어떤 정보는 아무런 이득이 되지 않는다는 사실을 고려한다. 여기에 더해서 어떤 정보는 인간의 복지에 보탬이 되지만, 어떤 정보는 오히려 방해가 된다는 ─ 어떤 정보는 보탬이 되는 동시에 방해가 되기도 한다는 ─ 사실도 고려한다. 문제는 지불 의사액을 제시하기 위해서는 사람들이 예측 문제를 선결해야 한다는 점이다. 그리고 두 가지 이유에서 예측 문제를 해결하기란 지극히 어려울 수 있다.

나는 첫 번째 이유를 이미 언급했다. 즉 사람들은 (더 많은) 정보를 위해 얼마를 지불해야 할지 스스로 판단할 수 있는 정보가 부족하다. 경제학자인 케네스 조지프 애로 Kenneth Joseph Arrow가 오래전에 지적했듯이 〈정보의 수요를 판단하는 일에는 근본적인 모순이 존재한다. 구매자에게 정보가 어떤 가치를 지닐지는 구매자가 해당 정보를 얻은 이후에야 알 수 있는데 사실상 그때는 이미 구매자가 어떠한 비용도 치르지 않고 정보를 획득한 상태가 되기 때문이다〉.[8] 정보가 없다면 사람들은 특정한 정보를 얻기 위해 자신이 과연 비용을 지불해야 하는지, 지불한다면 얼마를 지불해야 하는지 판단할 수 있을 만큼 충분히 알지 못할 것이다. 핵심은 분배 공정성 문제와 관련 있다. 즉 어떤 사람은 특정한 정보를 원하는 만큼 충분히 많은 정보를 가졌을 수 있고, 어떤 사람은 그렇지 않을 수 있다. 이런 문제는 최소한 사전에 지불 의사액을 평가하는 방식에 심각한 의문을 제기한다. 사람들은 정보를 얻은 다음에야 그 정보의 가치를 더욱 잘 알게 되기 때문이다.

두 번째 이유는 이런 문제와 별개로 사전에 명시된 지불 의사액이 정보의 실질적인 복지 효과를 담아내지 못할 수 있다는 것이다. 어떤 맥락에서는 시간이 지날수록 사람들이 좋아하는 것이 달라진다. 예컨대 어떤 식품이 초래할 수 있는 건강상의 위험을 알게 된 사람들은 자신의 입맛을 바꾸거나 바꾸기 위한 노력을 시작할 것이다.

브라우니는 상대적으로 자제하면서 샐러드를 더 좋아하기 시작할 것이다. 그럴듯한 가정으로 소금과 설탕의 정보 표시는 입맛의 변화로 이어질 수도 있다. 이유 중 하나는 우리의 입맛이 우리가 가진 믿음, 즉 정보의 산물이기 때문이다. 또 다른 이유로 믿음 자체는 변하지 않더라도 우리에게 다른 욕구가 생기면서 다른 것들을 좋아할 수 있기 때문이다. 그 결과 한때는 입맛에 맞았던 어떤 것이 끔찍하게 느껴질 수 있으며, 그 반대의 상황도 가능하다. 만약 그렇다면 사전 지불 의사액 수치는 정보 공개의 복지 효과를 평가하는 측면에서 불충분한 정보가 될 것이다. (나는 한때 다마고 초밥이라는 계란 초밥을 싫어했다. 하지만 다른 사람들도 모두 싫어하고, 모듬 초밥을 주문하면 항상 들어 있는 것 같아서 나는 계란 초밥을 좋아하고자 노력하기로 결심했다. 결국 나는 성공했고 맛도 나름 괜찮다.)

여기에 더 포괄적인 핵심이 있다. 정보 공개는 사람들을 특정한 방향으로 유도해서 그들이 최선의 선택을 할 수 있도록 도와주기 위한 개입이며, 일종의 넛지이다.[9] 넛지에는 알림과 경고, 카페테리아나 식료품점의 상품 배치, 기존 사회의 전형적인 행동 양식에 대한 서술, 임의 규정 등이 모두 포함된다. 어떤 경우에 넛지는 인간의 행동을 바람직한 방향으로 유도하는 데 성공함으로써 상당한 이득을 창출한다.[10] 하지만 실패하는 경우도 있다.[11] 그런 경우에 넛지는 인간의 행동에 아무런 영향을 주지 못한다. 심지어 역효과를 내기도 한다. 정보 측면에서 넛지의 복지 효과는 긍정적인 효과든, 부정적인 효과든 상관없이 비교적 어렵지 않게 목록으로 만들 수 있을 것이다. 예를 들어, 사람들이 담배를 끊는다면 우리는 조기 사망률 감소를 예상할 수 있다. 사람들이 상대적으로 비싸지만 에너지 효율이 좋은 냉장고를 구매한다면, 우리는 그들이 지금 당장은 더 많은 돈을 지불하겠지만 시간이 지날수록 돈을 절약할 수 있을 것이며, 그렇게 하는 것이 환경에도 더 낫다는 사실을 안다. 우리는 할 수만 있다면 이 모든 효과의 크기를 확인하고 싶을 것이다.

하지만 사람들이 〈넛지 그 자체로 인해, 또는 넛지로 유도된 행동 그 자체로 인해〉 복지 손실을 겪는 상황을 상상해 보라. 예를 들어, 사람들은 알림이나 경고를 좋아하지 않을 수 있다. 경고를 받는 입장에서 하나같이 별로 유쾌하지 않기 때문이다. 모든 것을 고려할 때 정보를 알고 있는 편이 자신에게 훨씬 도움이 되더라도, 알림이나 경고가 쏟아 내는 위험성을 알게 되는 경우에 많은 사람이 복지 손실을 겪는다는 사실을 기억해야 한다. 심장 질환이나 암에 걸릴 위험을 알게 되는 것의 복지 효과에는 해당 정보 자체가 초래할 잠재적인 쾌락적 손실에 대한 고려도 포함되어야 한다. 여기에 더해서 넛지로 유도된 행동 변화도 복지 손실을 초래할 수 있다. 예컨대 운동이 전혀 즐겁지 않음에도 운동하는 상황을 생각해 보라.

전립샘암 사망률을 낮추기 위해 도입된 전립샘 특이 항원 검사를 둘러싼 논쟁은 대표적인 사례이다. 어떤 전문가들은 공격적인 암을 초기에 치료할 기회가 늘어난다는 점에서 조기 발견이 생명을 구할 수 있다고 믿는다. 반면에 어떤 전문가들은 방사선이나 수술, 그 밖의 치료가 환자에게 다양한 부작용을 초래하여 오히려 심각한 해를 끼칠 수 있다고 믿는다. 전립샘 특이 항원 검사가 조기 발견과 치료에 효과적임에도 사실상 생존율을 높여 주지 못하거나, 아주 약간의 생존율만 높여 준다고 가정해 보자. 많은 사람에게 어쩌면 모르는 것이 최선일 수 있다.

의료계 종사자들도 그 정도는 대부분 알고 있다. 하지만 나는 여기에 한 가지 간단한 사실을 추가하고자 한다. 좋지 못한 검사 결과가 실제로 불안과 고통(둘 다 유쾌하지 않은 경험이며, 그로 인해 자칫 건강 문제가 초래될 수도 있다)을 유발한다면, 그에 비례해서 차라리 모르는 편이 낫다는 주장이 더욱 힘을 얻게 될 거라는 사실이다.

나쁜 소식을 들었을 때 자신이 너무 격하게 반응하지 않을까 두려워하고, 그래서 차라리 모르는 편을 선호하는 환자들은 어쩌면 현재 편향적인 사고에 빠진 것일 수 있다. 맞는 말이다. 하지만 모든 것을 고려해서 합리적으로 판단했고, 그 결과 모르기를 원할 수도 있다.[12] 바로 여기에 우리가 기대하는 일정 수준으로 개인화된 의료 행위의 핵심이 있다. 조금이라도 나쁜 소식을 듣게 될까 봐 잔뜩 걱정에 휩싸여 있는 환자에게는 모르는 것이 최선일 수 있다. 반면에 호기심이 강하고 혹시 좋지 못한 소식을 들어도 쉽게 극복할 수 있는 환자에게는 더욱 강력하게 검사를 주장해야 한다. 훌륭한 의사라면 이런 개개인의 차이를 고려할 것이다.

물론 정보나 넛지가 비용보다 편익을 낳을 수 있다는 것은 사실이다. 다시 한번 말하지만, 정보나 넛지가 행동을 바꾸어 주기 때문이 아니라 쾌락적 편익을 제공하기 때문이다. 비용을 강조하는 사람들은 신호를 잘못 이해한 것일 수 있다. 예를 들어, 사람들은 배움 그 자체를 즐길 수 있다. 누군가에게는 운동이 그 자체로 즐겁거나, 재미있거나, 보람이 될 것이다. 1장에서 대다수 사람이 실제로는 칼로리 표시가 되어 있는 것을 좋아한다고 했던 말도 같은 맥락이다. 그런데도 여기에서의 나는 득보다 실을 강조한다.

참고로 논의 범위와 관련해서 2장의 초점은 특정 정보 공개 형식의 적절한 설계가 아닌 정보의 복지 효과에 있다. 정보 표시가 매우 효과적이거나 그렇지 않은 방식으로 이루어질 수 있음은 이미 잘 알려진 사실이다.[13] 정보를 표시하는 방식은 중요하다. 복잡하고 혼란스러운 정보 공개 정책은 소비자에게 과부하를 초래할 수 있으며, 그에 따라 효과가 매우 미미하거나 아예 없을 수도 있다. 편익은 없고 비용만 있는 경우이다. 반대로 너무 단순한 정보 공개는 소비자에게 잘못된 정보를 줄 수 있고, 그로 인해 잠재적으로 부정적인 복지 효과를 낳을 수 있다. 여기에서 문제는 정보 공개를 어떻게 설계하고, 어떻게 틀을 짤 것인가 하는 것이 아니다. 더 넓은 의미에서 정보 공개에 따른 편익과 비용을 어떻게 평가할 것인가 하는 것이다. 설계 문제는 3장에서 본격적으로 다루어질 예정이다.

정보가 실질적인 도움을 주는가?

더욱 현명한 결정을 내리도록 정보가 도움을 준다는 사실은 의심의 여지가 없다. 내비게이션은 사람들이 원하는 목적지에 다다를 수 있도록 도와준다. 신호등은 사람들에게 언제 멈추고 가야하는지 알려 준다. 해변에서는 수영 금지라고 적힌 표지판이 사고 위험을 줄여 준다. 처방전 없이 살 수 있는 약에 알레르기 완화나 통증 완화, 기침 억제와 같은 표시가 되어 있다면 사람들은 무슨 약이 어디에 작용하는지 더 쉽게 알 수 있다. 식품에 알레르기 경고 문구 ── 땅콩이나 해산물 등이 사용되었음을 알리는 ── 가 포함된다면, 그와 같은 사실을 공개하는 것만으로도 상당한 편익이 발생할 것이다. 도시나 공항에 표지판이 잘 갖추어져 있다면 사람들이 길을 헤맬 일도 없다. 사람들에게 삶을 개척해 나가도록 도와준다는 점에서 정보는 자유를 확장해 줄 뿐 아니라 자유와 불가분의 관계에 있다.

우리 주변에는 꼭 필요한 정보들이 이미 사방에 존재하며, 그런 측면에서 정보가 유익할 수 있다는 명제에 의문을 제기하는 것은 터무니없고 일종의 무의미한 반대를 위한 반대처럼 보인다. 그런데도 수많은 연구자가 정보 공개 요구에 강렬하게 반대해 오고 있다. 그들은 정부가 매우 다양한 정보 공개를 요구한다는 점에 주목한다. 그들이 보는 관점에서 사람들은 정부가 공개를 요구하는 정보 중 상당수에 조금도 관심을 보이지 않으며, 이런 사실은 정보를 공개하는 것이 기본적으로 낭비임을 의미한다.

정책 입안자들에게 복지나 안전 문제를 개선하기 위해서는 그들이 아무것도 하지 않는 편이 오히려 도움이 된다고 생각하게 만드는 방식이다.

어떤 면에서 정보 공개에 반대하는 주된 이유는 정보의 복잡성이나 과도한 양, 난해함 때문이다.[14] 전문 용어로 가득 찬 75쪽 분량의 정보 공개는 아무런 편익을 제공하지 못할 것이다. 주택 담보 대출을 받는 사람들은 대부분이 쓸모없는 내용임에도 터무니없을 정도로 많은 정보의 공격에 직면한다. 병원을 찾는 사람들은 도무지 의미를 이해할 수 없을뿐더러 어떤 경우에도 그들의 행동에 영향을 미치지 않을 개인 정보 노출에 직면한다. 이런 식의 정보 공개는 그야말로 무의미하며, 일종의 의미 없는 표현주의에 (또는 소송에 대비하기 위한 수단에) 불과하다.

그렇다. 너무 복잡하거나, 지나치게 장황하거나, 무슨 말인지 이해할 수 없는 정보 공개는 아무런 도움이 되지 않는다. 이 점은 매우 중요하며 우리 주변의 다양한 영역에서 이루어지는 정보 공개에 심각한 의문을 제기한다. 실익이 없다면 군이 정보 공개를 요구할 이유가 없기 때문이다. 이와 같은 단순한 사실은 정보 공개 요구를 개선하거나 어쩌면 철회할 수도 있다는 전제를 바탕으로, 관련 요구를 현실적으로 평가하고 정말 실효성이 있는지 확인하는 작업이 중요하다고 암시한다.

간단한 일화 하나를 살펴보자. 미국은 건강한 식생활을 촉진하기 위한 주된 아이콘으로 오랫동안 식단 피라미드에 의존했다. 농무부에서 제작한 식단 피라미드 웹 사이트는 미국의 모든 정부 기관을 통틀어 방문자가 가장 많은 곳 중 하나였다. 수 대(代)에 걸친 아이들이 해당 웹 사이트를 이용했다. 〈그림 2.2〉는 해당 웹 사이트에 소개된 여러 가지 버전의 식단 피라미드 중 하나를 보여 준다.

농무부의 피라미드 그림은 오랫동안 절망적일 정도로 충분한 정보를 제공하지 못한다는 비판을 받았다. 이유는 문제의 그림이 사람들에게 어떤 종류의 길도 명확히 제시하지 않았기 때문이다. 그림에서는 신발을 신지 않은 사람이 정상을 향해 피라미드를 오르고 있는 듯 보인다. 하지만 왜 피라미드를 오르고 있을까? 피라미드 꼭대기에 있는 하얀 삼각형은 무엇일까? 피라미드는 세로로 된 다섯 개의 영역으로 나뉘어 있다. (아니면 일곱 개인가?) 각각의 영역은 무엇을 의미할까? 아랫부분에는 다양한 식품이 보인다. 하지만 뒤죽박죽이다. 어떤 식품들은 특정한 범주에 속해 있는 듯하다. 그렇다면 몇몇 곡물 제품은 채소라는 말일까? 우유는 과일이라는 말일까? 고기가 우유라는 뜻일까?

<그림 2.2> 식단 피라미드

사람들은 자신이 무엇을 해야 할지 모른다면 행동을 바꾸지 않을 것이다. 많은 사람이 건강한 식생활에 관심을 갖지만, 자신이 어떤 구체적인 조치를 취해야 하는지 알지 못한다. 그런 의미에서 식단 피라미드는 그들에게 별로 도움이 되지 않았다.

2011년에 농무부는 영양학과 커뮤니케이션학 지식을 보유한 다양한 전문가에게 조언을 구했고 어떤 종류의 아이콘이 더 나을지 조사했다. 그리고 마침내 식단 피라미드를 좀 더 새롭고 단순한 아이콘으로 대체했다. 새로운 아이콘은 과일과 야채, 곡물, 단백질의 자리가 명확하게 표시된 하나의 접시로 되어 있다(〈그림 2.3〉).

해당 접시는 일종의 지도처럼 명확하고 이해하기 쉽게 안내할 수 있도록 설계되었다. 동시에 choosemyplate. gov에서 이용할 수 있는 간단한 조언과 함께 사람들에게 영양학적으로 좋은 선택을 하는 방법에 대한 정보도 제공하고 있다. 조언에는 다음과 같은 것들이 포함된다.

- 접시의 절반을 과일과 채소로 채워라.
- 단 음료 대신에 물을 마셔라.
- 무지방 우유나 저지방(1퍼센트) 우유로 바꾸어라.
- 나트륨 섭취를 줄이기 위해 소금이 가미되지 않은 견과류와 씨앗류를 선택하라.

정보가 실질적인 도움이 되도록 하는 것이 목적이라면 〈피라미드가 아닌 접시〉는 제대로 방향을 잡은 좋은 대안이다. 하지만 우리는 식단 접시가 정말 유익한지 ─ 정보 공개 정책에 반대하는 더욱 근본적인 이유 ─ 를 판단하기에 여전히 자료가 많지 않다는 사실을 인정할 수밖에 없다. 그리고 정보 공개에 반대하는 사람들에 따르면, 이런 식의 정책은 일반적으로 도움이 되지 않는다고 한다.

〈그림 2.3〉 식단 접시

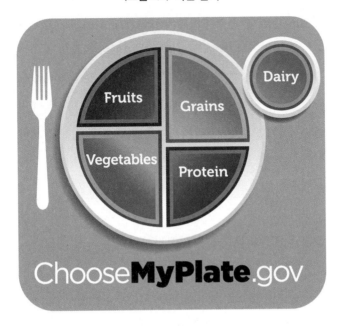

아무리 명확하고 이해하기 쉽게 정보를 공시하더라도 사람들이 외면하기 때문이다. 이런 반대 의견에 동조하는 사람들에게 의무적인 정보 표시는 낭비에 불과하며 신경을 분산시킬 뿐이다. 사람들의 행동을 바꾸기 위해서는 더욱 공격적인 개입이 필요하다.

반대하는 사람들의 말이 정말 맞을까? 이 문제의 답을 알기 위해서는 무작위 대조군 실험이 최선일 듯하다.

즉 한쪽 사람들에게만 정보를 제공하고, 다른 쪽 사람들에게는 정보를 제공하지 않음으로써 정보의 유무가 실제로 어떤 차이를 초래하는지 확인하는 것이다. 주목할 점은 칼로리 표시와 같은 일부 정보 표시가 소비자들에게 미치는 영향을 연구할 목적으로 이미 비슷한 방식의 실험이 실시된 적이 있다는 사실이다.[15] 여기에 더해서 우리에게는 이런 정보 표시가 소매상들에게 미치는 영향[16]과 경고 사진이 흡연자들에게 미치는 영향[17]에 대한 정보도 있다. 문제는 정보의 특성상 무작위 대조군 실험을 진행하기가 쉽지 않을 뿐 아니라 아직은 이런 실험들이 보편화되어 있지 않다는 점이다.[18] 대개 우리는 확고한 결론을 제공하지 못하는 〈전후(前後)〉 연구를 진행한다. 전후 연구는 우리에게 유용한 단서들을 제공하지만, 정보나 경고의 효과까지는 보여 주지 않는다. 그래서 담뱃갑에 경고 사진을 적용한 뒤로 다수의 흡연자가 담배를 끊더라도 우리는 그들이 경고 사진 때문에 담배를 끊었는지 모를 수 있다.

경고나 의무적인 정보 표시의 실질적인 효과를 명확히 이해하기 위한 작업은 현재도 진행 중이다. 특히 무작위 대조군 실험은 우리에게 관련 효과를 특정할 수 있게 해주는 장점이 있다. 지난 몇 년 동안 행해진 몇몇 무작위 대조군 실험은 경고나 정보 표시가 언제 실제로 도움이 되는지 이해하는 데 중요한 정보들을 제공해 주었다.[19] 그러나 아직은 아는 것보다 배워야 할 것이 더 많은 상황이며, 미래에는 이런 실험이 더 많이 수행되어야만 한다.

지금도 우리는 의무적인 정보 공개에 반대하는 전반적인 이유가 너무 무조건적이며, 일종의 반대를 위한 반대임을 알고 있다.[20] 의무적인 정보 공개 정책이 성과를 낸 사례는 수없이 많다. 여기에 몇 가지 사례를 소개한다.

1. 주택의 에너지 효율과 관련하여 주택 판매자가 구매자에게 공인된 검사 결과를 제공하도록 한 요구는 판매자와 구매자 모두에게 에너지 효율 기술에 투자하도록 독려하는 의미 있는 성과를 이루어 냈다.[21]

2. 미국에서 다수의 매장을 운영하는 한 체인점이 실시한 실험은 커피에 공정 무역 표시를 했을 때 매출이 거의 10퍼센트 가까이 증가하는 결과를 보여 주었다.[22]

3. 돌고래를 해치지 않는 방법으로 포획한 참치임을 알려 주는 표시는 미국에서 죽어 나가는 돌고래의 숫자를 줄이는 데 기여했다. 한 추산 결과에 따르면 1970년대에 연간 10만 마리에 달했던 이 숫자는 1992년에 이

르러 5천 마리 이하로 감소했다.[23]

4. 영양 표시는 건강에 좋은 선택을 하도록 유도함으로 써 대학생들의 식단에 유익한 영향을 준 것으로 나타 났다.[24]

5. 2006년에 미국 식품 의약국은 식품 영양 성분표에 트랜스 지방의 함량을 표시하도록 요구했다. 2009년 에 이르러 질병 통제 예방 센터는 혈액 내 트랜스 지 방산 수치가 크게 줄어든 것을 확인했는데 부분적으 로는 트랜스 지방의 함량을 의무적으로 표시하도록 한 덕분이었다.[25]

6. 신호등 프로그램 — 건강에 미치는 효과에 따라 식품 에 빨간색과 노란색, 녹색으로 표시하게 하는 것 — 은 건강에 좋은 선택을 유도함으로써 소비자들의 선 택에 유익한 영향을 준 것으로 나타났다.[26]

7. 에너지 효율 표시는 에너지 효율이 높은 가전제품에 더 많은 비용을 지불할 의사가 있는 소비자들 대다수 가 좋아한다.[27]

8. 의무적인 칼로리 표시의 효과는 논쟁의 여지가 있으 며[28] 경우에 따라서는 해를 끼치는 것처럼 보이기도 한다. 일례로 저소득 계층의 많은 소비자는 명백히 그들의 제한된 달러를 고열량 식품에 사용하는 것이

최선이라고 생각하는 듯하며, 이런 현상은 칼로리 표시가 오히려 비만을 부추길 수 있음을 의미한다.[29] 동시에 전체적으로 보면 이런 표시가 적어도 비만인 사람들 사이에서는 칼로리 섭취를 감소시킨다는 증거도 있다.[30] 흥미롭게도 몇몇 증거는 칼로리 표시가 메뉴의 오른쪽보다 왼쪽에서 제시될 때 더욱 큰 영향력을 행사한다고 암시한다.[31] 여기에는 명백한 이유가 존재하는데 사람들은 음식 이름보다 칼로리 표시를 먼저 볼 때 칼로리 표시의 영향을 받을 가능성이 높기 때문이다.

이러한 사례들은 단지 예시로 받아들여야 한다. 그중 일부는 논쟁의 여지도 있다. 다시 말해, 위와 같은 결론에 누군가는 이의를 제기할 수도 있을 것이다. 요점은 의무적인 정보 표시를 둘러싼 일반화된 비관론은 우리가 이미 알고 있는 사실들만 보아도 정당화될 수 없다는 것이다. 정보는 돈을 절약해 줄 뿐 아니라 목숨을 구해 줄 수도 있다. 하지만 정보가 그런 역할을 하지 못하거나 순편익을 창출하지 못할 때는 정보 공개를 요구하지 말아야 한다.

네 가지 접근법

나는 앞서 미국 기관들이 정보 공개 요구의 비용과 편익을 정량화할 때 상당한 어려움에 자주 직면했다고 말했다. 여기에서 내가 강조하고자 하는 한 가지 총체적인 문제는 그들이 대체로 정량화를 위한 작업을 가능한 것보다 훨씬 적게 수행한다는 사실이다. 실제로 그들은 뚜렷이 구별되는 네 가지 접근법을 채택함으로써 규제의 영향을 분석하는 사람들에게 점점 더 심각한 정보 수집 필요성을 부과했다. 정부 기관들이 왜 특정한 상황에서 이런저런 접근법을 선택하는지 그 이유를 설명하는 것은 언제나 쉬운 일이 아니다.

때로는 가장 솔직한 방법이기도 한 첫 번째 접근법은 기존 정보로는 비용과 (특히) 편익이 정량화될 수 없음을 인정함으로써 지식 부족을 시인하는 것이다.[32] 이와 같은 접근법이 갖는 문제는 정부 기관의 실행 결정이 본질적으로 근거 없는 추측에 의한 행동임을 암시한다는 점이다. 사안의 규모가 클수록 정책 입안자들로서는 특히 용납될 수 없을 듯하다. 아울러 민폐이기도 하다. 규제 기관이 정보 공개로 발생할 편익을 투명하게 밝히기 위해 충분히 노력해 보지도 않고, 민간 부문에 상당한 비용을 부과하는 것이 과연 타당할까? 정량화는 분명 수지가 맞지 않는 것으로 나타날 것이다.

　　두 번째 접근법은 정부 기관들에게 비용을 정당화하기 위해 어느 정도의 편익이 있어야 하는지 판단의 기준이 되어 줄 손익 분기점 분석을 포함한다. 그리고 필요한 만큼의 편익이 실제로 발생할 가능성이 있는지 없는지를 암시한다. 예를 들어, 어떤 제품에 대한 정보 공개 요구가 연간 1천만 달러의 비용을 부과하고, 매년 5천만 명의 소비자가 그 제품을 구입한다고 가정해 보자. 정부 기관은 이렇게 질문할 것이다. 해당 정보 표시가 일반 소비자들에게 연간 20센트의 가치가 있을까? 그리고 이런 종류의 질문에는 으레 명백한 답이 존재한다.

　　적어도 정부 기관이 편익의 최대치나 최소치를 제시할 수만 있다면, 원칙적으로 이 접근법은 무지를 그냥 시인하는 것보다 낫다. 최대치나 최소치가 확실한 경우에는 해당 계획을 밀어붙일지 말지에 대한 판단이 명확해질 수 있기 때문이다. 때때로 손익 분기점 분석은 앞으로 나아갈 수 있는 유일한 길이 되어 준다. 하지만 난해한 상황에 직면하면 분석은 많은 추측을 수반하며, 최대치나 최소치가 없는 분석은 분석적인 방법으로 위장한 단지 하나의 결론이나 일종의 독단적인 주장에 불과하다. 최대치나 최소치에 대한 합리적인 확인이 결여된 분석은 무지를 시인하는 것과 크게 다르지 않다.

세 번째 접근법은 경제적인 절감이나 건강 증진 효과처럼 최종적인 결과물을 구체화하려고 시도하는 것이다. 이 접근법의 장점은 실질적으로 구체적인 편익을 제시하고 평가를 거쳐 금전 가치로 전환하려고 노력한다는 점이다. 하지만 이 접근법 또한 심각한 난제에 부딪친다. 먼저 지식에 관련된 문제이다. 정부 기관들은 어떤 편익이 있는지 특정하기 위한 정보가 부족할 수 있다. 예를 들어, 그들은 연료 효율을 표시함으로써 소비자들이 얼마나 많은 돈을 절약할 수 있는지, 지정된 자외선 차단 지수보다 낮은 경우에 자외선 차단제가 피부암 위험을 줄여 주지 못한다는 경고가 소비자들에게 얼마나 많은 도움을 주는지 거의 모를 수 있다.

또 다른 문제는 최종적인 목표점을 정확히 예측한다고 해서 실질적인 편익까지 완전히 알 수 있는 것은 아니라는 점이다. 결정적인 지점에서 이런 식의 접근법은 잠재적인 편익을 과장할 것이 분명하다. (또한 이 뒤에서 보게 되겠지만, 편익을 축소하기도 할 것이다.) 우리는 이미 그 이유를 짐작할 수 있다. 누군가는 정보를 얻는 대가로 상당한 손실을 겪을 수 있기 때문이다. 사람들이 자신을 우울하거나 두렵게 만든다는 이유로 정보를 기피하거나 다른 측면에서 상대적으로 덜 만족스러운 제품으로 옮겨 가는 상황을 상상해 보라. 최종적인 목표점을 위주로 한 설명은 중간 과정에서 발생하는 손실을 무시할 수 있다.

네 번째 접근법은 소비자의 지불 의사액을 파악하는 것이다. 앞서 보았듯이 이 접근법의 장점 중 하나는 긍정적인 복지 효과와 부정적인 복지 효과를 모두 아우르고 규제 기관들로 하여금 정보를 받지 않으려는 사람들의 지불 의사를 고려하게 한다는 점이다. 바꾸어 말하면, 사람들이 칼로리 표시에 관심을 갖지 않는 경우에도 칼로리 표시에 아무것도 지불하지 않고자 하는 그들의 의사가 반영될 것이다. 칼로리를 표시함으로써 누군가는 무언가를 얻고, 누군가는 무언가를 잃는다고 가정할 때 지불 의사액의 순금액은 그들의 득과 실을 모두 담아낸 결과이다. 사람들이 정보를 받지 않기를 원하면 그들의 부정적인 지불 의사 역시 반영될 것이다.

동시에 지불 의사액 기준은 심각하고, 어쩌면 극복할 수 없는 반대에 부딪친다. 반대 중 일부는 정보 공개 문제와 관련해서만 볼 수 있는 현상이며, 일부는 지불 의사액 기준의 일반적인 한계와 관련 있다. 사람들은 지불 의사액을 제안할 때 예측 문제를 해결하고자 한다. 하지만 예측 문제는 쉽게 해결할 수 있는 문제가 아니다. (이외에도 많지만) 특히 정보를 얻기를 원하는지와 관련된 질문을 받았을 때 더욱 그렇다. 한 가지 확실한 것은 사람들이 자신의 회복력을 과소평가하는 경향이 있으며, 그래서 자신에게 정말로 도움이 될 정보를 회피하거나 자신에게 그다지 도움이 되지 않을 정보를 추구할 수 있다는 사실이다. 〈일반적인 상황에서도 사람들은 나쁜 소식을 들으면 자신이 얼마나 우울해질지 과대평가하면서 자신의 회복력을 과소평가하는 경향이 있다.〉[33]

한마디로 우리는 지금 〈결정 효용(판단을 내리는 시점에서 기대되는 효용)〉과 〈경험 효용(실제로 경험한 효용)〉의 잠재적인 차이를 다루고 있을 수 있다.[34] 가장 명백한 해법은 사람들에게 경험된 효용을 미리 전달함으로써 그 차이를 줄이기 위해 노력하는 것이다. 원칙적으로 정보를 얻은 사람들은 그들이 실제로 어떤 경험을 하게 될지 알고, 선택을 앞둔 다른 사람들에게 자신이 알고 있는 정보를 이야기해 줄 수 있다. 하지만 현실적으로 다른 사람에게, 특히 그 사람의 기호나 취향이 변할 수 있는 상황에서 자신의 구체적이고 생생한 실제 경험을 전달해 주기란 애초에 불가능한 일일 것이다.

그런 점에서 종종 지불 의사액 기준은 정보를 얻는 데 따른 실질적인 복지 효과를 보여 주는 부분에서 인정할 수 없을 정도로 조잡한 대용물이 되기도 한다. 나는 정보의 가치를 지불 의사액으로 평가하는 데 따른 우려를 제기하고자 언급했지만, 이런 특징은 사망 위험을 평가하는 경우를 비롯해서 훨씬 광범위하게 적용된다. 지불 의사액 기준을 이른바 예측 문제를 해결하기 위한 하나의 노력으로 본다면, 우리는 이 기준을 적용해서 심각한 뇌진탕이나 만성 기관지염, 이명, 생명에 위협이 되지 않는 수준의 심근 경색과 같은 질병들의 실질적인 복지 효과도 충분히 정확하게 측정할 수 있을 것이라고 궁금해할 수 있다. 하지만 그런 것을 더 정확하게 측정할 수 있는 방법은 아직 존재하지 않는다.

비용

비용 측면에서 몇몇 문제는 비교적 간단하다. 규제 당국은 이를테면 연비 표시를 제작해서 신차에 부착하는 총비용을 충분히 알 수 있을 것이다. 연비 표시를 제작하는 비용 자체는 비교적 저렴하더라도 연비 표시에 들어갈 정보를 획득하는 데는 많은 비용이 들 수 있다. 특히 정보를 얻기까지 많은 노력과 감시가 필요한 경우에는 그 비용이 더욱 추가될 것이다. 유전자 변형 식품 표시와 관련해서 미국 농무부는 해당 정보를 표시하는 비용이 첫해에만

39억 달러에 달하고, 이후로도 평균적으로 매년 1억 달러에 가까운 비용이 들 것으로 판단했다. 큰 틀에서 보면 그다지 큰돈도, 딱히 적은 돈도 아니다.[35]

정보 자체가 소비자들에게 비용을 부과할 때는 문제의 난이도가 확 달라지는데 미국 정부 기관들은 대체로 이 부분과 관련한 문제를 무시해 왔다. 정량화하기가 어렵고, 결과적으로는 소비자들에게 득이 된다고 하더라도 그로 인한 비용을 무시하는 것은 명백한 잘못이다. 관련 비용들은 다양한 형태를 취하며 대체로 저렴하지만, 항상 그런 것은 아니다.

결코 작지 않은 인지 부담

비용은 정보를 읽고 처리하는 일과 관련 있다. 소비자 개개인에게 이 비용은 일반적으로 낮을 확률이 높다. 하지만 어떤 거래에 관여하기 전에 수십 쪽 분량의 논문을 읽어야 한다면 어떨까? 우리는 대충 훑어보거나, 단지 몇 분만 투자하면 되는 어떤 것을 이야기하는 것이 아니다. 아마도 많은 구매자에게 상당한 인지 비용이 발생할 것이다. 정보 공개는 어떤 면에서 서류 작업과 비슷한 부담을 부과한다. 일반적인 경우에 소비자들은 공개된 정보를 억지로 읽고 처리할 필요가 없다. 그런데도 공개된 정보의 존재는 해당 정보를 외면하고자 하는 사람들에게조차 일종의 인지 부담으로 작용할 수 있다. 인간의 지력이 제한된 까닭에 사람들은 이와 같은 부담을 완전히 무시할 수 없다. (혹시 지옥이 존재한다면 그곳은 온갖 경고들로 가득 차 있을 것이다.)

정보가 복잡하게 표시되거나 사람들이 다수의 정보 표시에 압도되는 경우에 이 문제는 특히 심각하게 부각될 것이다. 정보 과부하는 개개인에게 상당한 총비용을 초래할 수 있으며, 아울러 정보를 표시하는 편익이 별로 없다는 인식을 조장할 수 있다.

팝콘 맛을 망치기 1: 변하지 않는 사람들의 쾌락적 부담

더욱 중요한 사실은 그 비용이 인지가 아닌 쾌락과 관련된 것일 수 있다는 점이다. 흡연자들이 흡연의 악영향에 관한 정보를 얻거나, 체인점 식당을 찾은 고객들이 음식의 칼로리 함량에 관한 정보를 얻는다고 가정해 보자. 두 집단의 상당수 사람은 쾌락적 손실을 겪을 것이다. 각각의 정보 표시에도 불구하고 담배를 끊을 수 없거나 애초에 끊을 생각이 없는 흡연자들과 칼로리 함량이 높은 음식을 선택하기로 결정한 소비자들을 생각해 보라. 쾌락적인 측면에서 그들은 구매 시점에 끔찍한 기분이 들거나 최소한 더 우울해지면서 무언가를 얻기보다 잃게 될 것이다.

규제 당국이 사실인 정보의 부정적인 쾌락적 효과를 비용으로 취급해야 하는지에 대해서는 확실히 규범적인 문제가 존재한다. 자신이 당뇨나 암에 걸렸다는 사실을 알게 된다면 그것은 비용일까? 아니면 편익일까? 복지 차원에서 또는 그 문제와 관련해서 무언가 할 수 있는 일이 존재한다면 해당 정보는 순편익일 것이다. (아무것도 할 수 있는 일이 없거나, 할 생각이 없다면 적어도 주관적 행복이라는 측면에서는 순비용이다.) 하지만 순효과가 긍정적인 경우에도 비용은 존재하며 그 비용이 매우 클 수 있다. 우리가 복지주의라는 틀 안에서 일하는 한 쾌락적 손실은 비용으로 취급되어야 한다. 그 비용이 크지 않을 수도 있지만, 그렇다고 규제 기관이 으레 그러하듯이 무시해도 된다는 뜻은 아니다.

어쩌면 우리가 너무 철학적으로 접근하고 있는 것일 수 있다. 개인적으로 관련이 있을 뿐 아니라 사실인 정보의 획득을 비용으로 취급한다면, 누군가는 복지주의를 못마땅하게 생각할지도 모르겠다. 이와 같은 정보를 얻음으로써 사람들은 아마도 중요한 의미에서 더 자유로워지고, 더 진정한 삶을 살게 될 것이다. 하지만 그 정보로 사람들이 고통을 겪게 된다면, 그때는 비용으로 취급해야 할 수도 있다.

많은 사람이 의사의 권유에도 불구하고 혈액 검사를 받지 않으려고 한다. 혹시라도 결과가 좋지 않게 나올 수 있다고 생각하기 때문이다. 앞서 우리는 검사를 받지 않는 것이 현재 편향이나 손실 회피 성향과 같은 편견의 산물일 수 있음을 살펴보았다. 하지만 한편으로 생각하면 전체적으로든, 부분적으로든 부정적인 정보를 얻는 데 대한 합리적인 회피 성향의 산물일 수도 있다. 자신이 암이나 심장 질환에 취약한 유전적 소인을 가졌는지 알고 싶어 하지 않는 사람들이 매우 많다는 사실을 떠올려 보라. 이유 중 하나는 그런 정보를 얻는 데 따른 쾌락적 손실 때문일 것이다. 사람들이 알고 싶어 하지 않는 정보를 제공한다는 점에서 일부 정보 표시는 같은 범주에 해당한다 (다시 말하지만, 이런 현상은 해당 정보가 그들에게 도움이 되든 또는 되지 않든 상관이 없다).

정보 공개의 개인화?

나는 개인화된, 즉 개개인에 맞춘 정보 공개가 이상적이라고 말했으며, 실제로 시장과 삶은 개인화된 정보 공개를 고려한다. 당신은 통장 잔고를 수시로 또는 아주 가끔

씩 확인하는 사람일 수 있다. 매일 체중을 측정하거나, 절대로 측정하지 않는 사람일 수도 있다. 또는 웨어러블 건강 관리 기기인 핏비트를 장만해서 자신이 얼마나 자고, 얼마나 운동하는지 점검하는 사람일 수도 있다. 어쩌면 당신은 핏비트에 만족하고, 당신의 건강 증진에 핏비트가 도움이 될 수 있을 것이다. 아니면 핏비트가 약간 악몽에 가깝다고 생각할 수도 있다. 핏비트를 원하든 또는 그런 개념 자체를 싫어하든 상관없이 당신은 핏비트라는 기기와 관련해서 정보 부족이나 편향 문제를 겪고 있을 수 있다. 물론 아닐 수도 있다.

개인화된 정보 공개는 해당 정보로부터 이득 — 도구적 측면이나 쾌락적 측면에서 또는 양쪽 모든 측면에서 — 을 얻을 사람들이 실질적으로 정보를 얻는다는 점에서 많은 장점이 있다. 시장에서 정보 공개는 보통 다음과 같은 방식으로 개인화된다. 알고 싶으면 알 수 있지만, 알고 싶지 않으면 알지 않아도 된다. 같은 맥락에서 정부는 순편익이 훨씬 크다는 이론에 근거해서 표적화된 정보 공개를 시도할 수 있다. 이를테면 정부는 정보를 원하거나 필요한 사람들에게만 고칼로리 음식에 대한 정보를 제공하고, 관심이 없거나 불필요한 사람들에게는 정보 제공을 거절할 수 있을 것이다. 원칙적으로 개인화된 정보 공개

는 많은 장점을 갖는다.[36]

물론 몇몇 정책의 경우에는 어느 한 사람에게만 정보를 제공하고, 그 밖의 많은 사람에게는 정보를 차단하기가 쉽지 않을 수 있다. 예컨대 정부가 패스트푸드 식당에 영양 정보를 공개하도록 요구하고, 식당이 정부의 요구에 응하는 경우에는 해당 식당을 찾는 모든 사람이 관련 정보를 얻게 될 것이다. 물론 이런 경우에도 앱을 이용해서 원하는 사람들만 정보를 찾아볼 수 있게 한다면 개인화 수준을 쉽게 끌어올릴 수 있다. 앱이나 비슷한 어떤 것이 없더라도 공무원들은 모든 사람에게 (예를 들면, 연비에 관한) 간단한 정보를 제공하는 동시에 정보를 원하는 사람들에 한해서는 더욱 자세한 정보를 이용할 수 있도록 할 것이다. 이 같은 접근법도 개인화를 촉진할 수 있다.

1장에서 정리한 고려 사항들은 개인화된 정보 공개를 옹호하는 사람들에게 강력한 지지에 더해서 다음과 같은 주의 사항을 제공한다. 정보를 원하지 않는 사람들은 정보의 부족이나 박탈, 편향과 같은 문제가 있을 수 있다. 그래서 그들에게 도움이 될지도 모를 정보를 원하지 않는 것일 수 있다. 분명한 것은 그들에게 정보를 원하지 않도록 만드는 이와 같은 요소들 때문에 그들이 어떤 식으로도 정보를 활용하지 않을 거라는 점이다. 이런 경우에 그들에게 정보를 제공하는 것은 아무런 이득이 없다. 그런데도 우리는 사람들이 딱히 정보를 원하지는 않았지만, 정보를 얻은 이후에 자기 자신이나 다른 누군가를 위해 매우 다르게 행동하는 경우를 얼마든지 상상해 볼 수 있다. 에너지 절약의 잠재적인 경제적 절감 효과를 알게 된다면, 다른 상품에 비해서 특정 상품의 유해성을 알게 된다면 사람들의 선택은 바뀔 수 있을 것이다.

팝콘 맛을 망치기 2: 다른 선택을 하는 사람들의 쾌락적 부담

담배를 끊거나 저칼로리 식품을 선택하고, 그 결과 많은 것을 얻은 경우에도 사람들은 여전히 그들을 괴롭히는 무언가로 인해 비용을 부담하게 될 것이다. 편익이 아무리 더 크더라도 그 비용 또한 무시될 수 없다. 핵심은 쾌락적 비용이 꼭 으뜸 패가 되어야 한다는 것이 아니다. 사람들이 어떤 정보를 접한 이후에 다른 선택을 한다면, 그들에게는 바뀐 선택이 더 도움이 된다고 추정할 수 있다는 사실이다. 그렇다면 얼마나 도움이 될까?

질문에 답하기 위해서는 쾌락적 비용이 고려되어야 한다. 많은 사람에게 칼로리 표시는 그들이 먹으려고 하는 맛있는 치즈버거가 그들을 뚱뚱하게 만들 수 있다고 알려 준다는 점에서 비용을 부과한다. 이론과 실제 사이

에는 차이가 있으며, 현실에서는 합리적인 규제 기관이 이 같은 쾌락적 비용을 계산하는 법을 모를 수 있는 것도 사실이다(쾌락적 비용을 정량화하지 못해도, 인지하는 정도는 가능할 것이다). 한 가지 확실한 것은 이 비용이 실재한다는 점이다.

소비자의 복지 손실

소비자의 복지 손실이라는 형태로 네 번째 손실이 존재한다. 치즈버거의 칼로리가 더 높다는 이유로 모든 것을 고려했을 때 치즈버거보다 샐러드를 먹어야 한다고 판단하는 상황을 가정해 보자. 칼로리 표시 때문에 샐러드를 선택한다면, 결과적으로 사람들은 좀 더 나은 삶을 살게 될 것이다. 그리고 어떤 면에서는 더 우울하지만, 현명한 (그리고 건강한) 삶을 살게 될 것이다. 그러나 식사 시간이 덜 즐거워지는 만큼 더 우울해질 수도 있다.

손실 규모에 대한 평가는 (적절한 시기에 다루어져야 할) 중대한 개념적, 실증적 문제들을 제기한다. 여기에서도 사람들마다 비균질성이 존재할 수 있다. 즉 어떤 사람들은 무척 우울해하는 반면에, 어떤 사람들은 아주 조금 우울해할 것이다. 그런데도 어느 쪽이든 소비자의 복지 손실은 발생할 것이고, 해당 손실이 편익에 비해 결코 작지 않은 비율일 수 있다는 사실은 의심의 여지가 없다. 원칙적으로 쾌락적 손실이 거의 건강상의 이득만큼이나 크다면 햄버거를 포기하는 결정이 사람들에게 주는 편익은 단지 미미한 수준에 불과할 것이다. 의무적인 정보 표시가 사람들에게 B제품 대신에 A제품을 선택하게 할 때마다 해당 정보 표시가 사람들로 하여금 집중하게 만드는 제품의 특징과 별개로 제품 B가 A보다 나은 만큼의 복지 손실이 존재한다.

예를 들어, 소비자들이 기본적으로 비슷한 가치를 지닌 두 대의 자동차 중에서 선택하려 한다고 가정해 보자. 연비가 높은 자동차는 연료 효율이 더 높기 때문에 연간 운영 비용이 2,000달러 적게 들 것이다. 반면에 연비가 낮은 자동차는 초기 구입 비용에서 500달러를 아낄 수 있다. 연비 표시를 본 소비자들이 연료 효율이 좋은 자동차를 선택한다고 생각해 보라. 우리는 연비 표시가 한 사람당 1,500달러의 이득을 봤다고 이야기하고 싶을 것이다. 하지만 현실에서 연비 표시의 효과를 평가하는 일은 훨씬 복잡하다. 어떤 소비자들은 결과적으로 연료 효율은 더 좋지만, 다른 측면에서 품질이 떨어지는 자동차를 구매함으로써 그 결과 1,500달러에서 〈X〉를 뺀 만큼의 이득을 얻게 될 것이다. 〈X〉는 그들이 선택하지 않은 자동차에서 그들의 마음에 들었던 특징을 나타낸다. 공무원들은 이 〈X〉가 평균 100달러인지, 1,000달러인지, 1,450달러인지 알기 어렵다.

내재된 선호도의 (결정적인) 문제

이 모든 것은 어떤 것에 대한 선호가 고정적이고, 일관적이며, 외생적(外生的)이라고 전제한다. 하지만 상황에 따라서는 이런 전제가 맞지 않기도 한다.[37] 사람들은 좋아하는 것이 쉽게 바뀐다. 시간이 지나면서 변할 때도 있지만, 때로는 정보나 경험의 영향을 받아 변하기도 한다. 좋아하는 것이 언제, 어떻게 변할지는 예측 불가능하다. 익숙함이 경시를 낳기도 하지만, 한편으로는 집만 한 곳도 없기 때문이다. 이런 특징은 앞선 분석을 복잡하게 만들 뿐 아니라 비용 분석 과정에서 정보 그 자체로 유발된 기호의 변화가 무시될 수 있는 위험을 초래한다.

시점(時點) 1에 사람들이 주로 햄버거를 많이 먹고 샐러드를 별로 즐기지 않는다고 가정해 보자. 그리고 이제 시점 2에 도달해서 칼로리 표시를 본 사람들이 좀 더 건강한 선택을 하고자 주로 샐러드를 먹게 되었다고 가정해 보자. 2번 시점에서 그들은 식단 변화로 인한 비용을 지불해야 한다. (맛있는) 햄버거가 그립고 (맹숭맹숭한)

샐러드가 딱히 입맛에 맞지 않기 때문이다. 하지만 시점 3에 이르러 그들은 어쩌면 (혐오스러운) 햄버거를 싫어하고 (신선한) 샐러드를 좋아하게 될 수 있다. 비록 실증적인 측면에서 심각한 어려움이 존재하더라도 시간의 흐름에 따른 사람들의 기호 변화는 신중한 비용 편익 분석에 근거하여 반드시 고려되어야 한다. 한때는 높은 비용을 부과했던 요소가 낮은 비용을 부과하는 것으로 바뀔 수 있기 때문이다. 이런 변화의 크기는 그 징후조차 파악하기가 쉽지 않을 것이다. 샐러드로 옮겨 간 사람들 중에서 누군가는 결국 샐러드를 좋아하게 되겠지만, 누군가는 계속 햄버거를 갈망하며 샐러드를 점점 더 싫어하게 될 수도 있다.

편익

편익에 대한 평가는 훨씬 더 어려울 수 있다.[38] 정부가 연비 표시를 요구하는 경우에 규제 기관들은 이와 같은 요구가 가져올 경제적, 환경적 편익을 예측하고자 할 것이다. 처음에는 분명히 어떠한 예측도 내놓기가 어려울 수 있다. 편익을 예측하기 위해서는 정보 표시가 (적어도 해당 정보 표시가 경제적이거나 환경적인 최종 목표점과 관련된 경우에) 사람들의 행동에 미칠 영향을 파악해야 하기 때문이다. 앞서 우리는 이런 경우에 원칙적으로 무작위 대조군 실험이 유용할 수 있음을 확인했다. 한 집단에게 특정한 정보 표시를 제공하고, 비슷한 다른 집단에게 다른 정보 표시를 제공하면 (또는 아예 정보 표시를 제공하지 않으면) 규제 기관은 정보 표시가 구매 결정에 미치는 영향을 특정할 수 있을 것이다. 충분한 정보로 무장한 다음에야 (그리고 적어도 그들이 앞의 실험에서 일반적인 법칙을 이끌어 낼 수 있다는 전제하에) 그들은 비로소 경제적이거나 환경적인 영향을 추정할 수 있다.

마찬가지로 우리가 앞서 보았듯이 무작위 대조군 실험을 진행하는 것은 결코 쉬운 일이 아니다. 그런 상황에서 소비자들이 특정한 정보 표시에 어떻게 반응할지 예측하기란 지난한 일이다. 정부 기관은 관련 정보를 제공하는 설문 조사나 표적 집단에 의존할 것이다. 세심하게 설계된 설문 조사는 우리에게 소비자들과 노동자들이 정보에 어떻게 반응할지와 관련해서 많은 것을 이야기해 줄 수 있다.[39] 그러나 설문 조사 연구에 근거해서 특정한 수치로 행동 변화를 예측하는 것은 위험하다.

정부 기관은 때때로 돈이나 건강 측면에서 잠재적인 최종 목표점을 예측하려고 한다. 그리고 무작위 대조군 실험 결과가 없는 경우에 그들은 설문 조사를 이용해서 사람들이 소비를 줄이는지, 저축을 늘리는지, 위험을 회피하는지를 파악하려고 할 것이다. 결과는 어쩌면 놀라울 수 있다. 정보에 대한 사람들의 반응이 너무 예민하거나 미온적일 수 있기 때문이다. 그런데도 만약 정확한 예측이 가능하다면, 정부 기관은 중요한 어떤 것을 알 수 있다. 이를테면 담뱃갑에 경고 사진을 넣음으로써 흡연 관련 질환으로 인한 연간 사망자 수가 2만 5천 명이 감소하거나, 잘 설계된 연비 표시 덕분에 소비자들이 지역의 환경적인 편익에 더해서 1억 2천만 달러를 절약하게 된다고 상상해 보라. 어떤 정부 기관들은 실제로 정확히 그와 같은 예측을 내놓기도 한다. 기술 혁신은 어쩌면 정확한 예측을 점점 더 실현 가능한 것으로 만들 수 있다.

정부 기관은 때때로 많은 것을 알고 있으며, 그런 혁신까지 더해지면 더 많은 것을 알게 될 것이다. 정말 좋은 일이다. 문제는 지금까지 제시한 이유들 때문에 그러한 예측들이 (순)편익에 대한 완벽한 추산을 제공하지 못한다는 점이다. 연비 표시가 구체적으로 얼마나 많은 돈을 절약해 줄 수 있는지 보여 주는 무작위 대조군 실험 결과가 있는 경우에도 우리는 연비 표시의 순복지 효과를 알 수 없다. 최종적인 목표점에 일련의 인지 및 쾌락적 비용이 포함되지 않는 까닭에 그런 예측들은 당연히 복지 효과의 최대치를 보여 줄 것이다. 또한 쾌락적 편익도 포함되지 않는데, 이 경우에는 복지 효과의 최소치를 보여 줄 것이다.

지불 의사액

우리는 규제 기관이 이 문제를 다른 방향에서 탐구할 수 있음을 이미 살펴보았다. 좋은 연비를 가진 자동차가 경제적으로 얼마나 많은 돈을 절약해 줄 수 있는지 묻는 대신에 그들은 완전히 다른 질문을 던질 수 있다. 소비자들은 연비 표시를 위해 얼마를 지불할 의향이 있는가? 1장에서 보았듯이 그렇게 묻는 편이 더 쉽다.

정보에 대한 지불 의사가 있는가라는 추상적인 질문을 받을 때, 사람들은 몇 가지 어려운 질문에 대답해야 하는 것이 사실이다. 그 정보를 어떻게 이용할 것인가? 그 정보를 이용해서 얼마나 이득을 취할 수 있는가? 아마도 그들은 거의 아무런 생각이 없을 것이다. 또한 설문 조사에서 리스크 개선과 관련된 질문에 대한 사람들의 답변이 만만찮은 퍼즐을 제기하는 것도 사실이다. 설문 조사에 따르면, 지불 의사액과 수용 의사액 사이에는 커다란 차이가 존재하며 일부 소비자들은 모험적인 제품을 구매하고 이용하기 위해 유한한 무언가를 대가로 지불하기를 꺼리는 것으로 나타난다.[40] 그리고 이런 결과는 과연 (경제적인 절감이나 리스크 개선으로 이어질 수 있는) 정보에 대한 지불 의사액 수치가 복지 효과를 적절히 담아내는지에 대한 의문을 제기한다(6장 참조). 하지만 적어도 원칙적으로 지불 의사액 수치는 유익한 동시에 유용하다. 아울러 사람들이 중요하게 생각하는 모든 것 ─ 정보의 최종적인 목표점뿐 아니라 모든 비용과 편익까지 ─ 을 담아낸다.

각 가정의 에너지 사용량을 정리해서 보여 주는 세대별 에너지 사용 명세서에서 헌트 올콧Hunt Allcott과 저드 B. 케슬러Judd B. Kessler는 지불 의사액 관련 중요한 연구를 제공한다.[41] 그들이 만든 명세서는 다른 것들과 차별되는 종류의 정보를 제공한다. 사람들에게 그들의 에너지 사용 패턴이 이웃의 그것과 어떻게 다른지 알려 주고 에너지를 절약할 수 있는 몇 가지 요령도 제시하는 식이다(〈그림 2.4〉).

사람들은 명세서의 영향으로 평균적으로 연간 6달러 정도를 절약한다. 올콧과 케슬러는 사람들이 대체로 이 명세서에 기꺼이 무언가를 지불하고자 하지만, 그들의 평균 지불 의사액 ─ 약 2.80달러에 불과하다 ─ 이 명세서의 영향으로 누리는 평균적인 경제적 절감액보다 훨씬 적

〈그림 2.4〉 세대별 에너지 사용 명세서: (a) 사회적 비교 (b) 요령

(a)

지난달 사용량 비교

당신은 이웃의 효율적인 사용자들보다 42퍼센트 많은 천연가스를 사용했습니다.

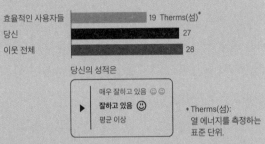

효율적인 사용자들   19 Therms(섬)*
당신   27
이웃 전체   28

당신의 성적은

매우 잘하고 있음 ☺☺
► 잘하고 있음 ☺
평균 이상

*Therms(섬): 열 에너지를 측정하는 표준 단위.

당신의 이웃은?

전체 이웃: 당신의 집 근처에 위치하며 집 크기(평균 1,517 sq ft.)가 비슷한 대략 100가구의 사람들.

이웃의 효율적인 사용자들: 전체 이웃 집단에서 가장 효율적으로 에너지를 사용하는 상위 20퍼센트의 사람들.

지난 12개월간 사용량 비교

당신은 이웃의 효율적인 사용자들보다 81퍼센트 많은 천연가스를 사용했습니다. 비용으로 환산하면 연간 229달러의 추가 비용이 발생하는 셈입니다.

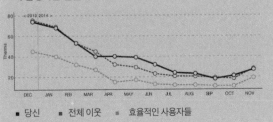

■ 당신   ■ 전체 이웃   ▪ 효율적인 사용자들

(b)

에너지를 절약해 주는 투자와 현명한 구매를 위한 더욱 자세한 목록을 확인하려면 utilityco.com/rebates를 참조하십시오.

▶ **빠른 해결책:** 지금 당장 할 수 있는 어떤 것

▷ 겨울에는 햇빛 가리개를 걷어라.

▷ 겨울에 직사 광선을 받는 장점은 당신의 난방 비용을 감소시켜 줄 수 있습니다. 낮에는 창문을 가리는 블라인드나 커튼 등을 열어서 무료 난방과 광원을 이용하십시오.

▷ 남향으로 난 창문들에 햇빛이 가장 잘 들며, 햇빛이 가장 강한 시간은 오전 9시부터 오후 3시까지입니다.

▷ 햇빛이 들 때는 난방 온도를 몇 도 낮추어야 한다는 점을 기억하십시오. 이 두 가지만 잘 지켜도 돈과 에너지를 절약할 수 있습니다.

연간 10달러 절약 가능

▶ **현명한 구매:** 현실적으로 감당할 수 있는 절약 방법

▷ 자동 온도 조절 장치를 활용하라.

▷ 자동 온도 조절 장치를 활용하면 집에 사람이 없을 때 냉난방 온도를 자동으로 조정했다가, 당신이 귀가하는 시간에 다시 적당한 온도로 맞출 수 있습니다.

▷ 아직 자동 온도 조절 장치가 없다면 동네의 주거 개선 용품 가게에 가서 하나 장만하십시오. 안락함과 편리함을 고려해서 온도 조절 장치를 연료 효율이 좋은 온도로 설정하십시오.

▷ 자동 온도 조절 장치를 설치하거나 활용하는 데 도움이 필요한 경우에는 설명서를 참조하거나 제조사에 도움을 요청하십시오.

연간 65달러 절약 가능

다는 사실을 알아냈다. 이 같은 사실이 암시하는 한 가지는 표준 평가가 평균적인 경제적 절감액에 초점을 맞춤으로써 명세서의 순복지 효과를 심각하게 과장한다는 것이다. 지불 의사액이 경제적 이득보다 훨씬 낮은 이유는 명확하지 않다. 사람들이 7달러의 돈을 절약해 주는 명세서에 2.80달러를 지불하려는 이유는 무엇일까?

조금만 생각해 보면 답은 그다지 어렵지 않다. 상대적으로 낮은 지불 의사액은 아마도 명세서를 읽는 데 소모되는 시간과 결코 좋다고 할 수 없는 소식을 받아들이는 정서적인 부담, 에너지 사용을 줄이기 위한 조치를 취하는 데 들어간 시간 등 명세서를 받는 데 따른 일단의 복지 손실이 반영된 결과일 수 있다. 올콧과 케슬러가 제시한 정확한 숫자들을 우리가 어떻게 생각하든 상관없이 지불 의사액은 앞에서 언급된 요소들을 모두 담아낸다. 경우에 따라서는 일부나 많은 사람이 정보를 얻기 위해 아무것도 지불할 의사가 없거나, 심지어 정보를 얻지 않기 위해 무언가를 지불할 수도 있다는 사실 또한 반영한다. 실제로 올콧과 케슬러가 알아낸 것도 바로 그 점이다. 즉 그들이 얻은 명백한 결론은 많은 사람이 명세서에 들어 있는 정보를 사실상 원하지 않는다는 것이었다. 명세서는 팝콘 맛을 망칠 뿐이었다!

물론 올콧과 케슬러가 고안해 낸 것과 같은 명세서를 반기는 사람들도 당연히 있다. 이 같은 사실의 완전한 설명을 위해서는 정보를 받는 데 따른 쾌락적 편익도 파악되어야 한다는 것을 암시한다. (칼로리 표시를 반기는 사람들도 많다는 점을 상기할 필요가 있다.) 같은 맥락에서 올콧과 케슬러는 고도의 비균질성을 발견한다. 이를테면 그들의 명세서에 기꺼이 7달러 이상을 지불하고자 하는 사람들도 많았다. 올콧과 케슬러가 적절히 강조했듯이, 중요한 것은 표적화된 정책이 이 경우에는 명세서를 원하는 사람들에게만 전달되도록 함으로써 잠재적인 복지 효과를 가져올 수 있다는 점이다.

이상적인 상황에서는, 그리고 사람들의 기호와 가치가 변할 수 있음을 고려하지 않는다면 규제 기관이 물어야 할 올바른 질문은 지불 의사액에 관한 내용을 포함해야 한다. 규제 기관은 소비자들이 (이를테면) 연비가 더 좋은 자동차를 구매할 때 얻게 될 경제적인 편익에만 초점을 맞추지 말아야 한다. 다시 한번 말하지만, 낙관적인 전제하에서 지불 의사액에 관련된 질문은 소비자들에게 중요한 모든 것을 포함한다. 물론 지불 의사액에 관련된 질문이 제삼자 효과를 완전하게 아우르지 못하는 것도 사실이며, 사람들의 기호와 가치가 시간의 흐름에 따라 바뀌는 경우에는 복지 효과를 담아내지 못하는 것도 사실이다.

정보와 편향

실증의 문제로 넘어가서 지불 의사액이나 그 비슷한 문제에 대해 신뢰할 만한 답을 얻기란 쉽지 않을 수 있다. 올콧과 케슬러가 그랬듯이, 그리고 나 역시 그랬듯이(1장 참조) 우리는 사람들에게 그냥 물어볼 수 있을 것이다. 하지만 그들의 대답이 의미를 갖기 위해서는 그들에게 적절한 정보—정보를 표시하는 데 따른 (순수한 경제적 측면이나 그 밖의) 잠재적인 편익에 대한 정보 등 — 를 제공하는 것이 중요하다. 우리는 아무것도 모르는 상태가 아닌 〈충분히 정보가 주어진〉 상태에서의 지불 의사액을 알고 싶어 하는 것이다. 세대별 에너지 사용 명세서에 2.80달러를 또는 1달러나 15달러를 지불할 의사가 있다고 말할 때, 혹시 사람들은 아무것도 모르는 상태에서 무조건 제시하고 보는 것이 아닐까? 어쩌면 그럴 수도 있다. 이런 경우에 그들이 제시한 수치들은 무슨 의미가 있을까? 아무런 의미도 없을 것이다.

안타깝지만 핵심 정보를 제공하는 것 또한 소비자들에게 〈기준점〉을 제시하여 그들의 대답을 한쪽으로 기울게 만들 수 있다. 소비자들이 세대별 에너지 사용 명세서를 받아 봄으로써 평범한 가정에서 연간 7달러를 절약하고, 연비 표시를 도입하면 연료 효율이 더 좋은 자동차를 구매하게 되므로 매년 100달러를 절약할 수 있다는 이야기를 든는다고 생각해 보라. 응답자들은 아마도 제시된 수치에 집착하게 될 것이다. 이런 경우에 그들의 대답이 우리에게 어떤 의미가 있을까? 기준점 편향에 좌우된 대답은 복지 효과와 관련해서 딱히 어떠한 정보도 될 수 없다.

기준점을 심어 주는 문제가 극복될 수 있으며, 충분

히 많은 정보가 주어진 상태에서 소비자들이 세대별 에너지 사용 명세서에 기꺼이 평균적으로 10달러를 지불하고자 한다고 상상해 보라. 그렇다면 우리는 적어도 편향이 사람들의 대답을 왜곡하고 있지 않는 한 해당 명세서가 편익을 제공한다고 미루어 짐작할 수 있다. 하지만 현실에서는 인간의 편향이 아마도 왜곡을 낳을 것이다. 복지 효과라는 측면에서 지나치게 낮거나 높은 지불 의사액으로 이어질 수 있는 현재 편향이나 낙관적 편향을 상기할 필요가 있다. 우리는 설문 조사 결과를 다룬다고 가정할 때, 부분적으로는 진짜 돈이 오가는 것이 아니라는 점에서 사람들의 대답을 무조건 신뢰할 수는 없을 것이다. 그렇더라도 소비자들에게 중립적인 방식으로 정보를 제공하는 문제는 여전히 남아 있다.

건강에 관련된 정보 공개인 경우에 이 문제는 더욱 까다롭다. 소비자들은 관련 정보에 대한 지불 의사액을 묻는 질문에 유효한 대답을 할 만큼 충분한 정보를 갖고 있지 않을 수 있다. 칼로리를 표시하는 목적 중 하나는 조기 사망을 포함하여 일단의 건강 문제를 유발하는 비만을 줄이기 위함이다. 칼로리 표시에 얼마를 지불할 의향이 있는지를 질문받는 경우에 소비자들은 칼로리 표시의 잠재적인 효과에 관한 질문들 — 칼로리 표시가 그들의 건강 증진에 도움이 될 거라고 생각하는지, 혹시 그렇다면 어느 정도로 도움이 될 거라고 생각하는지 등 — 에도 대답해야 할 것이다. 소비자들의 입장에서는 대답하기가 결코 쉽지 않은 질문들이다. (내년에 당신이 먹는 음식들에 칼로리 표시를 하기 위해 당신은 얼마를 지불할 의향이 있는가? 해당 액수를 제시한 근거가 정확히 무엇인가?)

지불 의사액이 아닌 최종적인 목표점에 초점을 맞추고 있다는 점에서 규제 기관은 정보 표시가 건강에 미치는 효과를 금전적인 등가물로 전환할 수 있는 체계를 확립했음이 분명하다. 그리고 그들이 세운 기준에 따르면 미국에서 한 사람의 죽음이 갖는 통계학적 손실은 현재 약 9백만 달러로 평가된다.[42] 그렇다면 칼로리 표시가 조기 사망을 얼마나 예방할 수 있을까? 아울러 이와 같은 정보 표시가 사망을 제외한 부정적인 건강상의 결과에 미치는 영향은 무엇일까? 이런 질문에 대답하기 위해 규제 기관은 두 가지 과제를 수행해야 한다. 첫째, 규제 기관은 칼로리 표시가 사람들의 식단에 어떤 영향을 끼칠 것인지 초기 단계에서 예측해야 한다. 둘째, 규제 기관은 저칼로리 음식을 섭취할 경우에 예상되는 건강상의 결과를 세부적으로 설명함으로써 예측에 설득력을 더해야 한다. 적어도 이 두 가지 과제를 달성할 수 있을 때, 그리고 다양한 결과를 금전적인 등가물로 전환하는 세 번째 과제를 완료했을 때, 우리는 그들이 칼로리 표시의 편익을 이해하고 있다고 말할 수 있다. 이 세 가지 과제를 모두 이행한 다음에야 규제 기관은 칼로리 표시의 최종적인 목표점에 대해 명확히 설명할 수 있을 것이며, 그렇게 하는 것이 옳다. 하지만 몇 가지 이유로 최종적인 목표점에 대한 설명은 다양한 인지적, 쾌락적 손실을 포함하지 않고 편익을 과장하게 될 것이다. (주지하듯이 물론 쾌락적 편익도 있을 수 있다.)

그러나 우리가 지금 집중하고자 하는 것은 최종적인 목표점이 아닌 지불 의사액이다. 우리는 사람들에게 칼로리를 표시한 정보에 얼마를 지불할 의향이 있는지 물어볼 수 있다.[43] 앞서 언급했듯이 건강 상태를 판단하려고 애쓰는 것보다는 그렇게 묻는 것이 대체로 선호된다. 지불 의사액이 소비자에게 중요한 모든 변수를 포함하기 때문이다.[44] 마찬가지로 설문 조사를 이용해서 충분한 사전 정보를 제공하고, 어떠한 편향도 개입되지 않은 신뢰할 만한 수치를 이끌어 내는 방법에는 상당한 난점들이 존재한다. 그리고 사람들의 기호가 변하고 있거나 유동적인 경우에 지불 의사액은 정보 표시의 복지 효과를 심각하게 과소평가할 수 있다. 앞서 보았듯이 사람들은 새로 옮겨 간 제품에 자신의 입맛을 맞출 수 있기 때문이다. 나는 담배처럼 중독성을 가진 제품들로 제기되는 문제도 고려 대상에서 제외하는데 복지 차원에서, 정확하게는 중독 상태에서 빠져나오도록 돕는다는 점에서 담뱃갑에 인쇄된 정보 표시는 편익이 명백하기 때문이다. 담뱃세가 흡연자들을 더 행복하게 만들 수 있다는 주장도 주목할 만하다.[45]

복지 효과의 예측

소비자들이 지불 의사액을 이야기할 때, 먼저 예측 문제를 해결하려 한다는 사실을 기억하자. 일상적인 경우를 예로 들어 보자. 새 차를 구입하기 위해 2만 5천 달러나 3만 5천 달러가 아닌 3만 달러를 쓰기로 결정한 소비자는 분명히 그만큼의 돈을 지출하는 데 따른 복지 효과를 예측하고자 했을 것이다. 서로 다른 가격의 세 가지 자동차 중 하나를 선택하는 과정에서 개별적인 소비자가 예측 문제를 해결하기란 결코 쉽지 않다. 소비자가 각각의 자동차를 구매할 경우에 얻게 될 복지 효과를 예측할 수 있을까? 어쩌면 가능할 수도 있겠지만, 사실 예측 문제는 그보다 훨씬 더 난해하다. 소비자는 같은 돈을 다른 곳에 사용하는 경우도 고민해 보아야 하기 때문이다. 당연하지만 쉬운 일은 아니다. 비교적 익숙한 제품이라면 대부분의 소비자들은 충분한 경험이나 그동안의 경험을 바탕으로 한 합리적인 원칙이 있을 수 있기 때문에 크게 잘못된 판단을 하지 않을 수도 있다. 그런데도 여지는 충분하다.

이제 허리 골절이나 심한 뇌진탕, 심장 질환, 당뇨병 같은 건강상의 위험으로 눈을 돌려 보자. 나는 얼마 전에 교통사고를 당했고 심한 뇌진탕에 걸렸다. 그 일이 일어나기 전까지 나는 심한 뇌진탕이 얼마나 고통스러운지 전혀 몰랐다. (정말 끔찍하다.) 어떤 건강 문제와 관련해서 자신이 당사자가 될 위험을 제거하는 데 얼마를 지불할지 결정하기 위해서는 먼저 해당 건강 문제로 어떤 고통을 겪게 될지 판단해야 한다. 지금 당장 아무런 건강 문제도 없는 소비자들이 과연 그런 판단을 할 수 있을까? 건강한 사람들이 그런 질병으로 고통받는 위험을 줄여 줄 정보를 얻는 것이 얼마나 가치 있는지 판단할 수 있을까? 대부분은 아닐 것이다.

이런 난점들을 고려할 때 규제 기관에는 지극히 불완전한 두 개의 선택지가 존재한다. 첫 번째로 규제 기관은 답을 도출하기 위해 투 트랙 방식을 적용할 수 있다. 즉 최종적인 목표점(경제적인 절감 효과와 건강상의 편익)을 예측하는 한편으로, 사람들이 무엇을 알고 싶어 하는지 파악하기 위해 되도록이면 응답자들에게 도움이 될 만한 적절한 정보가 포함된 설문 조사를 실시하는 것이다. 현저히 많은 경우에 미국의 정부 기관들은 유독 최종적인 목표점을 강조해 왔다.[46]

　두 번째로 규제 기관이 이런 난점들을 인정하고 극복할 수 없음을 시인한 다음에 대안으로 손익 분기점 분석을 이용해서 진행을 결정하는 것이다. 냉장고의 에너지 효율을 표시하는 데 연간 1천만 달러의 비용이 들고, 미국에서 매년 8백만 대의 냉장고가 판매된다고 가정해 보자. 에너지 효율을 표시함으로써 일반 소비자가 한 해에 50센트만 절약하더라도 그 비용은 단 3년 만에 상쇄될 것이다. 이를 바탕으로 어쩌면 규제 기관은 편익의 최소치나 최대치를 구체적으로 명시할 수 있고, 그렇게 손익 분기점 분석은 하나의 기준이 될 수 있다. 손익 분기점 분석은 불완전할 수 있지만, 경우에 따라서는 정보 공개에 대한 찬성론이 매우 강하거나 매우 약하다는 사실을 암시할 것이다.

　2019년에 미국 식품 의약국이 담뱃갑과 담배 광고에 사진을 비롯한 새로운 경고를 포함시킬 것을 제안했을 때였다.[47] 우리가 보았듯이 해당 기관은 경고 사진을 집어넣는 문제와 관련하여 독특한 이유를 제시했다. 그들은 공중 보건이라는 관점에서 이야기하는 대신에 그들의 제안이 〈흡연이 건강에 미치는 악영향에 대한 대중의 이해〉를 증진할 거라고 주장했다. 경고 사진을 추가함으로써 이러한 목표를 달성할 수 있음을 보여 주기 위해서 제일 먼저 식품 의약국은 1984년에 도입한 글로 된 경고 문구가 부적절하다고 강조했다. 청소년을 비롯한 많은 사람은 글로 된 경고문을 〈보거나, 읽거나, 기억하지 않는다〉. 혹시 기억하더라도 경고 문구에 대해서 깊이 생각하지 않는다. 반면에 사진으로 된 경고는 관심과 인식을 동시에 고취한다. 바로 이런 이유로 흡연과 관련된 건강 문제(뇌졸중과 암을 비롯한)에 대한 지식을 촉진할 수 있다.

식품 의약국은 어떤 문구와 사진이 대중의 이해를 증진할지 실험하기 위해 자체적으로 조사에 착수했다. 새로 제안된 경고 문구는 다음과 같았다. 〈흡연은 당신의 자녀에게 해를 끼칠 수 있습니다.〉 식품 의약국은 조사를 바탕으로 해당 경고 문구를 비롯한 10여 개의 다른 문구가 사람들의 관심을 끌 것으로 — 그리고 기억될 것으로 — 판단했다. 또한 어떤 사진이 건강 위험에 대한 사람들의 이해를 촉진할지 판단하기 위해서 개별 면담과 표적 집단, 온라인 조사단도 활용했다.

비용과 편익은 어떨까? 식품 의약국은 다양한 정보 표시를 채택하고, 도안하고, 번갈아 운용하고, 광고하는 연간 비용이 약 1억 1천만 달러에 달할 거라고 말했다. 그리고 편익과 관련해서는 〈정량화하기 어렵다〉라고 인정했다. 이유는 간단하다. 질병이나 사망을 줄이는 문제가 아닌 대중의 이해를 증진하는 문제를 이야기하고 있다는 점에서 얼마나 많은 돈을 절약할 수 있을지 단정적으로 말하기가 어렵기 때문이다. 식품 의약국은 그들의 제안을 관철시키기 위해 서둘러 손익 분기점 분석에 착수했다. 분석 결과는 경고 사진의 편익이 담배 한 갑당 1센트 정도로 낮은 경우에도 비용을 충분히 상쇄할 수 있는 것으로 나타났다. 흡연이 건강에 미치는 위험에 대해 대중의 이해를 높이는 일은 확실히 적어도 1센트 이상의 가치가 있을 터였다.

글자 그대로 이해 증진만으로 규제를 정당화하기에 충분할지는 명확하지 않다. 그런데도 그 이해가 궁극적으로 흡연을 감소시킬 거라고 생각하는 것은 충분히 그럴듯하다. 한 사람의 생명이 9백만 달러로 평가되고, 우리가 조기 사망에만 초점을 맞춘다고 가정할 때 경고 사진과 관련한 규제는 한 해에 13건의 조기 사망만 예방하더라도 정당화될 수 있을 것이다. 어쩌면 그보다 훨씬 더 많은 생명을 구할 수도 있다는 점에서 충분히 해볼 만한 도박이다.

정리

정보 공개 요구의 주된 목적은 인간의 복지 — 더 나은 삶 — 를 증진하기 위함이다. 많은 경우에 의회는 연방 기관들에 이런 요구를 부과하도록 독려하거나 강제할 수 있는 권한을 부여해 왔다. 그리고 이 모든 상황에서 행정 기관들은 행정 명령을 통해 정보 공개에 따른 편익과 비용을 분류하고 편익이 비용을 정당화한다는, 즉 행복의 대용물이라는 사실을 증명하도록 요구되었다. 이러한 기관들은 편익을 예측하는 과정에서 지속적인 어려움에 직면하고 있으며, 다음의 네 가지 접근법에 의존한다. 정량화가 불가능하다는 이유로 예측하기를 거부하는 방법, 손익 분기점 분석, 경제적인 절감 효과나 보건 효과와 같은 최종적인 목표점에 대한 예측, 관련 정보에 대한 지불 의사액을 추산하는 방법 등이다.

각각의 접근법은 심각한 의문을 야기하며 합리적인 반대에 부딪친다. 지극히 낙관적인 가정하에서 일반적으로 올바른 질문은 소비자들에게 중요한 모든 것을 아우르는 지불 의사액을 포함하며, 여기에는 정보를 얻는 데 따른 건강상의 편익이나 쾌락적 손실도 (그리고 모든 것을 감안할 때 사람들이 아무것도 지불할 마음이 없거나, 정보를 얻지 않기 위해 무언가를 지불하고자 할 가능성도)

포함된다. 지불 의사액에 관한 질문이 갖는 장점 중 하나는 정보가 원하는 사람들에게만 전달되도록 함으로써 개인화된 정보 공개의 잠재력에 초점을 맞춘다는 사실이다. 수많은 환경에서 시장은 개인화된 정보 공개를 허용한다. 미래에는 정보가 공공재가 아닌 분야에서도 규제 당국이 그와 같은 가능성을 조사할 수 있을 것이다.

그런데도 지불 의사액에는 커다란 문제가 있다. 때때로 사람들은 돈이 많지 않을 수 있고, 이는 설령 정보가 그들의 삶을 크게 개선할 수 있음에도 지불 의사액이 낮을 수 있음을 의미한다. 실제로 사람들은 더 많은 정보를 위해 얼마를 지불할 의향이 있는지 묻는 질문에 합리적인 대답을 제시할 수 없을 정도로 정보가 부족한 경우가 종종 있다. 당신은 화학 물질인 XYZ에 대해, 그리고 해당 물질이 어떤 영향을 미치는지에 대해 전혀 아는 것이 없는 상태에서 당신이 가장 좋아하는 음식에 이 화학 물질이 들어 있는지를 알려 주는 정보에 얼마를 지불할 의향이 있을까? 사람들은 정보만 부족한 것이 아니다. 어쩌면 그들은 편향 문제(현재 편향과 비현실적인 낙관주의를 비롯해서)를 가지고 있을 수도 있다.

우리는 또 기호가 변하거나 유동적인 경우에 정보의 영향으로 〈사람들이 새로운 기호와 가치를 개발할 수 있기 때문에〉 지불 의사액을 묻는 질문의 답변이 설령 합리적인 답변일지라도 복지 효과를 온전하게 담아내지 못할 수 있음을 살펴보았다. 지불 의사액 수치는 사람들에게 예측 문제를 해결하도록 요구하지만 경우에 따라서는 이런 요구를 수행하기가 곤란한 상황일 수도 있다. 손익 분기점 분석은 이와 같은 상황에서 요구되는 최소한의 조치이며, 때로는 정부 기관들이 취할 수 있는 최대한의 조치가 되기도 한다. 정부 기관들이 정보 공개에 따른 편익의 최소치나 최대치를 파악할 수만 있다면 손익 분기점 분석은 때때로 의무적인 정보 공개가 복지 차원에서 정당화될 수 있음을 — 그리고 때로는 정당화될 수 없음을 — 보여 줄 것이다. 그런 점에서 손익 분기점 분석은 종종 훌륭한 대안이 되기도 한다.

　　문제는 손익 분기점 분석이 무지를 고백하는 행동이며, 편익의 최소치나 최대치가 전제되지 않는다면 우리에게 아무런 도움이 되지 않을 거라는 사실이다. 미래에는 정부 기관들이 사람들의 삶에 미치는 정보의 실질적인 효과와 관련된 곤란한 질문에 대답하기가 훨씬 좋아질 것이다. 정보의 효과는 아마도 매우 긍정적이거나 매우 부정적일 수 있다. 정보 공개를 요구하는 — 그리고 규제에 따른 전반적인 편익을 파악하기 위한 — 다음 세대의 작업

은 이와 같은 질문에 답변을 제시하는 데 우선을 두어야
할 것이다.

심리학

조지 로웬스타인George Loewenstein,
러셀 골먼Russell Golman과 공동 작업

공격적인 형태의 규제에 비해 정보 공개가 갖는 중요한 장점 중 하나는 자율적으로 운영되는 시장에 대한 유연성과 존중이다. 규제에 의한 지시는 무딘 칼이다. 비균질성을 무시하는 경향이 있고, 의도되지 않은 심각한 부작용을 야기할 수 있다. 일례로 가전제품에 대한 에너지 효율 규제는 성능이 떨어지거나 소비자가 원하지 않는 특징으로 무장한 제품을 낳을 수 있다. 반면에 정보를 제공하는 방식은 선택의 자유를 존중한다. 가령 자동차 제조사에 자동차의 안전성을 평가해서 공표하도록 요구한다면 잠재적인 자동차 구매자들은 안전 문제를 가격이나 디자인, 그 밖의 속성들과 비교해서 선택할 수 있다. 또한 식당 고객에게 그들이 사 먹는 음식의 칼로리를 알려 준다면 체중을 줄이고 싶은 사람들은 해당 정보를 이용하고, 칼로리에 무관심한 사람들은 해당 정보를 무시할 수 있을 것이다. 정보 공개는 의사 결정과 관련한 개개인의 자율성을 (그리고 개별적인 의사 결정이 갖는 특성을) 침해하지 말아야 할 뿐 아니라 오히려 촉진해야 한다. 아울러 적절하게만 설계된다면 효율성도 증진할 수 있다.

적절한 설계란 어떤 것일까? 이 문제는 〈의무화된 정보 공개의 실패〉라는 도발적인 제목의 글에서 오므리 벤 샤하르Omri Ben-Shahar와 칼 슈나이더Carl Schneider에 의해 뚜렷이 부각되었다.[1] 저자들은 12쪽 분량의 지면을 할애해서 연방 및 주 법령과 행정 규제, 법원 판결에 산재하는 때로는 터무니없기까지 한 수많은 정보 공개 요구를 나열한다. 이런 요구는 사실상 모든 유형의 대출과 은행 계좌, 뮤추얼 펀드, 신용 카드, 증권 중개인, 신용 정보 기관, 투자 자문가, 현금 자동 입출금기, 전당포, 소액 단기 대출, 임대 계약, 할부 판매, 모든 형태의 보험 계약, 자동차 대여, 개인 창고 시설, 차량 견인 회사, 자동차 정비소 등을 비롯한 수많은 곳에 적용된다. 아마도 가장 재미있는 (동시에 약간 소름끼치는) 사례는 캘리포니아주에서 장례사들로 하여금 관을 구입하는 사람들에게 〈봉인 장치가 있는 관이 인간의 사체를 보존해 줄 거라는 어떠한 과학적인 또는 그 밖의 증거는 없다〉라는 사실을 공개하도록 한 사례일 것이다.

벤샤하르와 슈나이더는 정보 공개 요구에 매우 회의적이다. 부분적으로는 정보 공개가 대체로 조악하게 설계될뿐더러 그들이 생각하기에 대개는 실패로 끝날 운명이기 때문이다. 그들이 옳든 아니든 열거한 것들을 살펴보다 보면 의무적인 정보 공개 요구가 부과되는 상황들에서 공통적인 패턴을 발견할 수 있다. 일반적으로 정보 공개 요구는 정보가 부족한 소비자가 더 많은 정보를 보유한 판매자를 상대하거나, 소비자와 판매자의 유인이 적어도 분명하게 일치하지 않을 때 적용된다. (많은 중요한 경우에 판매자와 소비자는 조언을 주고받는 관계임에 주목할 필요가 있다.) 이런 특징은 다음과 같은 상황에서 잘 나타난다.

- 자동차 판매자와 잠재적인 소비자 간의 상호 작용: 판매자는 자신이 판매하는 자동차의 안전성에 대해서 더 많은 정보를 가지고 있지만, 소비자는 안전한 자동차를 운전하는 데 더욱 많은 관심을 가지고 있다.
- 체인점 식당과 고객 간의 상호 작용: 식당은 그들이 판매하는 음식의 영양적 특성에 대해 더 많은 정보를 가지고 있지만, 고객은 영양가 있는 음식을 먹는 데

더욱 많은 관심이 있을 수 있다.

- 의사와 환자 간의 상호 작용: 의사는 다양한 검사와 치료의 적절성에 대해서 많은 정보를 가지고 있지만, 한편으로는 환자의 이익에 가장 부합하는 것이 아닐지 모를 특정한 검사나 약물, 치료(수술 같은)를 권할 수도 있는 유인을 가지고 있다.

- 노동자를 부당하게 취급하거나 환경적으로 유해한 행동 양식을 보이는 시설에 생산을 위탁하는 제조사(a)와 저렴한 가격을 중시하면서도 〈친환경〉 제품이나 사회적으로 양심적인 기업의 제품을 구입하고 싶어 하는 소비자(b) 간의 상호 작용.

정보 공개가 비대칭 정보와 유인의 불일치로 초래된 일반적인 경제 시장의 실패를 다루는 상황들이 존재한다면, 정보 공개가 소비자를 소비자 자신으로부터 보호하기 위한 목적을 수행하는 상황들도 존재한다. 심리학과 행동 경제학은 규제에 대한 기존의 경제학적 설명을 보완하는 새로운 근거를 제공한다. 새로운 근거는 〈행동 과학적 시장 실패〉라고 불리는 것을 포함한다. 표준 경제학의 외부 효과 개념과 비슷한 행동 경제학은 내부 효과 — 개인이 스스로에게 부과하지만, 결정의 순간에 내면화하지 못하는 비용 — 개념을 도입함으로써 정당화될 수 있는 규제의 잠재적인 범위를 확장한다. 이를테면 흡연자는 흡연을 즐길 뿐 폐암을 즐기지는 않을 것이다. 음식을 많이 먹고 살이 찐 사람들도 음식을 좋아할 뿐이지 그로 인한 건강 문제까지 좋아하는 것은 아니다. 오늘 돈을 펑펑 쓴 사람들은 내일 쓸 돈이 없음을 알게 되었을 때 그다지 행복하지 않을 것이다.

내부 효과는 그 자체만으로 의무적인 정보 공개 규제에 대한 적절한 근거를 제공하지 않는다는 점을 주의해야 한다. 이 경우에도 최소한 일종의 유인 불일치가 중요하다. 시점 1에 한 소비자가 시점 2에 이르렀을 때 장기적인 비용이 단기적인 편익을 초과하여 자신에게 해가 될 결정을 내리려 한다고 가정해 보자. 판매자의 유인이 소비자의 장기적인 이익과 일치한다면, 판매자는 내부 효과를 줄이거나 제거하기 위한 정보와 제품을 제공할 것이다.

명백한 이유로 현실에서는 그런 식으로 일이 진행되지 않는다. 일례로 패스트푸드점을 이용하는 고객들이 칼로리가 건강에 미치는 영향을 고려하지 않는 경우에 패스트푸드점은 이를 악용해서 소비자들에게는 유혹적이지만, 생산 단가가 낮고 건강에도 좋지 않은 메뉴를 제공할 수 있을 것이다. 마찬가지로 자동차 구매자들이 연료 비용에 충분한 주의를 기울이지 않는 경우에 자동차 제조사는 생산 비용이 더욱 저렴한 대신에 소비자들이 관심을 갖는 특징에만 매력적인 요소를 가미한 기름 잡아먹는 자동차를 제공할 수 있을 것이다.

정보 공개는 다양한 형태를 취할 수 있다. 가장 적절한 형태의 정보 공개는 시장 실패가 일어나는 상황에 따라 달라진다. 정보가 검증 가능한 (그리고 잘못된 정보는 처벌될 수 있는) 상황과 정보가 검증 불가능한 상황을 구분하는 것이 중요하다. 이를테면 패스트푸드점이 주장하는 칼로리 함량과 자동차 제조사가 주장하는 연비는 과학적으로 검증될 수 있다. 반면에 의사가 어떤 환자에 대해 특정한 임상 시험에 이상적으로 들어맞는다는 견해를 피력하는 경우에는 그 의사가 정말로 그렇게 믿는지, 아니면 어떤 이득을 위해 말만 그렇게 하는지 확인할 방법이 없다.

정보가 검증 가능한 경우에 정보 공개는 정보의 불균형을 개선하는 부분 ─ 기울어진 정보 운동장을 평평하게 만들기 위해 상대적으로 정보가 부족한 구매자나 피조언자에게 정보를 제공하는 것 ─ 에 초점이 맞추어질 것이다. 예를 들어, 제약 회사가 의사의 처방전이 필요한 약물에 경고 문구를 넣으라는 요구를 받는 경우에 경고 문구는 잠재적인 부작용에 관한 자료에 접근할 수 있는 약물 제조사와 관련 정보가 표시되어 있지 않는 한 알 수 없는 환자 사이에 존재하는 정보 불균형을 완화하기 위해 설계될 것이다. 자동차 회사가 자동차의 연비 표시를 요구받는 경우에도 마찬가지이다.

반면에 정보가 검증 불가능한 경우에는 정보 불균형을 해소하기 위한 의무적인 공개가 아무런 소용이 없을 것이다. 공개된 정보가 정확한지 알 수 있는 방법이 없기 때문이다.[2] 하지만 이 경우에도 (정보가 검증 가능한 경우와 마찬가지로) 정보를 가진 쪽은 여전히 유인이 불일치한다는 사실을 공개할 수 있다. 일례로 뉴욕주의 주택 구입 희망자와 판매 희망자는 〈부동산 공인 중개사가 그들의 대리 관계와 그로 인해 발생하는 권리와 의무를 잠재적인 구매자나 판매자에게 알릴 목적으로〉 설계된 정보 공개 양식에 (구입 희망자와 판매 희망자에게 해당 정보가 제공되었음을 입증하기 위해) 서명해야 한다. 〈이러한 정보 공개는 소비자가 충분한 정보를 바탕으로 자신의 부동산 중개인이나 판매 대리인을 선택할 수 있도록 도와줄 것이다.〉

이해관계가 일치하지 않는 경우에는 정보를 받는 사람들이 이와 같은 사실을 쉽게 알 수 있으며, 그래서 정보 공개가 필요 없다고 생각하는 사람들도 있다. 하지만 기존의 조사는 많은 피조언자가 이해관계의 불일치를 인식하지 못하거나, 상반된 이해를 가진 사람들의 조언을 있는 그대로 받아들이면서 적어도 인식하지 못하는 것처럼 행동한다고 암시한다.[3] 불일치에 대한 인지는 정보를 수령하는 사람에게 유인이 일치하지 않는 조언자의 정보를 어쩌면 무시해야 한다고 암시하는 것에 더해서, 피조언자에게 어떤 논란과 관련하여 양쪽 이야기를 들어 보기 위해 경쟁적인 이해관계를 가진 조언자를 찾도록 부추길 수 있다.[4] 하지만 불일치하는 유인에 대한 공개가 사실상 해를 끼칠 수도 있다. 사람들이 정보 공개에 과잉 반응할 수 있고, 그 결과 유익한 조언을 얻지 못할 수 있기 때문이다. 서로의 이해가 충돌한다는 사실을 알게 된 뒤로 아픈 환자가 의사를 완전히 기피하는 것도 그런 경우에 해당할 것이다. 또한 조언자들이 윤리적인 동기에서 편향되지 않은 조언을 제공하고자 할 때도 유인이 불일치하는 상태에서의 정보 공개는 잠재적으로 그들의 선의를 왜곡시킬 수 있다(윤리적 허락 현상에 대해서는 뒤에서 좀 더 자세히 다룰 예정이다).

또한 정보 공개는 다양한 방식으로 〈제공〉할 수 있다. 의사는 환자와 소통하는 과정에서 잠재적인 이해 충돌에 관련된 정보를 직접 공개하거나, 비교적 덜 개인적인 방식(환자 대기실에서 접수원이 환자에게 인쇄물 형태로 된 정보를 제공하는 것처럼)으로 제공할 수 있을 것이다. 또한 정보 공개는 소비자가 관련 정보에 실제로 주의를 기울이도록 하기 위해 더욱 많거나 적은 노력을 동반할 수 있다. 이를테면 체인점 식당은 관련 정보를 요구하는 사람들에게만 영양 정보를 제공하거나, 건강 보험 개혁법처럼 메뉴판에 관련 정보를 공시하도록 요구될 수 있을 것이다. 경제적 관점에서 이런 세부 사항 중 일부는 어쩌면 중요하지 않게 보일 수 있지만, 실제로는 매우 중요하다.

심리적 기제

정보를 제공받을 때 사람들은 몇 가지 심리적 기제를 바탕으로 반응한다.

1. 제한된 관심과 인식

점점 더 확장되는 경제학 연구는 심리학자들이 수십 년 동안 알거나 연구해 온 것을 확인해 준다. 사람이 어느 한 시점에 관심을 기울일 수 있는 정보의 양에는 심각한 제한이 존재한다는 사실이다. 이에 관한 일반적인 경제학적 설명은 관심이 희소 자원임을 강조하면서, 어떻게 관심을 배분할지와 관련해서 인간이 (상당히 급하게 판단을 내리는 경우에도) 이성적인 결정을 하는 것처럼 암시한다. 반면에 심리학적 연구는 사람들이 어떻게 관심을 배분할지 〈결정〉하지 않는다고 말한다. 즉 몇몇 특정한 항목이 관심을 끌 뿐이며, 나머지 항목은 아무리 중요하고 집중할 필요가 있음에도 관심 밖으로 사라지는 듯하다는 것이다. 이러한 두 가지 설명을 구분하는 것은 어떤 맥락에서는 중요하지만, 어떤 맥락에서는 중요하지 않다. 그런데도 가장 보편적인 사실은 관심의 한계가 정보 공개의 효율성에 영향을 미치는 가장 중요한 요인일 수 있다는 것이다.

　　제한된 관심은 소비자들이 외면한다는 점에서 많은 정보 공개를 무용지물로 만든다. 그들은 〈응, 그게 뭐든지〉라고 반응하며 지나가는 식이다. 그 결과 수많은 웹 사이트에서 마주치는 개인 정보 보호 정책에 관한 정보를 읽는 소비자는 3퍼센트가 채 되지 않으며,[5] 그런 정책이 난무하는 이유가 사실은 그 반대의 목적 — 개인 정보를 양도하는 것에 대한 소비자의 묵인을 얻어 내기 위한 것[6] — 인 경우가 많음에도 75퍼센트의 소비자는 개인 정보 보호 정책이 존재하는 것 자체가 개인 정보 보호를 암시한다고 생각한다.[7] 또한 정보 공개는 우리가 인식하지 못할 정도로 흔하게 존재하며, 의식하지 않던 어떤 것이 명백해졌을 때 사람들은 우리에게 노출되어 있는 정보 공개에 그동안 조금이라도 관심을 기울이는 사람이 없었다는 사실에 충격받을 수밖에 없을 것이다.

가장 흔한 동시에 명백히 중요한 형태의 정보 공개 중 하나는 제품에 표기되는 경고 표시와 관련 있다. 제품 경고 표시를 다룬 약 400건의 논문에서 도출된 결과를 요약하면서 로저 매카시Roger McCarthy 의사와 그 동료들은 〈제품에 표시되는 경고가 사용자의 행동과 제품의 안전성에 어떠한 주목할 만한 영향도 미치지 않는다〉라고 결론짓는다.[8] 너무 비관적인 결론처럼 보이지만 사실이 그렇다. 그리고 정보 공개 규제가 비효율적인 것으로 드러나는 경우에도 정보를 포함하는 개선된 접근법과 임의 규정을 비롯한 다른 강제적인 접근법을 고려하는 것도 가치가 있을 것이다.

2. 누락된 정보에 대한 부주의

경제학적 분석(공개된 정보가 검증 가능할 때는 정보를 공개할 필요가 없다는 결론으로 이어지는)의 핵심 전제는 사람들이 자신에게 제공된 정보뿐 아니라 자신에게 제공될 수도 있지만 현재 상태에서는 공개되지 않은 정보도 알고 있다는 것이다. 더욱 구체적으로 말하자면, 표준적인 경제학적 분석은 기업이 개인에게 선택적으로 정보를 제공할 때 사람들은 유리한 정보라면 기업이 공개했을 거라는 가정 하에서 가능한 최악의 값으로 빈칸을 채운다고 전제한다. 심리학적 연구는 이 핵심적인 전제가 틀렸을 가능성이 높다고 암시한다. 우리는 앞서 사람들이 자신에게 제공되는 정보에 주의를 기울이는 부분에서 오직 제한된 능력을 가졌음을 살펴보았다. 여기에 더해서 일반적으로 사람들은 둘 다 똑같이 유용한 정보를 제공하지만, 정보의 존재보다 부재에 더욱 무관심하다는 사실을 보여 주는 조사도 있었다.[9]

현실의 시장 환경에서 누락된 정보에 대한 부주의를 보여 주는 강력한 증거는 영화를 콜드 개봉 — 시사회를 통해 영화를 평론가들에게 먼저 보여 주지 않고 관객들에게 바로 개봉하는 것 — 하는 과정에서 나타난다. 영화사는 그들이 제작한 영화에 대한 평가가 우호적이지 않을 거라고 확신할 때 콜드 개봉을 진행하며, 소비자들은 영화가 시사회를 거치지 않고 개봉되었다는 사실에서 완벽할 정도로 논리적인 추론을 이끌어 내야 한다. 하지만 현실에서 콜드 개봉한 영화는 비평가들에게 먼저 공개되었다가 대체로 부정적인 평가를 받는 영화보다 초반에 더 나은 흥행 성적을 보인다.[10]

누락된 정보에 대한 사람들의 부주의는 자발적인 정보 공개 정책이 많은 경우에 매우 비효율적인 결과로 나타날 것이다. 일례로 의사들이 환자의 이해와 상충하는 사항이 없다는 증명서에 서명할 수 있다면, 환자들은 그런 증명서가 부재한다는 사실에서 그들과 의사의 이해가 서로 상충한다는 사실을 유추할 수 있다. 하지만 환자가 이와 같은 증명서의 부재를 체계적으로 알아차릴 수 없는 구조라면, 그에 상응해서 의사는 이해 충돌을 피해야 할 유인이 줄어들 것이다.[11] 유사한 사례로, 영양 표시 및 교육법이 발효되기 이전까지 지방 함량이 높은 샐러드 드레싱을 생산하던 제조업체는 그들의 제품에 적어도 자발적으로는 관련 정보 표시를 하지 않기로 선택했다. 하지만 이후에 정보 표시가 의무화되면서 그들의 매출은 감소했다.[12]

3. 유인이 명백한 관심

정보 공개를 통해 제공되는 정보에 관심을 기울일 인지능력이 있을 때조차 사람들이 항상 관심을 기울이는 것은 아니다. 앞에서 살펴보았듯이 정보는 의사 결정에만 관여하는 것이 아니라 그 자체로 유용한 자원이다.[13] 쾌락적 효과의 중요성을 기억할 필요가 있다. 정보가 불쾌한 내용을 포함할 때 사람들은 대체로 해당 정보에 관심을 주지 않는다. 우리는 시장이 상승하면 투자자가 로그인을 하고 자신이 운용하는 투자 포트폴리오의 가치를 확인하려고 하지만, 시장이 하락하면 아무것도 하지 않으려 한다는 사실을 확인했다.[14] 에이즈와 같은 질환의 의료 검사를 다룬 연구는 관련 질환에 가장 취약한 사람들이 대개 검사받지 않으려 한다는 사실을 보여 준다. 해당 질환에 걸렸을지 모른다는 생각만 해도 너무 무섭거나, 혹시라도 나쁜 소식을 접하게 될 위험에 자신을 노출시키는 것이 두렵기 때문이다.[15]

그런 연구 중 하나로 헌팅턴병에 걸릴 위험이 있는 사람들이 검사받는 문제와 관련해서 어떤 결정을 내리는지 관찰했다.[16] 자신이 병에 걸렸는지 아는 것이 분명히 이후의 결정(아이를 낳을지 말지와 같은)에 매우 중요한 요소임에도 많은 사람은 증상이 발현되기 전까지 검사하지 않는 쪽을 선택했다. 더욱 흥미로운 사실은 검사받지 않은 사람들이 검사를 통해 자신이 병에 걸리지 않았다는 사실을 알게 된 사람들과 별반 다르지 않은 삶의 중대한 결정들을 내린다는 점이었다. 의사 결정이라는 목적 측면에서 사람들은 검사 결과의 부재를 질병의 부재와 동등하게 취급하는 듯 보였다.

의료 정보 공개를 둘러싼 개개인의 심리적인 사정은 물론 복잡하다. 동일한 정보 공개에 대해서도 환자들마다 다르게 반응하기 때문이다. 한 개인의 기본적인 불안 및 심리적인 스트레스 수준과 의료 정보 공개가 그 사람에게 미치는 영향 사이에는 상관관계가 존재한다.[17] 예를 들어, 불안이 심한 사람은 암 진단을 받았을 때 더욱 격렬하게 반응할 것이다. 여기에 더해서 공개되는 의료 정보가 본인의 건강과 관련된 것인지, 아니면 자식처럼 그들이 소중하게 생각하는 누군가의 것인지도 중요할 수 있다. 다운증후군을 앓는 자식을 둔 대다수 부모에게는 설령 나쁜 소식을 포함하는 것이라도 정보가 많으면 많을수록 좋을 것이다. 정보가 많을수록 그들이 좀 더 나은 보호자가 되는 데 도움이 될 거라고 생각하기 때문이다.[18] 나쁜 소식의 충격은 환자가 기존에 자신의 건강에 대해 가지고 있던 믿음에도 영향을 받을 것이다. 자신이 심각한 질병에 걸릴 위험이 높다고 생각하는 환자는 검사 결과를 자신이 평소에 우려하던 방향으로 해석하기 쉬우며, 자신이 그런 위험에 직면해 있지 않다고 생각하는 환자는 검사 결과도 자신의 생각을 뒷받침한다고 생각할 수 있다.[19] 유인이 명백한 관심이란, 바로 이런 경우들이다.

의무적인 정보 공개 정책을 둘러싼 유인이 명백한 관

심이 암시하는 가장 명확한 사실은 껄끄러운 정보가 무시되거나 경시되기 쉽다는 것이다. 감정에 호소하는 건강 경고문 — 이른바 공포 소구* — 의 영향을 조사한 연구는 사람들이 두려움 때문에 위험에 대해 생각하기를 포기하고, 그 결과 반응하지 않게 될 거라는 점에서 사실상 행동 수정을 위한 즉각적인 선택지를 동반하지 않는 위협적인 경고는 역화를 일으킬 수 있음을 보여 준다.[20] 비슷한 현상으로 사람들은 특히 개인적인 위험과 관련해서 비현실적인 낙관주의 성향을 보이는데,[21] 비현실적인 낙관주의는 정보 공개의 효과를 오히려 약화시킬 수 있다.

유인이 명백한 관심은 더 명확하지 않은 사실도 암시하는데, 기업들의 선택적인 정보 제공 행위를 줄이고자 의도된 정보 공개 정책이 기대만큼 잘 작동하지 않을 수 있다는 점이다. 기업이 (자발적으로든 아니면 정보 공개 규제 때문이든) 선택적인 정보 제공에 관여하지 않더라도 사실상 소비자는 자신이 이미 내린 결정을 뒷받침하는 정보에만 관심을 기울이고, 그렇지 않은 정보는 무시하거나 경시함으로써 부족한 부분을 보충할 수 있다. 아이스크림 가게가 칼로리 정보를 공개하지 않는 편을 선호함에도 규

---

* 수용자에게 공포감을 불러일으키거나 위협할 목적으로 매스 커뮤니케이션에서 사용하는 기법.

제 때문에 어쩔 수 없이 칼로리 정보를 공개하는 경우에 아이스크림을 좋아하는 소비자들은 자신의 즐거움을 반감시킬 수 있는 정보를 무시함으로써 규제가 아이스크림 가게에 금지시킨, 이른바 〈편집〉 역할을 대신할 수 있을 것이다.

4. 편향된 개연성 평가

비록 표준 경제학에서 개연성 평가가 무작위 오류를 내포할 수 있다는 개념이 허용되기는 하지만, 전통적인 전제는 인간이 의도적인 편향을 보이지 않는다는 것이다. 다시 말해, 표준 경제학은 사람들의 평가가 평균적으로 정확하다고 전제한다. 다양한 이유로 이런 전제는 사실과 다르다.[22] 연구에 따르면 사람들은 음식의 칼로리 함량과[23] 교육의 투자 수익률,[24] 그리고 연비가 다른 각각의 자동차를 운전하는 데 따른 연료 소비량의 차이[25]에 대해서 의도적으로 편향된 믿음을 가지고 있다.

개연성을 잘못 평가하면 정보 공개에 중대한 영향을 끼칠 수 있다. 예를 들어, 흡연이 건강에 미치는 영향에 관한 정보를 제공하는 것은 사람들이 담배를 끊도록 하기 위함이고, 칼로리 정보를 제공하는 것은 사람들이 칼로리 섭취를 줄일 수 있도록 도움을 주기 위함이다. 하지만 이런 효과는 정보 공개 전까지 사람들이 바람직하지 않은 행동을 촉진하는 방향으로 의도적으로 편향되어 있는 경우에만 가능할 것이다. 하지만 그렇지 않은 경우도 있을 수 있다. 몇몇 연구에 따르면, 흡연자와 비흡연자는 모두 흡연의 위험성을 과대평가하는 경향이 있다.[26] 물론 대다수 흡연자는 통계적인 위험성에 대한 정확한 평가나 과대평가에 직면해서도 자신의 개인적인 위험을 과소평가하는 경향이 있다는 점 또한 주목할 필요가 있다.[27] 그리고 많은 흡연자가 흡연의 위험성을 과대평가하는 것만큼이나 흡연의 진정한 위험성을 알리기 위한 정보 공개는 흡연을 부추기는 결과로 이어질 수 있다.

　여기에 더욱 보편적인 진실이 있다. 일부 의료 검사나 수술은 절대적인 위험을 줄이는 데 아무런 도움이 되지 않는다는 것이다. 단적인 예로 몇몇 형태의 암 검사는 인구 1천 명당 한 명의 죽음을 예방할 수 있을 뿐이다. 하지만 사람들은 지레짐작으로 암 검사가 암으로 인한 사망을 예방하는 데 매우 큰 효과가 있다고 믿을 수 있다. 그들이 실제 수치를 알게 된다면 암 검사는 높은 확률로 줄어들 것이다. 내가 보기에 암 검사가 줄어드는 것은 좋은 일이지만 합리적인 사람들은 생각이 다를 수 있다.

5. 윤리적 허락

오늘날 행동 경제학과 실험 경제학에는 많은 사람이 어쩌면 당연하게 여기는 것 — 사람들이 이타주의나 공정성, 자신을 좋은 사람으로 인식하려는 욕구와 같은 이타적인 유인에 강하게 이끌린다는 사실과 다른 조건이 모두 동일할 때 사람들은 진실을 말하는 편을 선호하고[28] 다른 사람들도 그럴 거라고 기대한다[29]는 사실 — 을 증명하려는 많은 문헌이 존재한다. 정보 공개에서 이런 유인은 윤리적인 이유로(동물 복지의 경우처럼), 그리고 정보 공개 정책의 공통된 주안점이기도 한 이해관계가 일치하지 않는 경우에도 매우 중요할 수 있다. 그렇게 하지 말아야 할 물질적인 이유가 존재할 때조차 이런 유인들은 판매자에게 구매자의 이익을 위해 행동하도록 동기 부여할 수 있기 때문이다.[30]

사람들이 (순진한 소비자에게 저급한 조언이나 제품을 넘길 수 있을 때조차) 본질적으로 편견 없는 조언과 고품질 제품을 제공하려는 유인을 갖는다는 사실은 서로의 이해가 상충한다는 정보를 공개하는 효과와 밀접한 관련이 있다. 경우에 따라서 그런 이해 상충에 관한 정보 공개는 윤리적 허락이라고 알려진 복잡한 현상을 통해 이와 같은 유익한 유인을 훼손할 수 있다.[31] 윤리적 허락 현상은 사람들이 다른 경우라면 잘못된 행동이라고 생각했을 어떤 것을 해도 된다는 허락을 받았다고 느낄 때 일어난다. 서로의 이해가 충돌하는 상황에서 정보 공개를 통해 피조언자가 조언자의 잠재적인 편견에 대해 이미 경고를 받았다고 생각할 때, 조언자는 편견 없는 조언을 제공할 책임을 덜 느끼게 된다. 윤리적 허락 현상에 대한 실증적인 연구는 아직 한창 진행 중이며, 여기에서 간략하게나마 언급하는 이유는 정보를 공개하는 데 따른 잠재적인 위험을 보여 주기 위해서이다.

윤리적 허락 현상을 증명하는 연구에서 데일리언 M. 케인Daylian M. Cain과 그의 동료들은 설문 조사를 통해 응답자들에게 자신이 어떤 한 실험에 참여하고 있다고 상상해 볼 것을 주문했다. 실험 속에서 그들은 조언자 역할을 수행했으며, 사진에 묘사된 항아리에 젤리빈이 몇 개가 들었는지 정확히 추산해 냄으로써 돈을 받게 될 다른 사람(추산 당사자)에게 조언을 제공했다.[32] 모든 참가자에게는 (가상의) 이해 충돌 요건이 제시되었다. 〈추산 당사자가 항아리 속의 젤리빈 숫자를 과대평가하는 경우에 당신에게 50달러의 보너스가 지불된다고 가정하시오.〉 참가자들은 항아리에 1,900~2,900개의 젤리빈이 들어 있다는 사실도 고지받았다. 모든 참가자는 (추산 당사자가 젤리빈 숫자를 과대평가하기를 바라는 마음에서) 마치 2,900개가 넘을 것처럼 암시하는 것이 얼마나 윤리적인지 평가하도록 요구받았다. 평가자들은 한 상황에서는 〈추산 당사자가 당신이 가진 50달러의 유인에 대해 알지 못한다〉라는 말을 들었고, 다른 상황에서는 〈추산 당사자가 당신의 50달러 유인에 대해 알고 있다〉라는 말을 들었다. 응답자들은 추산 당사자가 이해 충돌 사실을 알고 있을 때 숫자를 과장하는 것이 더 윤리적이라고 대답함으로써 윤리적 허락 현상과 일관된 결과를 보여 주었다.

일련의 양식화된 실험에서 같은 저자들은 이해 충돌 정보를 공개하는 과정만 생략된 동일한 상황에 비해서 이해 충돌 정보가 공개되었을 때 윤리적 허락 현상이 충분히 강력해서 상반된 이해를 가진 조언자들은 더욱 유리해지고, 피조언자들은 불리해진다는 사실을 보여 주었다.[33] 이런 결과는 나중에 주택 구매자와 상반된 이해관계를 가진 부동산 중개업자 간의 실제 상황을 가정한 실험에서도 똑같이 재연, 확대되었다.[34] 이러한 연구는 유인이 불일치한다는 정보를 공개하는 것이 원래는 도움을 주고자 했던 사람들에게 오히려 해를 끼침으로써 역효과를 낳을 수 있음을 보여 준다. 결론은 모든 것을 고려했을 때, 그런 정보 공개가 나쁜 생각이라는 것이 아니다. 이해 충돌에 관한 정보가 해당 정보를 받는 사람들에게 결과적으로 도움이 되지 않을 수 있다는 것이다. 그리고 어쩌면 그들을 더욱 곤란하게 만들 수도 있다는 점이다.

걸인 효과와 암시적 불안 효과

두 개의 추가적인 심리적 현상 때문에 이해 충돌과 관련된 정보 공개가 역효과를 낳을 수 있다는 우려는 더욱 커진다. 조언자의 상충하는 이해를 공개하는 것은 피조언자의 신뢰를 저하시키는 의도된 결과를 가져온다. 하지만 두 가지 심리적 기제 때문에 반대로 신뢰하지 않는 조언을 따르도록 압박할 수도 있다.

첫 번째 기제인 〈걸인 효과〉는 일단 이해 충돌이 공개되고 나면 조언자의 이해는 상식이 되고, 경우에 따라서는 조언자가 개인적인 이득을 취할 수 있도록 피조언자가 도와야 한다는 압박을 느낄 수 있다는 사실에서 비롯된다. 의사가 환자들을 임상 실험에 등록시킬 때마다 많은 소개료를 받는다고 공개하면, 환자는 자신이 암묵적으로 의사로부터 소개료를 받을 수 있게 〈도와 달라〉는 요청을 받고 있다고 느낄 수 있다.

두 번째 기제인 〈암시적 불안〉은 이해 충돌에 대해 알게 된 이후에 조언을 거부함으로써 조언이 편향되고, 조언자가 비윤리적이라는 부정적인 신호를 보내는 것에 대한 피조언자의 두려움에서 기인한다. 이해 충돌에 관한 정보가 공개되지 않은 경우에도 투자자는 어쩌면 위험 회피나 현재 투자에 대한 만족감 등의 이유로 그들의 재정 자문가가 추천하는 새로운 뮤추얼 펀드에 투자하고 싶지 않을 수 있다. 하지만 투자자가 새로운 펀드 상품을 매입하는 경우에 자신이 재정적인 이득을 얻게 된다고 투자 자문가가 공개하고 나면, 투자자는 투자 자문가의 조언을 따르지 않는 것이 불신의 신호로 — 이해 충돌을 극복할 수 있는 투자 자문가의 능력을 의심한다는 암시로 — 해석될 수 있음을 우려할지 모른다.

두 건의 논문에서 수니타 사흐Sunita Sah 교수와 동료들은 실험실 연구뿐 아니라 현장 연구를 통해 상반된 이해를 가진 조언자들이 해당 사실을 알고 있거나, 알고 있지 않은 피조언자들과 상호 작용했을 때 나타날 수 있는 가상의 결과와 실제 결과를 보여 준다.[35] 모든 실험에서 관련 정보의 공개는 조언에 대한 불신을 높였지만, 동시에 걸인 효과나 암시적 불안 효과로 인해 피조언자에게 조언에 따라야 한다는 압박감을 높이기도 했다. 실제로 몇몇 실험에서는 불신의 영향보다 압박감의 영향이 더 강하게 작용했고, 그 결과 피조언자는 비록 덜 신뢰하게 되었음에도 조언을 따르는 경우가 더 많은 것으로 나타났다.

조명 효과와 배반의 심장 효과

심리학이 항상 정보를 공개하는 데 따른 효과에 반하는 것은 아니다. 반대로 〈배반의 심장 효과〉는 오히려 심리적 요인이 경제적 관점에서 볼 때 쓸데없는 것처럼 보이는 경우에도 정보 공개의 효율성을 증대시킬 수 있음을 암시한다. 의무적인 정보 공개는 정보를 공개해야 하는 제공자에게 〈바람직한 행동〉을 이끌어 낼 수 있다.[36] 일례로 로스앤젤레스에서 식당을 대상으로 한 위생 평가는 고객의 선택에 영향을 주었고, 그 선택은 결국 식당으로 하여금 위생 문제와 관련한 관행을 개선하도록 동기를 부여했다.[37] 더욱 흥미로운 몇몇 상황(식당 위생 평가 사례도 어느 정도 포함해서)에서는 〈소비자들이 어떤 반응도 보일 조짐이 없는 가운데 산업계가 먼저 반응하기도 한다〉.

이런 현상은 명백한 한 가지 의문을 제기한다. 소비자가 대체로 무시하는 정보 공개에 굳이 대응해서 공급자는 왜 그들의 제품을 바꾸려고 할까? 단순히 이익만을 고려한다면, 소비자의 부주의는 공급자로 하여금 정확히 그들이 이전까지 해오던 대로 하도록 이끌어야 할 것이다. 확실히 일부 정보 제공자는 소비자의 잠재적인 반응을 과대평가하거나, 공개된 정보에 죄책감이나 수치심을 느끼는 듯하다. 우리가 의심하는 바에 따르면, 판매자는 자신을 바라보는 다른 사람의 시선을 과장하는, 이른바 조명 효과에 의해 그들이 공개한 정보를 대중이 어떻게 바라볼지와 관련하여 부풀려서 해석한다.[38] 그런 점에서 에드거 앨런 포Edgar Allen Poe의 유명한 단편 소설『배반의 심장The Tell-Tale Heart』에서* 자신이 죽인 다음 아파트 마룻바닥 아래에 묻은 남자의 심장 고동 소리를 경찰이 들을 수 있다고 상상하는 주인공의 모습과도 비슷하다.[39]

오늘날의 몇몇 증거는 칼로리 표시가 소비자에게 아주 미미한 영향을 끼치거나, 아무런 영향을 끼치지 않는다고 암시하는 듯하다.[40] 그런데도 배반의 심장 효과를 연상시키는 증거를 제공하는 한 연구에서, 연구자들은 공개적으로 접근 가능한 웹 사이트를 통해 일부 지방자치단체의 칼로리 표시제 도입 시기와 맞물리는 2005년부터 2011년 사이에 게시된 패스트푸드 식당의 메뉴 변화를 보여 주는 자료를 샅샅이 조사했다.[41] 칼로리 표시제가 실시되는 지역에 매장을 보유한 패스트푸드 체인점 다섯 곳의 메뉴를 칼로리 표시제가 실시되지 않는 지역에서 운영되는 체인점 네 곳의 메뉴와 비교했다. 이에 따르면 해당 기

* 국내에서는『일러바치는 심장』으로 출간되었다.

간 동안 건강에 좋은 메뉴의 전반적인 보급률은 여전히 낮게 나타났지만, 그와 별개로 칼로리 표시제를 실시한 지역에 위치한 식당은 주메뉴에서 건강에 좋은 선택지를 늘린 것으로 나타났다.[42]

하지만 건강한 메뉴의 수적인 증가는 소비자들이 꼭 해당 메뉴를 선택할 거라는 사실을 의미하지 않는다. 건강한 메뉴의 대대적인 보급이 〈후광 효과〉를 초래함으로써 역효과를 일으킬 수 있음을 보여 준 연구에서 피에르 샹동Pierre Chandon과 브라이언 완싱크Brian Wansink는 소비자들이 맥도날드에서 판매하는 비슷한 메뉴에 비해서 써브웨이에서 판매하는 표면상 〈건강에 좋은〉 음식의 칼로리를 현저히 과소평가한다는 사실을 알아냈다.[43] 동일한 연구에 따르면, 소비자들이 저칼로리의 샌드위치만 포함되어 있는 〈간편 메뉴〉를 통해 더 낮은 칼로리의 주메뉴를 주문하도록 유도된 써브웨이의 현장 실험에서 건강에 좋다는 주장이 소비자에게 더 많은 칼로리를 포함하는 사이드 메뉴나 음료를 주문하도록 이끌 수 있음을 보여 주는 일종의 대체 효과도 관찰되었다.[44]

배반의 심장 효과를 암시하는 추가적인 증거는 에너지 효율 표시에 대한 소비자의 반응을 보여 주는 측면에서는 상대적으로 아직 빈약한 증거를 제공하지만, 제조사의 반응을 보여 주는 측면에서는 강력한 증거를 제공하는 가전제품 구매에 관한 연구에서 발견된다. 일례로, 리처드 G. 뉴웰Richard G. Newell과 동료들은 에너지 효율 표시에서 정확히 그와 같은 현상을 발견했다.[45] 미국에서 에너지 효율 표시가 의무화된 뒤로 에너지 가격 변동에 발맞추어 가전제품의 에너지 효율을 혁신하려는 기업의 반응이 크게 증가한 것이다. 웨이드는 에너지 효율 표시제가 도입된 직후 유럽 연합에서 나타난 에너지 효율이 더욱 뛰어난 제품을 추구하는 일련의 흐름을 기록했다. 유럽 연합의 규제 기관들은 이와 같은 흐름이 매우 강력해서 에너지 효율이 A 등급인 특정 가전제품이 시장에 넘쳐나자 해당 제품 사이에도 구분을 두어서 에너지 효율을 더욱 극대화하도록 장려하기 위해 A+와 A++ 등급까지 만들기에 이르렀다.[46]

배반의 심장 효과가 특히 효과를 발휘할 수 있는 영역 중 하나는 기업 윤리와 사회적으로 책임 있는 행동이다. 기업 이미지에 대한 기업의 관심에 더해서, 정보 공개 규제가 가져올 잠재적인 편익에 대한 글을 쓰면서 신시아 L.에스트룬드Cynthia L.Estlund는 다음과 같이 주장한다.

〈선도 기업이 지속 가능성이나 다양성, 윤리 의식, 전

3장 실리학

163

162

반적인 사회적 책임 등에서 그들의 고결한 성과를 광고하는 데 열을 올리는 모습은 그 이면에 일반적인 노동 시장이나 생산 시장의 경쟁보다 더 많은 것이 작용하고 있음을 암시한다. (……) (기업의 사회적 책임이라고 주장하는 다른 목표에 더해서) 사회적으로 중요한 고용 조건에 대한 정확한 정보 공개 의무는 사실에 근거하여 기업에 사회적 책임을 주장하도록 만듦과 동시에 실질적인 관행은 개선하지 않은 채 선량한 시민을 상대로 그들의 평판을 쉽게 부풀리지 못하도록 하는 데 도움이 될 것이다.)[47]

배반의 심장 효과는 여기서도 하나의 역할을 수행할 수 있다.

정보 공개가 효력을 발휘하려면

정보 공개 정책은 어떻게 개선될 수 있을까? 행동 과학에 대한 이해는 일단의 해답을 제공한다.

단순하고 눈에 띌 것

인간이 갖는 집중력의 한계를 고려할 때, 정보 공개의 효율성을 개선하는 가장 명백한 방법은 정보 공개를 단순화하고 현시성을 제고하는 것이다. 법학 교수 수재나 킴 립킨Susanna Kim Ripken의 글에 따르면 〈공시 제도가 효율적으로 운영되기 위해서는 제공되는 정보가 완전하고 명확하며 정확해야 할 뿐 아니라 소비자가 읽고 이해할 수 있어야 한다. 오늘날의 정보 공개가 취지와 달리 실패하는 이유가 바로 여기에 있다).[48] 립킨은 이와 같은 문제가 특히 극심하게 나타나는 재정 정보와 관련한 공개에 초점을 맞춘다. 기업의 정보 공개 문서들은 투자자에게 이해할 수 있는 정보를 제공하기보다 이런저런 책임으로부터 스스로를 보호하기 위해 기입된 난해한 문구로 포장되는 경향이 있다. 그런데도 이런 요건은 광범위하게 적용될 수 있다. 소비자와 근로자를 비롯한 많은 사람을 돕기 위한 노력에도 명백히 적용된다.

단순화는 여러 가지 목표를 동시에 달성한다. 이해 가능성을 높이고, 사람들의 관심을 집중시키며, 그 내용이 무엇에 관한 것이든 현시성을 높여 준다. 복잡성을 유지하면서 현시성을 높일 수 있는 방법들도 존재하지만 —— 이를테면 글씨체를 크게 하거나 굵게 함으로써 —— 단순화와 현시성이 대체로 밀접한 관련을 갖는다는 점을 고려하여 나는 여기에서 이 두 가지를 함께 다루고자 한다.

사우라브 바르가바Saurabh Bhargava와 디야난드 마놀리Dayanand Manoli는 단순화의 이점을 보여 주는 증거를 제공한다.[49] 더 많은 사람에게 근로 소득 세액 공제 혜택을 받도록 하기 위해 우편을 이용하여 다양한 해법을 시도한 현장 실험에서 그들은 공제 기준을 통지하는 단계 (이 단계에서만 14퍼센트의 이용자가 발생한다)에서 복잡성을 줄이는 것만으로도 이용자 수가 6퍼센트나 증가한다는 사실을 알아냈다. 또한 단순성이 중요한 역할을 한 것과 일관되게 복잡성을 늘린 경우에는 이용자 수가 4퍼센트 감소했다.

단순화가 원칙적으로 아무리 좋은 것일지라도 정확히 어떻게 정보를 단순화할지는 결코 쉬운 문제가 아니며, 일부 명백한 접근법에는 예상치 못한 함정이 숨어 있을 수 있다. 미국 안팎에서 실시된 연구에 따르면, 제품 정보가 연속된 등급보다 별이나 알파벳 등급 표시처럼 범주형으로 표시되었을 때 사람들은 표시된 정보를 더 빠르게 잘 이해하고, 더욱 쉽게 활용하는 것으로 나타났다.[50] 뉴얼과 우아 V. 시카메키Juha V. Siikamäki는 (피실험자 내 실험에서) 다양한 에너지 효율 정보에 노출된 상태로 두 개의 온수기 중 가상의 선택을 하는 소비자들이 복잡한 에너지 효율 표시에 비해 상대적으로 단순한 에너지 효율 표시를 접했을 때 비용 효과적인 결정에 훨씬 즉각적으로 대응하고, 비용 효과적인 결정을 내릴 확률도 더 높다는 사실을 알아냈다.[51] 소비자들은 절약된 에너지를 금전 가치로 환산한 단순 정보에 가장 많은 영향을 받았다. 이 비용을 다른 일단의 비슷한 제품과 비교한 추가적인 정보는 유의미한 가치를 보태 주지 못했다. 아마도 가장 중요한 것은 범주형 정보 표시가 소비자에게 구매를 결정짓는 요소 중 하나로 에너지 효율을 고려할 동기를 높여 준다는 점일 것이다.[52]

우리는 앞서 칼로리 표시와 관련된 증거들이 서로 엇갈리는 것을 확인했고, 사소하고 간단한 수정을 통해 커다란 차이를 만들 수 있음을 보여 주는 연구 결과를 간략히 살펴보았다. 〈칼로리 표시는 메뉴 오른쪽보다 왼쪽에 배치하라.〉[53] 이 같은 사실은 무수히 많은 민간 영역과 공공 영역의 디자인 설계를 암시한다는 점에서 흥미로운 결과이다. 관련 연구는 서로 다른 세 가지 실험을 통해 진행되었다.

첫 번째 실험은 대학 구내에 위치한 체인점 식당에서 이루어졌다. 약 150명에 달하는 참가자에게 무작위로 세 가지 종이 메뉴판 — 칼로리 표시가 없는 것과 칼로리 정보가 오른쪽에 위치한 것, 칼로리 정보가 왼쪽에 위치한 것 — 중 하나가 주어졌다. 칼로리 정보를 메뉴 오른쪽에 배치했을 때는 아무런 효과가 없었다. 반면에 칼로리 정보를 왼쪽에 배치했을 때는 참가자들이 주문한 음식의 칼로리가 전체적으로 24.4퍼센트 감소했다.

두 번째 실험은 온라인 조사로 진행되었으며, 약 300명의 사람에게 메뉴판에 있는 음식 중 하나를 선택하도록 요청했다. 칼로리 표시는 대략 반반씩 메뉴의 오른쪽과 왼쪽에 배치했다. 또한 참자가들은 어떤 요소(기호나 양, 가격, 가치, 칼로리 등)가 자신의 선택에 영향을 주는지 이야기해 달라고 요구받았다. 칼로리 정보가 왼쪽에 배치되었을 때 사람들은 상당히 낮은 칼로리의 음식을 주문하겠다고 대답했다. 아울러 칼로리 표시가 선택에 영향을 주었다고 말하는 경우가 훨씬 많은 것으로 나타났다.

세 번째 실험은 가장 독창적이었다. 연구자들은 히브리어를 사용하는 이스라엘인 약 250명을 모집했다. 영어와 달리 히브리어는 오른쪽에서 왼쪽으로 읽는 방식이다. 스티븐 K. 댈러스Steven K. Dallas와 그의 동료들은 히브리어를 사용하는 사람들에게서는 자신들이 발견한 핵심적인 사실이 반전될 것으로 예측했다. 즉 칼로리 정보가 오른쪽에 배치될 때 더욱 큰 영향을 미칠 것으로 판단했다. 첫 번째 실험에서 그랬듯이 참가자들은 칼로리 표시가 왼쪽에 위치한 메뉴판과 오른쪽에 위치한 메뉴판, 그리고 칼로리 정보가 표시되지 않은 메뉴판에 따라 세 개의 집단으로 나뉘었다. 또한 두 번째 실험과 동일한 조건으로 그들의 선택에 대한 설문 조사가 이루어졌다. 칼로리 표시가 왼쪽에 배치되었을 때 히브리어 사용자들은 영향을 받지 않았다. 즉 그들이 주문한 음식의 전체 칼로리 수치는 칼로리 정보가 표시되지 않은 집단과 거의 동일했다. 반면에 칼로리 표시가 오른쪽에 배치되었을 때 참가자들은 상대적으로 매우 낮은 칼로리의 음식을 주문했다.

이런 결과가 도출된 원인은 다음과 같이 간단하다. 현시성은 매우 중요하고, 사람들은 자신이 맨 먼저 발견하는 것에 많은 영향을 받는다. 만약 〈치즈버거〉를 맨 먼저 발견한다면, 그들은 필시 〈저게 바로 내가 원하는 거야!〉라고 생각할 것이다. 직후에 〈300칼로리〉라는 정보를 발견하더라도 〈괜찮아, 그래도 내가 원하는 게 바로 저거니까!〉라고 생각할 수 있다. 반면에 〈300칼로리〉라는 정보를 맨 먼저 발견하는 경우에는 〈칼로리가 엄청나게 높네〉라고 생각할 것이다. 직후에 〈치즈버거〉를 발견하더라도 그들은 〈아무리 그래도 칼로리가 너무 높잖아!〉라고 생각할 수 있다. 다시 말하면, 우리가 메뉴판이나 그 밖의 어떤 것에서 맨 먼저 발견하는 것은 두 번째나 세 번째, 네 번째로 보는 무언가를 평가할 때 우리를 방향 짓는 결정적인 요인이 될 수 있다는 것이다.

단순화와 현시성이 일반적인 목표라고 한다면, 의무

적인 정보 공개 규제와 관련한 정책에 명백한 변화를 불러오는 일은 아마도 실행하기가 가장 어려운 목표 중 하나이다. 〈가장 중요한 정보 공개의 현시성을 높이기 위해 상대적으로 덜 중요한 정보 공개의 가짓수를 줄여야 하기 때문이다.〉 오늘날의 규제 환경에서 이런 변화를 방해하는 장애물은 연방 정부와 주(州) 정부, 지방 정부 단위의 광범위한 입법 및 규제 기관들이 정보 공개와 관련한 규제를 만들어 내고 있다는 사실이다. 경고나 정보 표시물은 일종의 슬러지로 간주될 수 있으며(7장 참조), 슬러지를 줄이는 것은 가장 중요한 경고나 정보 표시물을 더욱 효과적으로 만들어 줄 수 있다.

표준화되고 비교 가능한 정보

사람들은 정보를 비교함으로써 각각의 장단점을 평가할 수 있을 때 일반적으로 더 논리적이고 합리적인 결정을 내릴 수 있다.[54] 그리고 이런 사실은 비교 기회를 제공하는 정보 공개나 비교를 용이하게 해주는 표준화된 형식의 정보가 가장 강력한 영향과 큰 편익을 가져올 수 있음을 암시한다. 비교가 불가능한 방식으로 제공되는 정보는 특히 사람들이 그들로 하여금 스스로 비교할 수 있게 해주는 인지 활동이나, 그 밖의 다른 활동을 수행하지 못할 수 있다는 점에서 어쩌면 의미가 없을 수도 있다.

미국의 자동차와 가전제품에 대한 에너지 효율 표시는 비교 가능한 정보를 제공하는 수많은 정보 표시 사례 중 두 가지 — 이 경우에는 문제의 자동차나 가전제품 운용 비용을 다른 자동차나 가전제품의 그것과 비교함으로써 — 에 불과하다. 또 다른 사례는 중등 과정 이후에 더 나은 대학 선택을 촉진할 목적으로 도입된 미국 교육부의 대학 성적표이다. 대학 성적표는 예비 대학생들이 미국에서 학위를 수여하는 모든 교육 기관의 학비와 졸업률, 학자금 대출의 연체율과 대출액, 취업률 등을 비교할 수 있도록 표준화된 정보를 제공한다.

대안 제품에 대한 표준화된 정보를 제공하는 데 따른 편익이 분명하게 보임에도(어쩌면 그렇기 〈때문에〉) 그런 정보가 실제로 어떤 차이를 만드는지 조사한 연구는 많지 않다. 그런데도 몇몇 증거들은 비교 가능한 정보가 다른 형태의 개입과 마찬가지로 효과적일 수 있음을 암시한다. 그럴 수 있는 이유로 비교 가능한 정보는 사람들이 제안된 제품과 다른 선택지 중에서 스스로 비교하고자 할 때 직면하는 저항으로 알려진, 이른바 〈비교 저항〉을 무력화시키기 때문이다. 한 무작위 현장 실험에서 연구자들은 노인 의료 보험 의약품 급여 제도 선택을 앞둔 노인들에게 개인화되고, 표준화되었으며, 비교 가능한 비용 정보가 담긴 편지를 무작위로 발송했다.[55] 그 결과 대조군이 17퍼센트에 불과한 선택 변화를 보인 반면에, 개입 집단은 28퍼센트에 해당하는 노인에게서 선택 변화가 일어났으며, 해당 개입은 편지를 받은 사람들에게 평균적으로 1년에 약 100달러에 달하는 예상 소비자 비용을 줄여 주는 결과로 나타났다. 하지만 이 개입에서는 다른 여러 측면들(비교 가능하고 개인화된 정보)이 복합적으로 작용했고, 따라서 우리는 개입의 효율성을 설명하는 단 하나의 기제만 따로 분리할 수 없다는 점에 주목할 필요가 있다.

한 흥미로운 연구에서는 이미 일상적으로 보통 약 450퍼센트에 달하는 연이율로 소액 단기 대출을 제공받던 예비 소액 단기 대출자들이 비교 가능한 다른 유형의 대출 정보를 제공받았다.[56] 첫 번째 상담에서는 소액 단기 대출의 일반적인 연이율이 소비자들에게 익숙할 수 있는 자동차 대출(연이율이 일반적으로 18퍼센트이다)이나 신용카드 대출(연이율 16퍼센트), 주택 담보 대출(연이율 10퍼센트)과 같은 다른 대출의 연이율과 비교되었다. 두 번째 상담에서는 소액 단기 대출로 인해 짧게는 2주에서 길게는 3개월 동안 초래되는 현금 비용이 신용 카드 대출

의 훨씬 낮은 현금 비용과 비교되었다. 세 번째 상담에서
는 소액 단기 대출을 받았다가 결국 대출 연장으로 이어
지는 (높은) 비율의 사람들에 관한 정보가 제공되었다. 결
론적으로는 현금 비용 정보를 제공하는 조건이 대출 개시
와 대출 금액에 따라 가장 크지만, 동시에 어쩌면 미미하
고 아주 조금 유의미할 뿐인 영향을 끼쳤다.

우리가 주목해야 할 점은 두 번째 상담에서만 비교
가능한 조건이 제시된 것은 아니라는 사실이다. 하지만
두 번째 상담에서 제시된 현금 비용 정보 조건은 백분율
로 제공된 다른 두 상담의 정보와 달리 현금과 관련된 유
일한 조건이기도 했다. 그런 점에서 현금 비용 정보는 가
장 큰 영향을 끼친 개입의 핵심적인 측면이었을 수 있다.
실제로 수수료가 제각각인 투자 펀드를 두고서 금융 관련
지식이 별로 없는 근로자들의 선택을 관찰한 한 실험도
백분율보다 현금으로 정량화된 정보를 제공할 때 선택에
훨씬 큰 영향을 준다는 사실을 발견했다.[57]

또 다른 연구는 비교 가능한 정보를 단순히 제공하기
만 해서는 더 나은 선택을 이끌어 내기에 충분하지 않다
고 암시한다. 요컨대 정보를 어떻게 분류하는지도 중요하
다는 것이다. 『유에스 뉴스 앤드 월드 리포트*US News &
World Report*』의 대학 순위가 미치는 영향을 조사한 연구

에서 마이클 루카Michael Luca와 조너선 스미스Jonathan Smith는 대학들이 나열되는 방식의 변화로 유발되는 자연적인 현상을 이용했다.[58] 대학 순위는 1989년부터 1994년까지 상위 25개 대학만 순위 순으로 나열되었고, 그다음 25개 대학은 (순위도 표시되기는 하지만) 알파벳 순으로 나열되었다. 1995년부터는 상위 50개 대학이 전부 순위대로 나열되기 시작했다. 루카와 스미스는 50개 대학이 전부 순위에 따라 나열되었을 때는(높은 현시성) 1위부터 50위까지 중에서 하위 절반에 해당하는 대학들의 순위 변화가 상당한 영향력을 갖는 데 반해, 문제의 대학들이 알파벳 순서대로 열거되었을 때는(순위가 함께 제시되어도) 아무런 영향이 없다는 사실을 알아냈다.[59] 명백한 이유는 알파벳 순서로 나열되었을 때 순위를 알아내기 위해서는 약간의 인지 활동이 요구되었기 때문이다. 즉 사람들은 비록 적은 노력이 요구되는 일임에도 이와 같은 작업을 거부한 셈이다.

다른 한 연구는 샬럿-메클렌버그 학구(學區)에서 각각의 학교에 대한 단순화된 학업 성취도 정보가 부모들의 학교 선택에 미치는 영향을 조사했다.[60] 이 연구는 단순화와 순서 모두에서 상대적으로 덜 고무적인 결과를 보여주었다. 무작위 현장 실험(저자들이 발표한 두 개의 연구

중 하나)에서 선발된 학교의 학부모들은 여러 학교의 학업 성취도에 관한 통계와 그에 따른 순위를 제공받았음에도 관련 정보를 제공받지 않은 학부모들보다 더 나은 선택을 보여 주지 못했다.[61]

사회 비교 정보

언론계의 거물 테드 터너Ted Turner는『포브스Forbes』가 가장 부유한 미국인들의 목록만 발표하고, 가장 관대한 미국인들의 목록은 발표하지 않는다고 불만을 토로한 적이 있는데, 이런 그의 불만은 나중에『슬레이트Slate』에서 충족되었다. 연구에 따르면 사회적 경쟁은 관대함을 장려할 수 있다.[62] 그리고 사회 비교 정보는 다양한 경로를 통해 작용할 수 있다. 이를테면 측정 가능한 거의 모든 부분에서 평균 이상이고자 하는 인간의 자연스러운 욕구를 이용하는 것을 넘어서, 잠재적으로 기술적 규범(〈95퍼센트의 사람은 세금을 제때에 납부한다〉라는 말처럼 대다수 사람이 하는 행동을 이야기하는 것)과 명령적 규범(〈95퍼센트의 사람은 시민이라면 누구나 제때에 세금을 납부해야 한다고 생각한다〉라고 말하는 것처럼 누구나 해야 한다고 생각하는 일을 이야기하는 것)을 확립할 수 있다.[63] 어쩌면 놀랍게도 때로는 기술적 규범이 명령적 규범보다 더 강력한 힘을 발휘하기도 한다. 사람들은 일반적으로 다른 사람들이 단순히 해야 한다고 생각하는 것이 아닌, 다른 사람들이 실제로 하고 있는 것을 하고자 하기 때문이다. 사회 비교 정보는 기술적 규범을 제공하고, 그에 더해서 명령적 규범을 수반할 수 있다.

2장에서 다룬 헌트 올콧과 저드 B. 케슬러의 세대별 에너지 사용 명세서에서 가장 신중하게 고안된 개입은 주택 소유주들에게 그들의 에너지 사용량이 이웃과 어떻게 다른지에 관한 정보를 제공한 것이다. 앞에서 살펴보았듯이 버지니아주에 본사를 둔 기업 오파워는 공익 사업체들과 협력하여 사람들에게 이웃과의 비교(〈매우 잘하고 있음〉이나 〈잘하고 있음〉, 〈평균 이상〉과 같이)와 〈자동 온도 조절 장치의 온도를 2도 정도 높게 설정하시오〉나 〈집을 비울 때는 온도를 높게 설정하시오〉와 같은 〈에너지 절약 요령〉이 포함된 개인화된 세대별 에너지 사용 명세서를 발송한다. 오파워의 개입 방식을 둘러싼 평가에 따르면, 사람들은 자신이 비슷한 상황의 다른 사람들보다 많은 에너지를 사용한다는 사실을 알게 되는 경우에 에너지 사용량을 크게 줄이는 경향을 보였다.[64] 비록 엄청나게 큰 효과를 거둔 것은 아니지만(에너지 사용량은 대략 2퍼센트 정도 감소했다), 해당 개입의 비용 효과는 에너지 절약을 촉진하고자 도입된 다른 일반적인 프로그램들에 비해 상대적으로 큰 것으로 나타났다.

하지만 오파워 프로그램이 비교 가능한 정보에 더해서 (심리학에서 때때로 〈경로 요인〉으로 묘사되는) 이런저런 요령을 포함하고 있다는 점에서, 아울러 기존의 설계에서는 이와 같은 효과가 구체적인 명세서 내용과 무관하게 단지 해당 명세서를 받음으로써 단순히 에너지에 대한 소비자의 인식이 높아진 결과일 가능성을 배제할 수 없다는 점에서 아직 인과관계까지 확인된 것은 아니라는 사실을 유념해야 할 것이다. 또한 몇몇 연구에서는 사회 비교 정보의 영향력이 거의 발견되지 않았으며, 적어도 한 연구(앞서 언급된 바르가바와 마놀리의 연구)[65]에서는 사회 비교 정보가 근로소득 세액공제 수령자 비율을 4.4퍼센트나 떨어뜨림으로써 사실상 반대 효과를 가져왔다는 점도 주목할 필요가 있다.

기업이나 그 밖의 기관에 대한 공개적인 순위 평가도 그들의 행동에 영향을 미치는 것으로 나타났다. 한 연구는 미국 환경 보호국의 유해 화학 물질 배출량 조사에서 보고되었듯이, 유해 화학 물질 배출에 집중했다. 연구자들은 상대적인 성과를 토대로 공개적으로 등급이 나뉘는 기업 순위에 갑자기 포함되었을 때 기업들의 행동이 어떻게 달라지는지 조사했다.[66] 상대적으로 좋은 평가를 받았던 기업에 비해 낮은 평가를 받았거나, 아예 순위에 들지 못했던 기업이 나중에는 더 나은 성과를 보인다는 사실을 알아냈다. 동일한 환경 보호국 프로그램을 조사한 다른 연구들도 상당한 효과를 발견했는데 저자들은 효과의 원인으로 〈환경 블랙리스트〉에 대한 두려움을 꼽았다.[67]

또한 사회 비교 정보는 대학 부속 병원에서 특정한 유형의 이해 충돌(제약 회사나 의료 장비 제조업체가 의사에게 주는 선물과 관련된)을 줄여 나가는 과정에서 긍정적인 진전을 이루어 내는 데 일조했다. 전미 의대생 연합이 발표하는 제약 회사 로비로부터의 건전성 평가표는 미국의 대학 부속 병원들이 실시하는 이해 충돌 정책에 등급을 매긴다. 관련 등급은 많은 대학 부속 병원에 더욱 강력한 이해 충돌 정책을 실시하도록 독려하는 듯하다.[68] 워싱턴 D.C.에서는 처방 약의 마케팅 비용 정보를 의무적으로 공개하도록 함으로써 2007년부터 2010년까지 의사들에게 들어가는 선물 비용을 비롯하여 제약 회사들의 마케팅 비용을 낮추었다. 여기에 더해서 2009년에는 의료 산업계로부터 돈을 받은 의사 연설가 가운데 상위 8명의 이름과 그들이 받은 금액을 공개했고, 그 결과 이듬해에 이들 집단이 받은 돈은 대조군(의료 산업계로부터 받은

액수와 이름이 공개되지 않은 차순위 8명)에 비해 현저히 줄어들었다.[69]

이러한 사례와 그 밖의 많은 사례는 〈수치심을 통한 규제〉가 기업을 비롯한 다른 기관의 성과를 개선하는 데 효과적인 전략이 될 수 있음을 시사한다.[70] 하지만 이런 규제들이 역효과를 낳을 수도 있음을 주목해야 한다. 매체들이 발표하는 학교 순위는 일종의 자기 강화 역학을 초래할 수 있다. 즉 낮은 순위는 재원 고갈과 학생 수준의 하락으로 이어지고, 그 결과 학교는 이 순위를 통해 드러난 문제들을 바로잡기가 아예 불가능해지거나 매우 힘들어질 수 있다.[71] 게다가 사회 비교 정보가 항상 향상심으로 이어지는 것은 아니며, 설령 그렇다고 하더라도 의도한 측면의 향상심이 아닐 수 있다. 오파워 사례에서 사회 비교 정보를 통한 개입은 전기 사용량의 평균적인 순감소로 이어진 듯 보이지만, 몇몇 연구에서는 평균보다 적은 에너지를 소비하고 있음을 알게 된 사람들이 사실상 사용량을 늘리면서 부메랑 효과가 입증되기도 했다.[72]

생생함

때로는 생생한 정보가 무미건조하고 통계적인 정보보다 훨씬 큰 영향을 끼친다는 것은 잘 알려진 사실이다.[73] 이런 특징은 정보 공개 정책에 중요한 교훈을 내포하고 있다. 흡연 문제와 관련하여 많은 연구는 사진과 글이 함께 섞인 경고가 글로 된 것보다 담배 수요를 줄이는 데 — 어쩌면 격한 감정을 불러일으킴으로써, 흡연 위험에 대한 인식을 높여 줌으로써, 금연 욕구를 부추김으로써 — 훨씬 효과적임을 보여 준다.[74] 병든 장기 모습처럼 관련 사진들은 섬뜩하거나 충격적일 수 있으며, 그런 모습들은 더 추상적인 피해를 암시하는 글보다 흡연자들에게 훨씬 강력한 영향을 끼치는 것으로 나타났다.[75] 하지만 앞서 〈유인이 명백한 관심〉을 다룬 대목에서 이야기했듯이 사진으로 된 경고를 이용하는 데는 역효과를 초래할 위험도 존재한다. 이를테면 소비자들은 섬뜩한 사진을 피해 그들의 관심을 거두어들일 수 있고, 그에 따라 경고를 제공하는 정보로부터 스스로를 격리시킬 수 있다.[76]

현명한 정보 공개와 중재자의 역할

전형적으로 증권 거래에 수반되는 난해하고 법률적인 정보 공개와 같은 어떤 상황에서는 말이나 기본적인 정보가 일반인이 소화하기에 너무 복잡하다. 인터넷 사이트에서 거의 아무도 읽지 않는, 이른바 개인 정보 보호 정책에 관한 고지로 대표되는 어떤 상황에서는 정보가 너무 방대할 뿐 아니라 무언가를 투자해서 읽을 가치가 없다. 그리고 대표적으로 이해 충돌 정보를 공개하는 것과 같은 어떤 상황에서는 정보 공개가 복잡하거나 길지도 않지만, 관련 사실이 행동에 미치는 영향을 판단하기가 매우 어렵다. 의사가 환자에게 추천하는 임상 실험에 등록할 경우에 자신이 소개비를 받게 된다고 말한다면 환자는 등록을 거절해야 할까? 이런 상황에서 결정을 내리기 위해서는 의사의 추천이 공개된 이해 충돌 요인으로부터 영향을 받았는지에 대한 어려운 판단이 요구된다.

이 모든 상황에서 순진한 피조언자는 더욱 현명한 중재자를 개입시켜 정보를 이해하는 데 도움받을 수 있다. 소비자들의 수표책(www.checkbook.org)과 같은 많은 비영리 단체가 이미 그와 같은 기능을 수행하고 있다. 소비자에게 직접 정보를 제공하고자 하는 대신에 규제 당국은 중재자를 개입시켜서 그들이 정보를 검토하고, 이해하며, (어쩌면 약간의 수수료와 함께) 최종 사용자가 이용 가능한 형태로 제공할 수 있도록 표준화된 형식으로 정보를 공개할 수 있다. 이런 접근법은 그들이 생각한 것 이상으로 편익을 창출할 것이다.

GPS 정보를 생각해 보라. 오늘날 GPS 정보는 공개를 주창했던 초기 제안자들이 전혀 예상하지 못한 창의적이고 유용한 방식으로 이용되고 있다. 같은 맥락에서 오바마 행정부에서 착수된 스마트 공시 계획[77]은 내려받기가 가능한 동시에 컴퓨터에서 해독이 가능한 형태로 정보를 공개하도록 정보 제공자들을 독려하기 위해 고안되었다. 이는 부분적으로 에너지나 의료 소비자들이 중재자의 도움을 받아서 자신의 행동에 대해 깨닫고, 그 결과 더 많은 정보를 바탕으로 선택할 수 있게 하기 위함이었다.

복잡한 인간의 삶

심리적인 요인들은 정보 공개 요구를 둘러싼 일반적인 논의를 지극히 복잡하게 만든다. 인간의 관심이 제한적인 동시에 유인에 따라 움직이는 까닭에 막상 정보가 공개되더라도, 특히 복잡한 내용을 담고 있는 정보인 경우에 무시될 수 있다. 아무리 유의미한 정보라도 새로운 정보 공개는 어쩌면 더 중요한 이전의 정보에 대한 관심을 분산시킬 수 있다. 제한된 관심과 3장에서 언급된 그 밖의 심리적인 요인 때문에 정보 공개 요구는 피조언자들의 행동을 변화시키는 부분에서 정보 공개를 가장 열렬하게 지지한 사람들의 예상보다 덜 효과적이었던 것 같다.

하지만 정보 공개는 생산자에게 큰 영향을 끼칠 수 있으며, 그런 점에서 또 다른 퍼즐을 제시한다. 소비자가 정보 공개에 영향을 받지 않는데 생산자가 행동을 바꾸려고 하는 이유는 무엇일까? 그들에게는 매우 중요한 문제인 까닭에 정보 제공자는 정보 공개가 소비자에게 초래할 잠재적인 효과를 과대평가할 수 있다. 물론 죄책감이나 수치심을 느끼기 때문일 수도 있고, 평판을 중시하기 때문일 수도 있을 것이다. 소비자의 행동을 바꾸지 못하는 경우에도 정보 공개는 배반의 심장 효과로 유익한 효과를 가져올 수 있다.

안타깝지만 불일치하는 유인에 대한 공개는 그 상황의 생산자 쪽에 왜곡된 효과를 초래할 수 있다. 즉 다른 상황이었다면 본질적으로 편향되지 않은 조언을 제공할 유인을 가진 조언자가 이해 충돌 사실을 공개한 뒤로는 윤리적으로 허락받았다고 느낄 수 있다. 반대로 피조언자는 걸인 효과와 암시적 불안 효과 때문에 관련 정보의 공개 이후에 이제는 덜 믿음직스러워진 조언을 더 따라야 할 것 같은 압박감을 느낄 수 있다.

심리적으로 해박한 전략은 정보 공개를 훨씬 효과적으로 만들 것이다. 유망한 전략의 예에는 단순화와 표준화, 사회 비교의 활용도 포함된다. 언제, 왜, 어떻게 정보 공개 정책이 의도되었거나 의도되지 않은 결과를 낳는지, 그리고 어떻게 하면 이러한 정보 공개 정책을 개선할 수 있는지 더욱 잘 이해하기 위해서는 추가적인 연구가 필요하다. 하지만 한 가지는 분명하다. 심리학은 모든 것을 바꾼다.

4장

잘못된 추론

오런 바길Oren Bar-Gil,
데이비드 슈케이드David Schkade와 공동 작업

보스턴 셀틱스의 위대한 감독이자 작고한 레드 아우어바흐Red Auerbach는 자주 〈중요한 것은 당신이 무슨 이야기를 하는지가 아니다. 그들이 무엇을 듣는가이다〉라고 말했다. 정부가 어떤 제품의 특정 성분이나 특성에 대한 정보 공개를 요구할 때 소비자들은 무엇을 〈들을까?〉 어쩌면 그들은 정부가 전달하고자 하는 내용과 전혀 다른 이야기를 들을지 모른다. 이로 인한 결과는 생산자와 소비자 모두에게 심각한 복지 손실을 초래할 수 있다.

예를 들어, 담배가 암을 유발한다는 경고를 정부가 의무화한다고 상상해 보라. 소비자에게는 〈위험해! 사지 마!〉라는 말처럼 들릴 것이다. 정부가 소비자들에게 들려주고 싶은 말도 정확히 같은 내용이다. 이런 유형의 사례에서 정부는 그동안 과학적인 증거를 바탕으로 관련 제품

이나 성분이 소비자에게 유해하다는 결론을 내렸다. 이제
는 이와 같은 정보를 전달하는 동시에 유해한 제품의 수
요를 감소시키기 위해 공시 의무를 도입하려 하고 있다.

하지만 정부가 〈위험!〉 신호를 보내고 싶어 하지 않
는 경우도 있다. 정부에서 어떤 식품이 유전자적으로 변
형되었는지 또는 생명 공학으로 만들어졌는지에 관한 정
보를 공개하도록 요구한다고 생각해 보자. 이런 경우에는
특정 성분이나 어떤 특성이 유해하다는 결론을 내릴 만한
과학적인 근거가 존재하지 않을 수 있다. 따라서 정부의
정보 공개 요구는 어떤 성분이나 특성이 유해하든, 유해
하지 않든 간에 소비자에게는 그들이 구매하는 제품에 대
해 알 권리가 있다는 믿음에 영향받았을 가능성이 높다.
아니면 이해 집단의 압박에 영향받았을 수도 있다. 또는
정부가 건강상의 위험과 전혀 상관없는 일종의 사회적 가
치(예를 들면, 제품이 판매되고 있는 나라에서 구매된 제
품을 대변)나 도덕적 사명(동물 복지를 대변)을 인지했을
수도 있다.

아울러 잠재적 유해성을 암시하는 예비적인 증거가
있을 수도 있겠지만, 〈위험해! 사지 마!〉와 같은 경고까지
할 만한 수준은 아닐 것이다. 다음과 같은 수준의 경고만
으로도 충분하다. 〈결정적이지는 않지만 예비적인 차원

에서 몇 가지 우려스러운 요인이 존재한다. 구매해도 괜찮은지, 구매하지 말아야 하는지 확실하지 않다.〉최근 몇 년 동안 환경 보호국은 일부 화학 물질을 〈우려스러운 화학 물질〉 목록에 포함시키는 문제를 심각하게 고민해 왔다. 건강을 위협한다는 믿을 만한 증거가 존재하기 때문이 아니라 건강을 위협할 수 있다고 암시하는 예비적인 증거가 존재하고, 대중에게 해당 사실을 알리는 편이 좋겠다고 생각하는 공무원들이 있었기 때문이다. 미국 정부는 그동안 이러한 목록을 만들기를 거부해 왔다. 사람들이 목록을 보면서 〈위험해! 사지 마!〉와 같은 잘못된 추론을 이끌어 낼 거라는 두려움도 거부 이유 중 하나였다. 대중이 잘못된 추론을 이끌어 내는 문제는 흔한 현상이다. 많은 경우에 정부는 경고를 발령할 의도가 전혀 없음에도 소비자들은 〈위험해!〉라는 말로 들을 것이다.

소비자는 정부가 어떤 제품의 성분이나 특성에 대한 정보 공개를 요구할 때마다 추론 문제에 직면한다. 정보 공개 이후에 제품에 대한 소비자의 믿음은 다음 세 가지의 영향을 받을 것이다. 첫째는 정보가 공개되기 이전까지 소비자가 가지고 있던 믿음이며, 둘째는 정부에서 제공하는 정보의 정확성에 대한 소비자의 판단이고, 셋째는 정부가 가진 유인에 대한 소비자의 믿음이다.[1]

정보 공개를 요구하기로 한 정부의 결정에 대해 알기 이전부터 이미 소비자가 어떤 제품의 성분이나 특성이 유해하다고 확신하는 경우를 가정해 보자. 어떤 소비자는 니코틴이 중독성을 가졌다고 생각할 수 있다. 그런 경우에 정보 공개 요구는 소비자가 정보 공개 이후에 갖는 믿음에 아주 미미한 영향을 줄 것이다(어쩌면 전혀 영향을 끼치지 않을 수도 있다). 반대로 정보가 공개되기 이전까지 소비자가 기본적으로 어떤 성분이나 특성이 무해하다고 확신하는 경우도 가정해 보자. 그 소비자는 유전자적으로 변형된 식품이 어떠한 건강상의 위험도 초래하지 않는다고 생각할 수 있다. 이 경우에도 정보 공개 요구는 소비자가 정보 공개 이후에 갖는 믿음에 아주 미미한 영향을 끼칠 것이다(마찬가지로 어쩌면 전혀 영향을 끼치지 않을 수도 있다). 소비자들이 이미 잘 알고 있거나, 잘 알고 있다고 생각할 때 정보 공개를 요구하기로 한 정부의 결정으로부터 파생되는 추가적인 신호는 거의 아무런 무게를 갖지 않는다. 자신이 진실을 알고 있다고 확신하는 소비자들은 의무적인 정보 공개에 영향받지 않을 것이다.

그러면 이제 소비자가 성분이나 특성이 유해한지를 확신하지 못하는 경우로 눈을 돌려 보자. 우리가 유전자 변형 식품이나, 트랜스 지방이나, 누군가는 상당한 위험을 부과한다고 믿는 두 가지 화학 물질인 비스페놀 A와 비스페놀 S 문제를 다루고 있다고 가정해 보자. 이런 상황에서는 정보 공개를 요구하기로 하는 정부의 결정이 많은 무게를 가질 것이다. 좀 더 확실히 말하자면, 좋은 기회가 될 수 있다. 그 말은 성분이나 특성이 유해한지를 확신하지 못하는 소비자들이 많을 때는 잠재적으로 오해의 소지가 있을 수 있는 공시 요구 결정을 가장 경계해야 한다는 의미이기도 하다. 많은 분야에서 상당수의 소비자는 사실상 확신을 갖지 못한다. 기본적인 문제들이 너무 기술적이거나, 너무 복잡하거나, 너무 대립적인 (그런데도 보기에는 그럴듯한) 설명에 예속되기 때문이다.

성분이나 특성이 유해한지와 관련해서 정부가 제시하는 증거의 품질이나 정확성에 대한 인지는 정보 공개 이후에 소비자가 갖는 믿음에 영향을 끼친다. 정부가 우월한 정보를 가졌다고 생각되는 경우에 공시 요구 결정은 자연스럽게 더 많은 무게를 갖게 될 것이다. 그리고 공시 요구를 결정한 정부 기관의 전문성에 대한 인지는 이러한 요구로부터 파생되는 소비자들의 추론에 영향을 미칠 것이다. 이것이 전부다. 즉 소비자는 정부가 더 나은 정보와 전문성을 가졌다고 믿을 때, 정부의 공시 요구 결정을 더욱 신뢰할 것이다. 정보 공개 요구가 소비자에게 잘못된 추론을 유도할 수 있다는 우려는 소비자들이 정부가 제시하는 정보의 품질과 전문성을 과대평가하거나 과소평가할 때 일어난다.

마지막으로 가장 흥미롭게도 정부의 공시 요구 유인에 대한 인지는 소비자들이 공시 요구 결정으로부터 이끌어 내는 추론에 결정적인 영향을 미칠 것이다. 정부가 정보 공개를 요구하는 이유가 제품의 유해성을 발견했기 때문이라고 생각하는 경우에 소비자는 제품의 유해성에 대한 자신의 믿음을 수정할 가능성이 자연스럽게 높아진다. 반대로 정부의 정보 공개 요구가 알 권리 때문이거나, 이익 집단의 압박에 굴복했기 때문이라고 생각하는 경우에는 제품의 유해성에 대한 자신의 믿음을 거의 바꾸려고 하지 않을 것이다. 한 번 더 말하지만 이것이 전부다.

한 가지 위험은 정보 공개를 요구하는 결정이 소비자를 오도할 수 있다는 점이다. 이런 우려는 〈소비자들이 정부의 유인을 오인 — 소비자들은 정부가 제품이 유해하다고 결론을 내렸기 때문에 정보 공개 요구 결정을 내렸다고 생각하지만 실제로는 알 권리에 대한 정부의 믿음 때문인 경우처럼 — 할 때 일어난다〉. 유전자 변형 식품과 관련하여 몇몇 연구는 이런 우려가 꽤 현실성 있음을 보여 준다. 한 연구에 따르면, 유전자 변형 식품 공시는 정부가 전혀 의도하지 않았음에도 유전자 변형 식품의 안전성에 대한 소비자의 인식을 크게 악화시키는 것으로 나타났다.[2] 게다가 관련 연구에서는 정보 공개로 인해 잘못된 추론에 이를 수 있는 심각한 위험이 발견되었다.[3] 미국 정부도 소비자들이 그런 상황에서 오도될 수 있는 위험을 내내 우려해 왔다. 2015년에 미국 식품 의약국은 다음과 같이 언급했다.

꼬리표나 정보 표시에 기입되어 있는 모든 내용을 고려했을 때, 혹시라도 유전자적으로 조작되지 않았다는 이유로 다른 비슷한 식품보다 더 안전하다거나, 더 영양가가 높다거나, 그렇지 않더라도 다른 속성을 갖는다고 암시한다면 그 진술은 거짓이거나 오해의 소지가 있을 수 있다. 예를 들어, 특정한 냉동 채소 한 봉지에 부착된 〈현대적인 생명 공학을 통해 생산되지 않았다〉라는 정보 표시를 보자. 해당 진술에 더해서, 그런 채소가 순전히 현대적인 생명 공학을 통해 생산되지 않았다는 이유로 다른 식품보다 더 안전하거나, 더 영양가가 높거나, 다른 속성을 갖는다고 암시하는 진술이나 삽화까지 포함하는 경우에 오해를 초래할 수 있을 것이다.[4]

복지 손실

잘못된 추론의 복지 비용은 얼마일까? 양적인 평가를 한 쪽으로 치워 보면 질적인 해답은 명백하다. 잘못된 추론은 위험에 대한 오인으로 이어진다. 소비자들은 제품의 성분과 특성에 관련된 위험을 과대평가하거나 과소평가할 수 있다. 위험을 과대평가하는 소비자는 제품 구매를 거부할 수 있다. 대신에 다른 상황이었다면 덜 매력적이었을 대체품을 구매할 것이고(또는 그 범주에 속하는 어떤 제품도 구매하지 않기로 결정), 그럼으로써 그들의 복지 효과는 감소할 것이다. 반대로 위험을 과소평가하는 소비자는 사실상 덜 위험한 대체품을 구입해야 함에도 원래 사고자 했던 제품을 구매할 것이다. 이에 따른 결과는 마찬가지로 복지 효과의 감소로 이어질 수 있다.

정부 기관은 공시 요구를 결정할 때, 잘못된 추론에 따른 복지 비용을 정보 공개를 요구하지 않음으로써 발생하는 복지 비용과 비교해야 한다. 정보 공개를 요구하지 않는 경우에 소비자들은 충분하지 않은 정보를 제공받을 수 있다. 다시 말해서, 그들은 위험을 과대평가하거나 과소평가하는 문제를 겪게 된다. 문제는 정보 공개 이전의 잘못된 인지가 정보 공개 이후의 잘못된 인지보다 더 나은가, 아니면 더 나쁜가 하는 것이다. 이 문제에 답하기 위

<표 4.1> 정보 공개 이전과 이후의 잘못된 인지

사례	정보 공개 이전의 잘못된 인지	정보 공개 이후의 잘못된 인지
1	위험의 과소평가	위험에 대한 약해진 과소평가
2	위험의 과소평가	위험의 과대평가
3	위험의 괴대평기	위험에 대한 심해진 괴대평가

해서는 〈표 4.1〉에 묘사된 세 가지 사례를 구분하는 것이 도움이 될 터이다.

사례 1에서 정보 공개 이전의 소비자는 위험을 과소평가하는 문제를 겪으며, 공시 요구는 소비자가 과소평가하는 정도를 완화한다. 이에 따라 소비자들의 위험 평가는 이제 객관적으로 올바른 평가에 근접하게 되고, 그 결과 좀 더 효율적인 구매 결정을 하면 높은 복지 효과를 누리게 된다. 사례 2의 소비자는 정보 공개 이전에는 위험을 과소평가하고, 정보 공개 이후에는 위험을 과대평가한다. 두 경우 모두에서 구매 결정은 왜곡된다. 즉 정보 공개 이전에는 과도하게 구매하고, 정보 공개 이후에는 부족하게 구매한다. 소비자들의 복지에 미치는 효과는 너무 추상적이라서 쉽게 가늠할 수 없다. 복지 효과를 확인하려면 실증적인 연구가 필요할 것이다. 사례 3에서는 소비자가 정보 공개 이전에 위험을 과대평가하고, 정보 공개는 이런 편견을 더욱 악화시킨다. 소비자들의 위험 평가는 이제 객관적으로 올바른 평가에서 더욱 멀어지고, 그 결과 덜 효율적인 구매 결정을 내리게 된다. 복지 효과 또한 감소한다.

물론 정량화는 어려운 작업이다. 하지만 적어도 원칙적으로 선행 분석은 규제 기관의 직접적인 수행에 도움을 준다. 설문 조사 연구는 정보 공개 전후의 잘못된 인지 방향과 규모에 대한 정보를 제공할 수 있다. 이와 같은 정보를 바탕으로 사례 1과 사례 3에 대한 정책 처방은 간단하다. 전자에서는 정보 공개를 요구하고, 후자에서는 정보 공개를 요구하지 않는 것이다. 사례 2는 좀 더 어려운 문제를 제기한다. 정보가 공개되지 않는 상태에서는 위험에 대한 과소평가가 제품의 과도한 소비로 이어지는 반면에, 정보 공개는 위험에 대한 과대평가를 초래하고 제품의 과소 소비를 초래하기 때문이다.

잘못된 두 가지 평가, 즉 과대평가와 과소평가의 규모를 비교하는 것은 중요하면서도 충분하지는 않다. 과대평가보다 규모가 작은 경우에도 과소평가가 소비에 커다란 영향을 끼칠 수 있기 때문이다. 이상적으로, 규제 기관은 위험에 대한 인지와 연계해서 수요 탄력성을 평가해야 한다(그리고 이 탄력성이 위험을 과대평가할 때와 과소평가할 때 매우 다를 수 있음을 강조해야 한다). 앞서 지적한 대로 설문 조사는 관련 정보를 제공할 수 있을 것이다. 혹시라도 충분한 정보를 얻을 수 없는 경우에는 규제 기관이 일반적인 관례에 따라 불확실성을 솔직히 인정해야 한다. 정량화가 불가능하고 상당한 불확실성이 남아 있는 경우에도 규제 기관은 편익의 최대치와 최소치를 활용하는 방법을 비롯해서 유용한 전략을 채택할 수 있다.[5] 경우에 따라서는 기존의 지식 때문에 정보 공개에 따른 편익이 비용을 정당화하는지를 판단하기가 어려운 상황도 상상해 볼 수 있을 것이다.

잘못된 추론을 둘러싼 대응

규제 기관의 관점에서는 정보 공개를 늘리거나 정보 공개 형식을 개선함으로써 잘못된 추론을 막을 수 있는지 묻는 것도 중요하다. 그럴 수만 있다면 복지 비용은 감소하거나 아예 사라질 수 있을 것이다. 한 가지 문제는 자발적인 정보 공개가 잘못된 추론을 바로잡을 정도의 정보를 제공할 거라고 기대할 수 있는가이다. 또 다른 문제는 과연 예비적인 정보를 공개하도록 요구할 수 있는가이다.

제품에 가상의 화학 물질인 BPH를 사용하는 모든 판매자에게 제품 포장에 BPH 정보 표시를 하도록 요구한다고 생각해 보라. 여기에 더해서 해당 정보 공개 요구는 BPH가 소비자들에게 유해하다는 증거를 바탕으로 하지 않는다고 가정해 보라. BPH가 포함된 제품의 판매자는 홍보를 통해 소비자에게 BPH가 무해하다고 (아니면 적어도 유해하다는 증거가 없다고) 설득할 분명한 유인을 갖게 될 것이다. 꼭 가상의 문제만은 아닐 수 있다. 어쩌면 미국의 유전자 변형 식품 판매자는 다음과 같은 홍보 운동이나 공시를 추가하고 싶을 것이다. 〈유전자 변형 식품이 인간의 건강에 해롭다는 증거는 어디에도 존재하지 않는다.〉

그러나 이와 같은 자발적인 정보 공개가 매번 일어나지 않는 이유는 두 가지이다. 첫째는 소용이 없거나 역효과를 불러올 수 있기 때문이다. 유전자 변형 식품이 인간의 건강에 해로운 것으로 밝혀지지 않았다는 진술은 〈유전자 변형 식품〉과 〈해롭다〉라는 단어를 동일한 문장에 위치시킨다. 그리고 그런 근접성 때문에 해당 진술은 많은 소비자에게 설득력을 잃을 것이다. 심지어 소비자의 우려가 더욱 커질 수 있다. 합리적인 판매자라면 이러한 가능성을 고려할 것이다. 둘째는 소비자에게 필요한 정보를 제공하려는 과정에서 집단행동 문제가 불거질 수 있기 때문이다. 예를 들면, 판매자는 혼자서 수백만 달러를 투자해서 소비자에게 유전자 변형 식품의 안전성을 교육하기 위한 홍보 운동을 벌이고 싶은 마음이 없을 것이다. 홍보 운동의 편익은 모든 유전자 변형 식품 판매자가 다 같이 누릴 것이기 때문이다. 어쩌면 관련 산업계가 이런 집단행동 문제를 해결할 수 있다. 또는 잘못된 추론을 바로잡는 문장(앞에서 언급된 근접성 문제가 해결될 수 있다는 전제하에)이 포함된 간단한 정보 표시가 비용을 초과하는 편익을 제공할 수 있을 것이다.

연방 기관은 잘못된 추론의 위험에 맞서기 위해 잘못된 추론을 바로잡기 위한 또 다른 정보 공개를 요구해야 할까? 유전자 변형 식품 공시가 위험의 과대평가로 이어질 거라는 우려가 존재하는 경우에 정부는 다음과 같은 내용의 추가적인 정보 공개를 요구할 수 있다. 〈최고의 과학적 증거는 유전자 변형 식품이 건강상의 위험을 유발하지 않는다고 암시한다.〉 그럴듯한 가정을 전제로, 이러한 요구는 타당할 것이다. 잘못된 추론을 이끌어 내지 않은 사람들에게 추가 비용을 부과하지 않으면서(정보 공개 비용 자체가 적다고 가정할 때) 잘못된 추론으로 인한 복지 비용은 줄여 줄 것이기 때문이다. 한 가지 문제는 직전에 언급된 근접성 문제로 인해 이와 같은 요구가 소용없거나 역효과를 불러올 수 있다는 점이다. 또 다른 문제는 잘못된 추론으로 초래되는 복지 손실의 규모이며, 자발적인 정보 공개를 통해 해당 손실이 줄어들거나 없어질 수 있는지이다. 손실이 너무 크거나, 자발적인 정보 공개로 충분하지 않거나, 바로잡기 위한 요구를 통해서 성공적으로 손실을 막을 수 있는 경우에 추가적인 정보 공개 요구는 고려할 가치가 있다.

5장

윤리적인 문제

에릭 포스너Eric Posner와 공동 작업

지금까지 나는 정보가 개인의 삶에 영향을 줄 거라는 점에서 주로 사람들이 정보를 추구하는 상황에 초점을 맞추어 왔다. 하지만 많은 경우에 다른 사람의 삶을 개선하기 위해서 사람들은 정보를 원하고, 정부는 정보 공개를 요구한다. 정보 공개의 핵심은 〈도덕성〉이다. 정보 공개는 가난하거나, 피해를 당하거나, 취약하거나, 위험에 처한 사람들을 돕기 위함이다. 편익을 부여하거나 손해를 줄이기 위한 — 그리고 사람들에게 도덕적 신념을 표출할 수 있는 기회를 주거나 독려하기 위한 — 하나의 방편이다. 아울러 정보 공개는 도덕적 관심을 촉발하거나 제고하기 위한 노력일 수 있으며, 그렇게 함으로써 사회 규범을 변화시킬 수 있다.

　　도덕적 관심에서 정보 공개가 활성화될 때 팝콘 맛은

뚝 떨어질 것이다. 〈이 휴대 전화를 만드는 과정에서 노동자들이 학대당했음〉이라는 정보 표시가 붙은 휴대 전화나, 〈당신이 먹으려는 소는 생전에 끔찍한 취급을 받았음〉이라고 표시된 육류 제품이나, 〈이 제품을 생산한 여성들은 성희롱을 당했음〉이라는 정보 표시가 붙은 옷을 구입하는 것은 그다지 즐거운 일이 아니기 때문이다. 제삼자에게 미치는 부정적인 영향에 대한 표준적인 접근법이 〈긍정적인 요소를 강조하는〉 방식인 것도 어쩌면 그런 이유일 것이다. 제품에 동물 학대와 무관하다거나, 동물 복지와 관련한 승인을 받았다거나, 노동자들이 인도적인 대우를 받았다거나, 유기농 제품이라고 주장하는 정보 표시가 부착되어 있는 것도 동일한 맥락이다. 관련 정보가 부정적인 내용이든, 아니면 긍정적인 내용이든 의문은 여전히 남는다. 도덕적 유인을 가진 정보의 실질적인 효과는 무엇일까? 그런 정보가 의무적으로 공개되어야 할까? 만약 그렇다면 어떤 상황에서 공개되어야 할까?

잘못 바로잡기

이런 의문들을 구체화하기 위해 다음의 사례를 고려해 보라.

1. 의회는 대규모 잔혹 행위의 자금줄로 이용되는 〈분쟁 광물〉에 대해 반드시 정보를 공개하도록 하는 규제를 도입하라고 미국 증권 거래 위원회SEC에 지시했다.[1] 이 경우에 증권 거래 위원회는 정보 공개에 따른 편익을 파악하려고 노력해야 할까? 정보 공개가 어쩌면 대규모 잔혹 행위의 희생자가 될 수도 있는 사람들에게 미칠 유익한 효과를 구체적으로 명시하려고 시도해야 할까? 심지어 증권 거래 위원회는 많은 소비자가 관련 정보에 관심을 갖는다는 사실도 알고 있다. 증권 거래 위원회는 그들의 관심을 어떻게 정량화하고, 어떻게 화폐 가치로 환산할 수 있을까?

2. 돌고래 보호 소비자 정보법은 참치 제품에 대한 정보 표시 기준을 제공한다.[2] 그리고 여기에는 기업이 그들 제품에 돌고래 안전 정보 표시를 부착할 수 있는 기준이 포함되어 있다.[3] 그렇다면 공무원들은 해당 정보 표시가 돌고래에게 제공하는 편익을 어떻게 확인해야 할까? 수치화하는 것이 가당한 일일까?

3. 연방법은 교통부와 환경 보호국이 반드시 온실가스 배출량에 대한 정보도 포함하는 연비 표시를 만들도록 요구한다. 해당 기관들은 연비 표시에 따른 온실가스 배출 감소 효과를 정량화해야 할까? 많은 소비

<그림 5.1> 도덕적 유인을 가진 정보 표시들

(a) 돌고래 안전 정보 표시 (b) 분쟁 광물이 아님을 알려 주는 정보 표시
(c) 연비 정보 표시 (d) 유전자 변형 식품이 아님을 알려 주는 정보 표시

자는 그들이 타는 자동차의 온실가스 배출량에 지대한 관심을 갖는다. 기후 변화를 완화하고 싶기 때문이다. 기관들은 이런 부분을 어떻게 다루어야 할까?

4. 많은 소비자가 유전자 변형 식품에 우려를 나타낸다.[4] 어떤 사람들은 건강과 환경 측면에서 우려를 표시하는 반면에, 어떤 사람들은 식품의 유전자를 변형하는 것 자체가 〈당연한 잘못〉이라고 생각한다. 의회는 유전자 변형 식품에 관련 사실을 고지하는 정보 표시를 부착하도록 농무부에 요구했다.[5] 의회의 요구에 따라 농무부는 해당 규제의 편익을 산출할 때 소비자의 정서를 어떻게 반영해야 할까?

정부는 종종 중요한 맥락에서 아동이나 다른 나라 사람들, 모종의 범법 행위에 의한 희생자들, 동물들, 심지어 자연을 보호하기 위해 정보 공개를 요구한다.[6] 대부분의 경우에 목표는 도덕적 관심을 촉발하는 인명 손실과 같은 구체적인 피해를 줄이는 것이다. 경우에 따라서는 구체적인 피해를 식별하기가 어렵거나 불가능할 수 있지만, 그런데도 사람들은 자신의 도덕적 사명감을 표현하고 실현하는 방법으로 정보 공개를 선호한다. 여기에서 주된 문제는 규제 당국이 그들의 사명감을 어떻게 감안해야 하는

가이다. 〈그림 5.1〉은 내가 생각하는 범주에 해당하는 정보 공개의 몇 가지 예를 보여 준다.

복지 효과의 평가

제삼자가 위험에 처했을 때 중요한 질문은 간단하다. 정보 공개에 따른 복지 효과가 무엇인가? 주된 편익은 제삼자와 관련된 것이어야 한다. 이 부분이 가장 중요하다. 정보 공개가 그들에게 실제로 도움이 되고 있는가? 도움이 된다면 얼마나 도움이 되고 있는가? 예를 들어, 온실가스 배출량 정보를 포함하는 연비 표시의 효과는 무엇인가?

2장에서 다루었던 분석의 주요 특징들이 기억날 것이다. 첫 번째 질문은 소비자들이 어느 정도로 반응하는가이다. 그들은 연료 효율이 더 좋은 자동차를 구입할까? 만약 그렇다면 얼마나 많은 사람이, 얼마나 연료 효율이 좋은 자동차를 구입할까? 두 번째 질문은 온실가스 배출을 둘러싼 반응이 어떤 효과를 초래하는가이다. 온실가스 배출량이 1퍼센트 정도 줄어들까? 아니면 2퍼센트? 아니면 5퍼센트? 세 번째 질문은 배출량 감소가 앞으로 예상되는 온난화에 가져올 효과와 관련 있다. 네 번째 질문은 사람들의 건강이나 경제 성장, 동물 복지, 멸종 위기종과 같은 중요한 요소에 가져올 궁극적인 효과와 관련 있다.

미국의 정책 입안자들은 〈탄소의 사회적 비용〉을 통해 이런 효과를 금전 가치로 환산하고자 노력해 왔으며, 오바마 행정부 시절에는 이 비용이 약 40달러에 달했고, 트럼프 행정부 시절에는 약 6달러 수준이었다.

사람들이 이런 수치를 어떻게 생각하든 상관없이 정보 공개 요구가 실제로 무엇을 할 수 있는지 이해하기 위해서는 앞선 네 가지 질문에 답할 필요가 있다. 연비 정보 표시가 온실가스 배출량에 가져올 효과를 평가하는 문제는 특히 까다로울 것이 분명하다. 하지만 어떤 경우에 기관들은 정보 공개 요구가 제삼자에게 초래할 효과를 파악하는 부분에서 실질적인 진전을 이루어 내기에 충분한 정보를 가지고 있기도 하다. 이런 경우에 그들은 소비자의 잠재적인 반응을 예상하고, 예상 반응에 근거해서 현실 세계의 영향을 예측할 수 있다. 반면에 그렇게 할 수 없는 경우에는 손익 분기점 분석이 그들 입장에서 할 수 있는 최선일 것이다.

비용 측면에서 손익 분기점 분석은 우리가 2장에서 본 것과 거의 동일하지만, 약간은 뜻밖의 전개도 있다. 늘 그렇듯이 우리는 정보를 공개하는 데 따른 순수한 경제적 비용을 알 필요가 있으며, 여기에는 정보 표시를 위해 라벨을 제작하고 기초적인 정보를 검증하는 비용도 포함된다. 그리고 경우에 따라서 적어도 수많은 제품이 관련되는 상황에는 이 비용이 상당히 높을 수 있다. 유전자 변형 식품 정보를 표시하는 문제와 관련해서 농무부는 첫해 비용으로만 39억 달러가 들 것으로 예상했고, 이후로는 매년 1억 달러의 비용이 들어갈 것으로 예상했다. 원칙적으로는 소비자에게 초래될 인지 부담도 고려해야 하지만, 금전 가치로 환산했을 때 해당 비용은 무시해도 될 만큼 매우 낮다.

다시 말하지만, 소비자에게는 쾌락적 부담도 존재한다. 어떤 제품의 부정적인 정보를 알게 됨으로써 불편을 겪는다면 소비자는 비용에 직면할 것이다. 그 비용 또한 결코 만만치 않다. 이와 같은 비용도 포함되어야 할까? 이에 대한 대답은 흥미로울 정도로 불분명하다. 한편으로 보면 문제의 비용은 진정한 복지 손실이다. 사람들이 더욱 우울해지기 때문이다. 심지어 그들은 분노할지도 모른다. 복지 효과와 관련해서 실제로 발생하는 모든 것을 계산하도록 요구하는 계산법에 따르면, 당연히 해당 비용도 포함되어야 한다. 반면에 도덕적 관점에서 보면 자신을 괴롭히는 사실인 정보를 알게 됨으로써 사람들이 겪는 불편을 정부가 손실로 계산해야 하는지는 전혀 명확하지 않다. 팝콘을 먹으면 뚱뚱해질 거라는 사실을 알게 되는 것과 팝콘을 생산하는 과정에서 노동자들이 학대를 당했다는 사실을 알게 되는 것은 완전히 별개의 문제이다. 다행스럽게도 진실을 앎으로써 초래된 불편함에서 비롯되는 쾌락적 손실에 규제 당국이 지나치게 신경 쓰지 말아야 한다는 주장도 존재한다.

하지만 다른 상황이었다면, 구매하고자 했을 제품을 구매하지 않거나 비슷한 다른 제품을 구매함으로써 소비자에게 초래되는 비용은 어떨까? 소비자가 자신이 정말로 좋아하는 자동차를 온실가스 배출량이 너무 많다는 이유로 구입하지 않고, 대신에 약간은 덜 마음에 드는 자동차를 구입한다고 가정해 보라. 또는 사람들이 공정 무역 정보 표시가 없는 초콜릿을 더 좋아함에도 공정 무역 정보 표시가 되어 있는 초콜릿만 먹는다고 가정해 보라. 그런 경우에 소비자는 손실을 겪을 것이며, 이와 같은 손실은 당연히 비용에 포함되어야 할 것이다.

도덕적 사명의 증명

좀 더 이색적인 질문도 있다.[7] 많은 소비자는 그들의 도덕적 사명감을 증명하고 싶어 한다. 이 도덕적 사명감은 그들이 바라건대, 부디 혜택이 돌아갔으면 하는 사람들을 그 대상으로 한다. 즉 전혀 이기적이지 않은 이유이다. 그런데도 그들의 도덕적 사명감이 증명된다면 자신도 정확히 같은 이유로 이득을 취하게 될 것이다. 이러한 이득을 반영하기 위해 규제 당국은 다음과 같은 질문을 할 수 있다. 사람들은 자신의 도덕적 사명을 다하기 위해 얼마를 지불할 의향이 있는가? 그리고 이 질문에 대답하고자 할 때 참고할 증거는 이미 나와 있을 수 있다. 예를 들어, 사람들은 온실가스 배출량을 일정 수준까지 낮추기 위해 기꺼이 200달러를 지불하고자 한다.

지불 의사액을 묻는 것은 확실히 눈에 거슬릴 수 있다. 도덕성이 일반적으로 무엇을 요구하는지에 관한 문제는 사람들이 자신의 도덕적 사명을 다하기 위해 얼마를 지불할 의사가 있는지 물어봄으로써 답을 얻을 수 있는 것이 아니기 때문이다. 그러나 복지주의적인 관점에서 볼 때, 이와 같은 질문에 답하는 것은 유의미한 동시에 중요하다. 존이라는 한 소비자가 자신의 장수와 건강, 안락함, 돌고래를 비롯한 여러 가지에 관심을 가지고 있다고 가정해 보자. 또한 그가 느끼는 행복감 중 상당 부분이 돌고래의 복지와 관련 있다고 가정해 보자. 돌고래가 고통을 겪으면 그도 고통을 겪는다. 그렇다면 그는 얼마나 고통을 겪을까? 다른 곳과 마찬가지로, 그리고 그 한계에도 불구하고 그의 지불 의사액은 이용 가능한 최선의 척도일 수 있다.

공교롭게도 반려견과 관련해서 비슷한 문제가 실증적으로 연구된 적이 있다. 미국 가정에서 반려동물에 지출되는 비용은 매년 약 7천만 달러에 달한다. 그렇다면 반려동물들은 어느 정도의 가치를 가질까? 신중히 계획된 한 연구는 반려견 보호자들을 대상으로 자신의 개가 직면할 수 있는 사망 위험을 줄이기 위해 얼마를 지불할 의사가 있는지에 대한 설문 조사를 실시했다.[8] 구체적으로 반려견 보호자들은 개 인플루엔자로 인한 사망 위험을 줄이기 위해 얼마를 지불할 의사가 있는지를 질문받았다. 개의 생명 가치는, 좀 더 정확하게 〈개의 통계학적인 생명 가치〉는 1만 달러로 나타났다. 인간의 생명 가치에 비하면 놀라울 정도로 낮은 수치이다. 앞서 언급했듯이 인간의 생명 가치는 약 9백만 달러에 달하기 때문이다. 그러나 해당 수치는 사람들이 반려견의 사망 위험을 예방하기 위해 꽤 많은 돈을 지불할 의사가 있음을 암시한다. 연구 결과는 인간이 같은 인간이 아닌 다른 동물의 생명을 구하기 위해 기꺼이 진짜 돈을 지불하고자 한다는 사실을 명백히 보여 준다.

생명을 구하는 정책에서 가장 중요한 것은 생명을 구하려는 사람들의 감정이 아니라 사실상 생명을 구하는 것이다. 목표가 외국에서 자행되는 대규모 잔혹 행위를 막는 것인 경우에 이를 막고자 하는 미국인들의 지불 의사액이 대규모 잔혹 행위를 막는 데 따른 복지 효과를 고갈시키는 일은 거의 없을 것이다. 하지만 지불 의사액을 통해 증명되었듯이 인간의 복지는 도덕적 사명감이 실현되거나 좌절당함으로써 심대한 영향을 받을 수 있다. 사람들이 다른 누군가 — 다른 나라의 사람들이나 자국의 어린아이들, 강간 피해자, 돌고래, 미래의 후손들 — 의 고통이나 죽음 때문에 상실감을 겪는다면 그들의 상실감은 반드시 고려되어야 한다.

확실히 복지 손실은 평가하기가 어려울 수 있고 많은 경우에 상대적으로 미미해 보이거나 사소하게 느껴질 수도 있다. 이는 특히 사람들이 예산상의 제약으로 특정한 도덕적 사명감을 입증하기 위해 많은 것을 지불하려고 하지 않기 때문이다. 설령 그렇더라도 비용 편익 분석에 사명감에 대한 사람들의 지불 의사액을 포함하기를 거부하는 것은 원칙적으로 정당화될 수 없다.

비용 편익 분석에서 사람들의 도덕적 사명감을 어떻게 다룰지의 문제는 매우 중요하다. 많은 규제가 도덕적인 목표를 제시하기 때문만은 아니다. 기관 입장에서 문제는 의회가 이러한 목표를 제시하라고 지시할 때, 목표를 향해 나아가는 과정에서 민간 영역에 어느 정도 수준의 비용을 부과해야 하는지에 대해서는 지침을 제공하지 않는다는 점이다. 증권 거래 위원회는 분쟁 광물 규제가 산업계에 약 50억 달러의 비용을 초래할 것으로 계산했고, 증권 거래 위원회의 추산을 바탕으로 관련 법령은 분쟁 광물 사용과 관련한 정보 공개를 강화하기 위해 그들에게 해당 비용을 지불하도록 요구했다.[9]

더 효율적이고 근거 법령에도 부합하는 규제가 5백억 달러나 5천억 달러의 비용을 요구했다면 어땠을까? 효율은 조금 떨어지지만 근거 법령에 부합하는 규제가 10억 달러나 20억 달러의 비용을 요구했다면 어땠을까? 정보 공개를 아주 약간 개선하기 위해서 증권 거래 위원회는 민간 기업에 그처럼 엄청난 비용을 부과했어야 할까? 정부 기관은 규제의 도덕적 편익을 정량화하고자 할 때 임의적이지 않은 방식으로 규제 강도를 결정할 수 있는 더욱 유리한 위치에 있을 것이다. 그리고 도덕적 편익을 금전 가치로 환산하는 방식은 때때로 더 강력한 규제를 정당화할 수 있다.

이 문제에 대한 이해를 돕기 위해 제인과 샘의 상황을 비교해 보자. 제인은 해산물 과민증을 앓고 있어서 식료품이 해당 제품에 소량이라도 해산물이 들어 있는지 여부를 알려 주는 정보 표시를 포함할 때 많은 편익을 얻는다. 식품 알레르겐 표시 및 소비자 보호법이 통과되기 전까지 그녀는 전문점에서 유기농 식품을 구입해야 했으며, 이에 따라 슈퍼마켓에서 판매되는 비슷한 식료품을 구입할 때보다 1년에 약 1천 달러의 추가 비용이 들었다.[10] 식품 알레르겐 표시 및 소비자 보호법이 통과됨으로써 제인은 이제 슈퍼마켓에서 식료품을 구매할 수 있다. 즉 그녀는 1년에 최소한 1천 달러의 비용을 절약할 수 있게 되었고 이 돈을 다른 제품과 서비스를 구매하는 데 사용할 수 있게 되었다. 그녀가 이 돈을 저축과 소비에 사용하는 한 1천 달러라는 액수는 식품 알레르겐 표시 및 소비자 보호법이 그녀의 행복에 어느 정도 영향을 미치는지를 보여 주는 합리적인 근사치가 될 것이다. 심지어 해당 액수는 그녀가 누리게 된 편익의 최저치에 해당한다.

샘은 돌고래의 복지 문제에 지대한 관심을 가지고 있다. 그는 참치를 잡을 때 사용되는 유망(流網)의 피해로부터 돌고래를 보호하기 위한 법을 제정하도록 로비하는 구호 단체에 매년 1천 달러를 기부했다. 의회가 돌고래 보호 소비자 정보법을 제정했을 때 샘은 매우 행복했다. 하지만 새로 제정된 법이 자신의 기부 행위에 영향을 주는지 확실하지 않았다. 그는 여전히 돌고래 문제에 관심이 많기 때문에 유망을 아예 금지하는 더욱 엄격한 법이나 돌고래를 돕기 위한 그 밖의 법을 제정하도록 로비하는 데 자신이 기부하는 1천 달러가 사용될 수 있을 거라고 생각한다. 한편으로 그는 주택 담보 대출도 갚아 나가야 한다.

식품 알레르겐 표시법은 제인의 복지를 직접적인 방식으로 개선해 준다. 그러면 돌고래 보호법도 샘의 복지를 개선해 줄까? 아마도 대다수 사람은 돌고래 보호법이 샘의 도덕적 사명감 중 하나를 실현하는 데는 도움이 되지만, 샘 본인의 복지에는 아무런 영향을 미치지 않는다고 대답할 것이다. 돌고래 보호법이 샘의 건강이나 안전을 개선하거나, 그에게 소비할 수 있는 재화나 서비스를 제공하거나, 그의 재산을 (직접적으로) 늘려 주는 것은 아니기 때문이다.

이런 논지를 뒷받침하는 또 다른 방법은 샘과 같은 사람들이 사라진 세상을 가정하는 것이다. 아무도 더 이상 돌고래를 상관하지 않는 세상을 가정해 보라. 물론 유망으로 불필요하게 돌고래를 죽이는 행위는 여전히 옳지 않다. 아마도 공리주의자들은 동물 복지가 도덕적으로 독립적인 중요성을 갖는다고 생각할 것이다.[11] 실제로 벤담도 그렇게 믿었으며,[12] 나 역시 동의한다. 공리주의를 수용하지 않는 철학자들조차 많은 경우에 객관적인 도덕적 본질이 존재하며, 그런 본질은 인간이 주어진 어느 시점에 갖는 도덕적 믿음에 좌우되지 않는다고 믿는다. 노예 제도가 그 사회의 구성원 중 누구도, 심지어 노예 스스로도 노예 제도가 잘못이라고 생각하지 않더라도 사람들은 도덕적으로 잘못이라고 생각한다. 동일한 관점에서 보자면 돌고래의 도덕적 가치는 샘의 존재나 샘과 생각을 같이하는 사람들의 많고 적음에 좌우되지 않는다.

    이런 식의 견해는 다음과 같은 놀라운 사실을 암시하는 듯하다. 규제 당국은 제인의 자기 본위적인 선택을 고려하고, 샘의 도덕적 믿음을 무시해야 한다. 이 같은 주장을 이해하기 위해서는 공리주의자들의 관점을 살펴볼 필요가 있다. 10만 마리의 돌고래가 존재한다고 가정할 때, 돌고래의 존속은 돌고래의 복지를 반영하는 도덕적 가치를 갖는다. 샘의 기부액인 1천 달러가 돌고래를 살아 있는 상태로 유지하기 위한 그의 지불 의사액이라고 가정할 때, 해당 액수는 돌고래의 존속이 갖는 도덕적 가치가 1천 달러임을 암시한다. 만약 1천 명의 사람이 샘과 똑같은 생각을 한다면, 돌고래의 존속이 갖는 도덕적 가치는 1백만 달러가 될 것이다. 그리고 만약 샘과 같은 사람들이 사라진다면 비용 편익 분석에 따른 돌고래의 도덕적 가치는 0이 된다.

하지만 우리가 앞서 보았듯이 돌고래의 도덕적 가치는 돌고래에 관심을 갖는 사람들의 숫자와 함수 관계에 있지 않다. 이 말은 비용 편익 분석에서 샘의 지불 의사액이 마치 돌고래의 도덕적 가치를 반영하는 것처럼 취급되면 안 된다는 뜻이다. 이런 관점에서 볼 때 돌고래 보호법 시행을 담당하는 규제 기관은 아마도 비용 편익 분석을 실시하게 되겠지만, 해당 분석에 한해서는 도덕적 평가를 무시해야 할 것이다. 돌고래의 복지에 대한 사명감을 표출하는 도덕적 주장은 분명히 중요하며 독립적으로 고려될 가치가 있다. 그러나 샘의 도덕적 견해와 비용 평가 분석은 무관하다.

이 결론은 옳지 않다. 비교적 사소한 첫 번째 이유는 샘이 돌고래 구호 단체에 1천 달러를 기부할 때마다 자신의 복지를 위해 1천 달러를 덜 지출하게 되기 때문이다. 이 점을 좀 더 정확히 하고 싶다면, 우리는 샘의 유인을 분석할 필요가 있다. 만약에 가상의 규제를 통해 샘에게 1천 달러를 전부 자신을 위해 사용하게 하면 해당 규제는 그의 형편을 1천 달러만큼 더 낫게 만들 것이다. 반면에 돌고래를 돕기 위한 규제가 샘에게 자신의 도덕적 우선순위를 고려하여 그 돈을 다른 곳에 기부하게 만드는 경우에는 해당 규제가 샘의 복지를 개선하는지, 만약 개선한다면 어느 정도까지 개선하는지 알기 어려울 것이다.

훨씬 더 근본적인 두 번째 이유는 바로 직전의 질문과도 직접적인 관련이 있다. 샘의 주관적인 복지가 돌고래에게 일어난 일에 영향을 받는다고 가정해 보라. 돌고래가 유망에 걸렸다는 소식을 들을 때 그는 복지 손실을 겪는다. 어쩌면 일종의 정신적인 괴로움이나 비참한 기분에 사로잡힐 수도 있을 것이다. 이런 공감은 혐오감이나 분노, 두려움과 유사한 심리적인 반응이며 샘의 복지와 밀접한 관련이 있다. 원칙적으로 비용 편익 분석은 사람들이 자신에게 중요한 무언가를 보호함으로써 얻는 긍정적인 심리 효과를 반영하기 때문이다. 사람들은 그 무언가의 복지를 향상시키기 위해 기꺼이 돈을 지불하고자 하며 인간의 정서 상태는 복지에서 중요한 요소이다. (반려견에게 닥칠 수 있는 위험을 줄이기 위해 사람들이 상당한 돈을 지불하고자 한다는 사실을 암시하는 반려견 관련 자료를 상기하라.)

따라서 만약에 돌고래가 멸종되거나 상당한 수의 돌고래가 죽임을 당한다면, 두 가지 독립된 효과가 나타날 것이다. 하나는 〈도덕적 효과〉이며, 다른 하나는 〈복지 효과〉이다. (도덕적 효과도 일종의 복지 효과인 것은 분명하지만, 소비자나 인간과 아무런 관련이 없다.) 두 가지 효과는 모두 중요하다. 만약 돌고래가 멸종된다면 도덕적 문제가 발생한 것이지만 그 자체로는 인간의 복지 효과와 무관하다. 그러나 돌고래의 멸종은 돌고래를 아끼는 사람들에게 비참한 기분이나 그 밖의 복지 손실을 초래함으로써 인간의 복지에도 피해를 줄 수 있다. 이런 피해는 적어도 원칙적으로 측정될 수 있으며, 돌고래를 아끼는 사람들의 숫자에 비례한다.

요컨대 핵심적인 주장은 다음과 같다. 정보 공개 요구에 따른 복지 효과를 분석할 때 규제 당국은 사람들이 그들의 도덕적 신념을 입증함으로써 얻게 될 편익에 대한 평가도 포함시켜야 한다. 이러한 평가는 비록 중요한 모든 것을 담아낼 수는 없어도 모든 것을 고려해야 한다는 측면에서 중요한 요소이다.

대규모 잔혹 행위와 소비자들의 선택

도드-프랭크법에서 미국 의회는 기업들에게 무장 단체들이 채광 회사를 운영하거나 갈취함으로써 자금을 조달하는 콩고 민주 공화국이나 그 밖의 나라에서 채굴되는 광물인 이른바 분쟁 광물을 사용하는지를 공개하도록 강제하는 규제를 공표하라고 증권 거래 위원회에 요구했다.[13] 이에 따라 증권 거래 위원회는 관련 규제들을 발표했고,

전미 제조업자 협회로부터 소송을 제기당했다. 무엇보다 전미 제조업자 협회는 증권 거래 위원회가 행정 절차법상의 적절한 비용 편익 분석을 수행하지 않았고, 따라서 관련 규제가 독단적이고 일관성도 부족하다고 주장했다. 증권 거래 위원회는 관련 규제가 산업계에 미칠 영향을 계산했지만, 규제가 가져다줄 편익에 대해서는 평가 자체가 불가능하다는 이유로 아예 평가를 실시하지 않은 터였다. 법원은 증권 거래 위원회의 분석이 법적으로 불충분하다는 전미 제조업자 협회의 주장을 기각했다.[14]

증권 거래 위원회는 해당 공시 제도가 산업계에 30억 달러에서 40억 달러에 달하는 일회성 비용과 매년 2억 7백만 달러에서 6억 9백만 달러에 달하는 비용을 부과할 것으로 추산했다.[15] 그런데도 편익에 대해서는 〈쉽게 정량화할 수 없었다〉라고 설명했다.[16] 주된 이유는 관련 편익을 금전 가치로 바꾸는 문제와 아무런 관련이 없었다. 금전 가치로 환산하기 이전에 편익이 어느 정도일지 파악하기조차 어려웠기 때문이다.

증권 거래 위원회는 정보 공개를 통해 콩고 민주 공화국 내의 폭력 문제를 줄일 수 있을지, 줄일 수 있다면 얼마나 줄일 수 있을지 알 수 없다고 생각했다. 인과 관계는 길고 복잡했다. 첫째, 소비자들이 공개되는 정보를 읽거나 알아야 할 터였다. 둘째, 정보는 소비자들에게 분쟁 광물을 사용하는 기업들의 제품을 덜 구매하도록 만들어야 했다. 셋째, 수요 감소는 관련 기업들을 비분쟁 광물 공급자로 옮겨 가도록 할 만큼 충분해야 했다. 넷째, 콩고 민주 공화국 내 무장 단체들의 수입 감소는 해당 단체들로 하여금 무기를 내려놓고 평화적으로 협상에 임하도록 만들어야 했다. 혹시라도 이와 유사한 어떤 일이 일어난다면 현지에서 일어나게 될 변화에 대해서도 알아야 했다. 이 모든 것을 고려한 증권 거래 위원회는 정량화를 위한 어떠한 노력도 결국 실패할 거라는 결론을 내렸다. 그리고 법적으로는 의회가 결의한 사항을 지시했으며, 자신들은 관련 법령이 제정될 만큼 편익은 충분할 것으로 판단했다고 강조했다.

법원은 증권 거래 위원회의 판단을 지지했다.[17] 법원이 보기에 문제의 규제는 의회가 증권 거래 위원회에 비용 편익 분석 결과와 상관없이 규제를 실행하도록 요구했기 때문에 굳이 비용 편익 분석을 거칠 필요가 없었다. 규제의 도덕적 가치가 정량화될 수 없고 금전 가치로 환산될 수도 없다는 결론에 도달하기까지 증권 거래 위원회는 어떠한 경우에도 임의적으로 행동하지 않았다. 법원은 다음과 같이 덧붙였다. 〈설령 최종적인 규정의 직접적인 결과로 얼마나 많은 생명을 구하거나 강간을 예방할 수 있는지 추정이 가능할지라도 그러한 추정은 해당 규정으로 인한 비용 — 금전 가치로 측정된 — 이 사과와 벽돌을 비교하는 것이나 다름없는 문제를 초래할 거라는 점에서 아무런 소용이 없을 것이다.〉[18]

법원은 콩고 민주 공화국 사람들의 편익을 평가할 수 없다는 판단과 관련하여 증권 거래 위원회가 임의적으로 행동하지 않았다고 주장할 때 입장이 확고했다. 명백히 추론적인 전제들에 근거해서 어쩌면 편익이 0이 될 수도 있었기 때문이다. 공시 제도가 콩고 민주 공화국에서 벌어지는 싸움에 아무런 영향을 미치지 않을 수도 있었고, 정직한 채광 회사들의 수입을 박탈하고 그 회사에서 일하는 매우 가난한 노동자들의 임금까지 박탈함으로써 역효과를 불러올 수도 있었다. 마찬가지로 명백히 추론적인 전제에 근거해서 어쩌면 편익이 매우 높을 수도 있었다. 추상적으로, 그리고 관련 증거에 대한 신중한 조사가 이루어진 이후에도 예상되는 편익의 수준을 확신하기란 거의 불가능할 터였다.

완전히 별개의 문제도 있다. 미국 기업은 운영 과정에서 분쟁 광물을 사용하지 말아야 할 도덕적 의무를 지닌다고 믿는 미국인들이 많다고 가정해 보라. 또는 자신에게는 분쟁 광물을 포함하는 제품을 이용하지 말아야 할 도덕적 의무가 있으며, 따라서 미국 기업은 생산하는 제품에 분쟁 광물이 포함되었는지를 공개해서 소비자가 원하는 경우에 그런 제품을 이용하지 않을 수 있게 해야 한다고 믿는 미국인들이 많다고 가정해 보라. 이와 같은 도덕적 고려는 어떻게 평가되어야 할까?

증권 거래 위원회는 얼마나 많은 미국인이 그런 도덕적 관심과 관련해서 기꺼이 돈을 지불할 의사가 있는지 판단하고자 노력했을 수 있다. 분쟁 광물을 규제하는 상황에서 문제는 기업들이 분쟁 광물을 사용하거나 사용하지 않는다는 사실을 알게 됨으로써 얼마나 많은 미국인이 편익을 얻게 되는가 하는 점이다. 미국인들은 이와 같은 정보를 얻기 위해서 얼마를 지불하고자 할까? 설문 조사를 통해 도출된 정보는 문제의 질문에 대략적인 답을 제시할 수 있을 것이다. 물론 기업들도 관련 정보를 가지고 있다. 하지만 이런 조사를 통하지 않고서도 간접적으로 유추할 수 있는 방법은 많다. 미국인들이 평소에도 그런 종류의 공시 내용을 읽거나 찾아보는가? 어떤 기업이 분쟁 광물을 사용한다는 사실을 알게 된다면, 미국인들이 해당 기업의 제품 사용을 중단할 것인가?

관련 규제에 반대하는 기업들의 이유가 순응 비용 때

문이 아니라 그들이 분쟁 광물을 사용한다는 사실을 혹시라도 미국인들이 알게 된다면 매출이 줄어들지 모른다는 두려움 때문일 거라는 것은 합리적인 의심이다. 만약에 그렇다면 증권 거래 위원회는 기업들에게 시장 분석 결과에 근거해서 관련 규제가 그들의 매출에 일으킬 잠재적인 영향을 평가해 달라고 요청할 수 있을 것이다.

당연한 말이지만, 금전 가치로 환산된 규제의 도덕적 편익은 작을 수 있다. 조앤이라는 한 미국인이 생산 과정에서 분쟁 광물이 사용되었다는 점만 제외하면 비슷한 400달러짜리 휴대 전화를 구매하는 대신에 분쟁 광물이 사용되지 않았다는 이유로 420달러짜리 휴대 전화를 구매한다고 가정해 보라. 우리는 조앤이 분쟁 광물 제품을 피하기 위해 최소한 20달러를 지불할 의사가 있다고 추론하지만, 조앤 개인은 가격 증가로 20달러만큼 손해를 본 상황일 수 있다. 그러나 주어진 상황에서 편익은 0이 아니다. 즉 조앤은 결과적으로 이득을 본 셈이다. 그녀는 분쟁 광물이 사용되지 않은 휴대 전화를 선호하기 때문이다. 조앤과 같은 사람들은 분쟁 광물을 이용한 제품들이 규제로 인해 덜 사용될수록 자신들이 더욱 행복해진다고 믿을 수 있다. 원칙적으로 설문 조사는 종합적인 복지 효과를 평가하는 데 이용될 수 있다. 사람들은 다른 누군가를 도움으로써 쾌락적 편익 — 일종의 훈훈한 빛 — 을 얻는다. 그런 편익은 반드시 고려되어야 한다.

가장 중요한 사실은 다른 곳에 있다. 정보 공개가 도덕적 관심이라는 유인을 갖는 경우에 정부 기관들은 정보 공개가 윤리적으로 잘못된 문제를 해소할 수 있는지, 윤리적으로 옳은 결과를 낳을 수 있는지, 그리고 그 규모는 얼마나 될지 판단하기 위해 할 수 있는 최선을 다해야 한다. 도덕적 유인을 가진 정보 공개 요구는 사실상 아무도 돕지 않으면서 무언가를 성취했다는 느낌을 초래함으로써 단지 표현으로 그칠 수 있는 위험도 존재한다. 잠재적인 결과를 이해하기 위해서는 할 수 있는 것을 하는 것이 무엇보다 중요하다.

6장

페이스북에 대한 평가

어떤 정보를 원하는 경우에 당신은 아마도 온라인에 접속할 것이다. 그런 정보 중 일부는 도구적 가치를 갖기도 한다. 한 장소에서 다른 장소로 가는 방법을 알고자 할 때 당신은 구글 지도를 이용할 것이다. 발목을 삐었을 때 대처하는 방법을 알고자 하는 경우에도 수많은 유용한 정보를 찾을 수 있다. 설령 아무런 쓸모가 없더라도 온라인에서 자신이 좋아하는 것을 배울 수 있다. 대중 음악의 역사를 배우고자 한다면 얼마든지 그렇게 할 수 있다.

이용할 수 있는 정보의 대부분은 추상적이지만 개인화된 정보를 얻는 것도 가능하다. 몇 가지 기본적인 사항만 제공하면 자신의 기대 수명도 알아낼 수 있다. 건강상의 위험이나 경제적 전망, 자신의 성격에 대해서도 많은 것을 알아낼 수 있다. 오늘날 이용 가능한 정보는 10년 전에 이용 가능했던 것보다 헤아릴 수 없을 만큼 세부적이다. 그리고 지금으로부터 10년 뒤에 이용 가능할 정보는 오늘날 이용 가능한 것보다 헤아릴 수 없을 만큼 더 세부적일 것이다.

6장에서 나는 여러 분야를 다룰 예정이며, 그런 점에서 지금 시점에 먼저 요점을 밝혀 두는 편이 유용할 것 같다. 페이스북 이용이 사람들을 평균적으로 덜 행복하게 — 더 우울하고, 더 불안하며, 자신의 삶에 덜 만족하게 — 만든다는 증거가 있다. 물론 부작용을 과장하는 것은 옳지 않다. 부작용이 자주 발생하는 문제도 아니다. 그런데도 실제로 일어나는 일이다. 여기에 더해서 페이스북 이용을 중단한 뒤로 명백히 삶의 질이 개선되는 경험을 한 사람들조차 〈여전히 페이스북을 이용하고 싶은 강렬한 유혹에 시달린다〉. 사실상 그들은 페이스북을 포기하는 대가로 매우 많은 돈을 요구할 것이다. 왜 그럴까? 확실히는 모르지만, 그나마 그럴듯한 설명은 페이스북을 이용함으로써 얻는 정보를 포함하여 페이스북을 이용하는 행위가 비록 사람들을 더 행복하게 만들어 주지는 않더라도 큰 가치를 갖기 때문이라는 것이다. 무지는 축복이 아니며 사람들은 이 점을 알고 있다. 사람들은 자신과 관련 있는 다른 사람들과의 유대감을 좋아하고 소중하게 여기기 때문에 관련 정보를 원한다.

소셜 미디어가 단순히 정보만 제공하는 것이 아니라는 점을 주목할 필요가 있다. 적어도 내가 여기에서 내내 강조해 오고 있는 의미에서는 그렇지 않다. 누군가는 가족이나 친구와 접속하기 위해 페이스북을 이용할 것이다. 그리고 누군가는 어쩌면 자신의 경제적인 상황이나 건강에 중요한 어떤 것을 알게 될 거라고 생각할 수 있다. 물론 아닐 수도 있을 것이다. 비록 내가 지금까지 다루어 온 것보다 훨씬 광범위한 범주를 아우르는 것으로 파악되기는 하지만, 소셜 미디어의 역할은 이러니저러니 해도 정보의 전달이다. 가장 중요한 질문은 다음과 같다. 소셜 미디어는 실제로 얼마나 가치가 있을까?

소셜 미디어에서는 적어도 돈을 지불하지 않고도 얻을 수 있다는 점에서 대부분의 정보가 무료이다. 물론 우리는 우리의 관심이나 자료를 제공함으로써 이미 대가를 지불하고 있을 수도 있다. 페이스북이나 트위터(현 X)와 같은 기업들은 광고로 수익을 올린다. 그런데도 계속된 논란과 관련해서, 즉 이용자들에게 그들이 제공하는 플랫폼과 서비스에 대한 사용료를 요구하는 방식으로 사업 모델을 바꾸는 문제와 관련해서 내내 진지한 논의가 이어지고 있다.[1] 그리고 관련 논의는 그들이 보유한 플랫폼의 적절한 경제적 가치를 둘러싼 이론적인 논의를 불러왔다. 페이스북을 이용하는 대가로 돈을 지불하라고 요구할 경우에 사람들은 어떻게 반응할까? 그들은 어느 정도까지 지불하려고 할까?

이런 질문에 대한 답변은 우리에게 소셜 미디어와 일반적인 정보에 대해 중요한 어떤 것을 이야기해 줄 것이다. 또한 경제적 가치나, 일단의 소비 의사 결정이 보여 주는 잠재적인 품질이나, 2장에서 강조된 기존의 경제 조치와 실질적인 인간의 복지 사이에 존재하는 괴리 등에 관한 더욱 근본적인 질문에 답하는 데 도움이 될 것이다. 답변은 정책이나 규제와도 연관된다.

행동 경제학에서 특히 관심을 갖는 일반적인 문제 중 하나는 지불 의사액과 수용 의사액의 잠재적인 차이이다. 우리의 관심이 복지에 있다고 가정할 때 최선의 질문은 사람들이 페이스북을 이용하기 위해 얼마를 지불할 의사가 있는지 묻는 것일까? 아니면 페이스북 이용을 중단하는 대가로 얼마를 요구할지 묻는 것일까? 소유 효과[2]를 다룬 수많은 연구가 암시하는 바에 따르면, 사람들은 처음에 어떤 재화를 소유하기 위해 지불하는 것보다 그 물건을 포기해야 할 때 훨씬 많은 돈을 요구한다. 소유 효과는 적어도 그 범위와 자료의 출처, 규모를 둘러싼 논란이 존재한다는 점에서 논쟁의 여지가 있다.[3] 우리 중 누군가는 소셜 미디어를 이용하기 위한 지불 의사액이 소셜 미디어를 이용하지 않기 위한 수용 의사액보다 큰지, 혹시 그렇다면 표준 설명이 이와 같은 차이를 설명할 수 있는지 궁금할 수 있을 것이다.

마찬가지로 좀 더 근본적일 수 있는 문제는 지불 의사액이나 수용 의사액의 크기와 인간의 복지가 어떤 관계인지와 관련 있다. 우리가 보았듯이 일반적으로 경제학에서는 어떤 재화에 대한 사람들의 지불 의사액이 그 재화를 소유함으로써 얻을 수 있는 복지 효과의 크기를 가장 잘 보여 준다고 말한다. 물론 지불 의사액은 실제 시장에서도 신뢰성 있는 기준으로 간주된다. 하지만 지불 의사액을 결정하기 위해서는 예측 문제를 해결해야 한다는 사실을 상기할 필요가 있다. 즉 사람들은 그 재화가 자신의 복지에 미칠 효과를 예측해야 한다. 신발이나 셔츠, 비누처럼 사람들이 이미 경험한 적이 있는 익숙한 상품의 경우에는 예측 문제를 해결하기가 쉽다. 하지만 사람들이 한 번도 경험해 본 적이 없는 생소한 어떤 상품의 경우에는 해법을 찾기가 특히 어려울 수 있다. 사람들은 한 번도 가져 본 적 없는 재화의 잠재적인 복지 효과를 어떻게 금전 가치로 담아낼 수 있을까?

많은 사람에게 페이스북이나 트위터, 인스타그램 같은 소셜 미디어 플랫폼은 생소하지 않다. 매우 익숙하다. 그러나 우리가 앞으로 살펴볼 이유 때문에 소셜 미디어 이용자들이 이러한 플랫폼을 금전 가치로 평가하기란 쉽지 않다. 소셜 미디어를 둘러싼 지불 의사액에 대한 이해는 우리에게 정보를 추구하는 데 따른 지불 의사액과 복지의 불확실한 관계에 대해서 일반적인 어떤 것을 이야기해 준다. 그리고 복지 효과를 더욱 직접적으로 탐구하도록 동기를 부여한다. 지불 의사액은 단지 복지 효과를 보여 주는 하나의 지표일 뿐이며, 경우에 따라서는 유효하지 않을 때도 실재한다. 우리의 과제는 왜 이런 현상이 일어나는지 정확한 이유를 알아내고 지불 의사액을 대체할 무언가를 설계하는 것이다. 이와 같은 과제를 어느 정도 진척시키는 것이 나의 목표이다.

초(超)소유 효과

2018년 4월에 나는 일단의 평가 질문에 대한 초기 답변을 얻기 위해서 예비 실험을 실시했다. 아마존 메커니컬 터크를 이용해서 439명의 인구 통계학적으로 다양한 페이스북 이용자들에게 해당 플랫폼을 이용하는 것이 어느 정도의 가치가 있는지 물었다.[4] 더욱 구체적으로는 215명의 페이스북 이용자들에게 다음과 같은 간단한 질문을 던졌다. 〈페이스북을 이용하는 대가로 돈을 지불해야 한다고 가정해 보시오. 당신은 한 달에 최대한 얼마까지 지불할 의사가 있습니까?〉 동시에 234명의 다른 페이스북 이용자들에게는 다른 질문을 던졌다. 〈페이스북 이용을 중단하는 대가로 돈을 받는다고 가정해 보시오. 당신은 페이스북 이용을 중단하는 기간 동안 한 달에 최소한 얼마를 받아야 한다고 생각합니까?〉

첫 번째 질문이 지불 의사액에 관한 것이라면, 두 번째 질문은 수용 의사액에 관한 것이다. 표준적인 경제 이론에 따르면, 두 질문은 동일한 답변을 이끌어 내야 할 터였다. 그렇지만 행동 경제학자들은 두 질문에 대한 답변이 중요한 대목에서 차이가 있음을 보여 주었다.[5] 많은 실험에서 수용 의사액은 지불 의사액의 약 2배에 달하는 것으로 나타난다. 그리고 이런 차이는 소유 효과를 암시한다. 즉 사람들은 자신이 이미 소유한 것을 계속 가지고 있고 싶어 하며 동일한 물건일지라도 자신이 소유한 것의 가치를 자신이 소유하지 않은 것보다 더 높이 평가한다.[6] 예컨대 사람들은 머그잔이나 복권을 구매할 때 자신이 이미 가지고 있는 머그잔이나 복권을 포기하는 대가로 그들이 요구할 금액보다 적은 돈을 지불하고자 한다.[7] 내가 준비한 첫 번째 질문은 소셜 미디어를 이용하는 사람들에게서도 소유 효과가 관찰되는지 알아보기 위함이다. 두 번째 질문은 소유 효과의 크기에 관한 것이다.

지불 의사액에 관련된 답변의 중간값은 매월 1달러에 불과했다. 평균값은 7.38달러였다. 무엇보다 놀라운 것은 응답자 중 거의 절반(46퍼센트)이 페이스북을 사용하는 대가로 한 달에 0달러를 지불하겠다고 대답했다는 사실이다. 지불 의사액 측면에서 페이스북에 대한 평가는 지극히 낮았다. 결과만 놓고 보자면 많은 이용자가 페이스북에 아무런 가치를 두지 않는 듯하다.

수용 의사액에 관한 답변의 중간값은 매월 59달러로 지불 의사액과 대조되었다. 평균값은 74.99달러였다.[8] 수용 의사액 측면에서 페이스북은 진정한 가치가 있었고, 의지의 크기도 결코 작지 않았다. 지불 의사액과 수용 의사액의 차이가 매우 크다는 사실은 분명했다. 우리는 이같은 차이를 〈초소유 효과〉라고 말할 수 있을 것이다. 이러한 차이는 이전 연구에서 흔히 관찰되던 1 대 2의 비율과 비교된다(아울러 암호 화폐나, 재판매를 위해 보유 중인 재화나, 때로는 경제적인 가치가 이미 정해진 재화 등에서 아무런 소유 효과가 관찰되지 않은 것과도 당연히 비교된다).[9]

나는 첫 번째 설문 조사에 이어 좀 더 대규모로 두 번째 설문 조사를 실시하기 위해 전국에서 표본 집단을 선발했다. 이번에는 사람들을 두 집단으로 나누어 동일한 두 가지 질문을 던졌다. 다양한 소셜 미디어 플랫폼에 초점을 맞추는 동시에 소셜 미디어를 이용하지 않는 사람들도 조사 대상에 포함시켰다. 결과는 예비 조사와 대체로 일치했으며, 플랫폼에 따라서 약간은 흥미로운 차이를 보였다.

전체 표본 집단에서 페이스북을 이용하기 위한 지불 의사액의 중간값은 5달러였고, 평균값은 16.99달러였다. 수용 의사액의 중간값과 평균값은 훨씬 높았는데, 각각 87.50달러와 89.17달러였다. 이 같은 수치는 페이스북을 이용하는 사람들에게서도 비슷하게 나타났다. 지불 의사액의 중간값과 평균값이 각각 5달러와 17.40달러였고, 수용 의사액의 중간값과 평균값은 각각 64달러와 75.16달러였다. 페이스북을 이용하지 않는 사람들의 경우에도 지불 의사액의 중간값과 평균값은 각각 4달러와 16.70달러로 비슷했다. 반면에 수용 의사액은 놀라울 정도로 높았다. 중간값이 무려 98.50달러였고, 평균값은 98.90달러에 달했다. (페이스북을 이용하지 않는 사람들에게서 평균값이 상대적으로 높게 나온 것은 약간 불가사의한 대목이다.)

다른 소셜 미디어 플랫폼에서도 패턴은 대체로 비슷했다. 손쉬운 비교를 위해 실제 이용자들의 지불 의사액과 수용 의사액을 정리하면 〈표 6.1〉과 같다.

〈표 6.1〉 지불 의사액과 수용 의사액

플랫폼	지불 의사액 중간값	지불 의사액 평균값	수용 의사액 중간값	수용 의사액 평균값
인스타그램	$5	$21.67	$100	$102.60
링크드인	$8	$25.71	$99	$97.80
핀터레스트	$5	$20.97	$100	$102.92
레딧	$10	$27.73	$99	$97.73
스냅챗	$5	$24.92	$100	$106.20
트위터(X)	$5	$19.94	$100	$104.18
왓츠앱	$10	$34.90	$100	$101.16
유튜브	$5	$17.27	$88	$90.78

실험된 모든 미디어에서 패턴은 놀라울 정도로 유사하다. 가장 중요한 것은 지불 의사액이 수용 의사액보다 낮으며, 경우에 따라서는 (중간값에서) 1 대 20의 비율을 보여 준다는 점이다. 지불 의사액과 수용 의사액이 이렇게 많이 차이가 나는 분야는 내가 알기로 처음이다.

이제 이런 차이가 던지는 퍼즐로 눈을 돌려 보자. 비

교를 위해 설문 조사에서 지불 의사액과 수용 의사액 사이에 마찬가지로 큰 차이가 관찰된 다른 환경을 고려하는 것도 유용한 방법이다.[10] 한 연구에 따르면, 사람들은 공원의 숲을 파괴하도록 용인하는 대가로 동일한 숲을 파괴하지 못하도록 막기 위해 그들이 기꺼이 지불할 수 있는 돈의 약 5배를 요구했다.[11] 오리 서식지의 잠재적 파괴와 관련된 질문을 받자 사냥꾼들은 파괴를 막기 위해 그들이 평균적으로 247달러를 지불할 의사가 있다고 밝혔다. 반면에 파괴를 용인하는 대가로는 최소 1,044달러를 요구했다.[12] 또 다른 연구에서 참가자들은 공기 오염으로 가시성이 저하되는 문제를 용인하는 대가로 그들이 동일한 문제를 막기 위해 지불하고자 하는 금액을 바탕으로 한 가치보다 5배에서 16배에 달하는 돈을 요구했다.[13] 이런 차이는 소셜 미디어 환경에서 관찰된 것처럼 크지 않지만, 이례적일 만큼 크다는 점에서 마찬가지이다.

시간 낭비

우리는 환경 문제로 곧 돌아갈 것이다. 소셜 미디어에 관한 설문 조사에서 가장 명백한 수수께끼는 지불 의사액의 중간값이 매우 낮다는 점이다(심지어 많은 사람이 어떠한 대가도 지불할 의사가 없다고 말한다). 다른 많은 디지털 상품에 대해서도 설문 조사에서는 지불 의사액이 비슷하게 나타날 거라고 생각하는 것이 타당할까? 정말 수수께끼이다. 사람들의 행동만 놓고 보자면, 소셜 미디어는 이용자들에게 정말 중요한 듯 보인다. 때때로 일주일에 몇 시간까지 늘어나는 그들의 소셜 미디어 이용 시간은 긍정적인 가치를 암시하기에 부족함이 없다. 그중 상당수에게 소셜 미디어의 가치가 0이라거나 그에 근접한다는 주장을 정말로 믿어도 되는 것일까?

한 가지 가능성은 사람들에게 소셜 미디어는 그들이 비록 이용은 하지만, 곰곰이 생각해 보면 쓸모없거나 무가치하다고 생각되는 하나의 재화에 불과할 수 있다는 사실이다. 페이스북은 습관처럼, 일종의 중독처럼 시간을 보내는 방법 중 하나일 수 있다. 사람들은 소셜 미디어 대신에 다른 일을 하는 편이 자신에게 도움이 된다고 생각할 수 있다. 선택과 평가에서 흥미롭지만 설명 가능한 차이를 보이는 재화 — 〈심심풀이 상품〉이라고 부르자 — 가 존재하는 것은 바로 그런 이유이다. 사람들은 심심풀이 상품을 이용하거나 소비하기로 선택하지만, 그러한 행위를 지속하기 위한 권리에 혹시 돈을 지불해야 한다면 그다지 많은 돈을 지불하려고 하지 않을 것이다.

내가 보기에 심심풀이 상품은 실재하고, 중요하며,

아직 충분히 연구되지 않았다. 소셜 미디어 역시 일부 이용자에게는 그런 상품일 수 있다. 하지만 나는 이런 설명으로도 낮은 지불 의사액이 적절히 설명될 수 없다고 생각한다. 지불 의사액이 낮은 것은 어쩌면 〈그냥 하는 말〉에 불과할 수 있기 때문이다. 어떤 사람들에게 낮은 지불 의사액은 항의의 표시일 수 있으며, 그런 관점에서 본다면 낮은 지불 의사액은 페이스북이나 트위터, 유튜브 등을 이용하는 데 따른 복지 효과를 보여 주는 부분에서 전혀 신뢰할 만한 숫자가 아닐 수 있다. 앞서 언급한 플랫폼들을 이용해 오면서 그동안 아무런 대가도 지불할 필요가 없었기 때문에 사람들은 월 이용료를 부과하려는 계획이 매우 마음에 들지 않을 수 있다. 그래서 아무런 대가도 지불할 의사가 없다거나 아주 약간의 대가를 지불할 의사가 있다고 이야기함으로써 다음과 같이 효과적으로 공표하고 있는 것이다. 〈혹시라도 내게 요금을 부과할 생각이라면 좋아, 다 없던 일로 해. 안 쓸게!〉 그동안 0이었던 기준점에서 갑작스러운 요금 부과(가격 인상, 그 금액이 크든 작든 상관없다)는 적어도 현재 상황에서 보자면 손실이 분명하다. 따라서 부당하게 여겨질 수 있다.[14]

한 달에 5달러 정도로 적은 돈을 지불하겠다고 대답한 사람들도 비슷한 경우일 것이다. 아마도 그들은 오랫

동안 무료로 제공되어 오던 어떤 것을 갑자기 돈을 주고 구매해야 한다는 생각에 불쾌감을 표시한 것일 수 있다. 낮은 지불 의사액 중간값이 소셜 미디어 플랫폼을 이용하는 데 따른 복지 효과에 대해서 적절한 정보를 제공하지 않는다고 생각되는 이유가 바로 여기에 있다.

이런 사실을 염두에 두고서 환경 관련 연구로 돌아가자. 동일한 이유로 역시 당혹스러울 만큼 낮은 지불 의사액을 보여 주는 맑은 공기나 깨끗한 물에 관한 연구를 쉽게 상상할 수 있을 것이다. 한때는 무료로 누렸던 재화에 이제는 일종의 요금이 부과되는 상황이다. 여기에서도 손실 회피 성향은 의심의 여지 없이 모종의 중요한 역할을 수행한다. 기준점(이 경우에는 0이다)보다 더 많이 지불하도록 요구받는 경우에 사람들은 반발할 것이다. 그들은 이러한 변화가 틀림없이 부당하다고 생각하면서 항의성 답변을 내놓을 수 있다. 만약 그렇다면 설문 조사를 통해 얻는 답변으로 실제 시장에서 일어날 실질적인 행동들을 예측할 수 있을지 당연히 의문이 들 것이다. 사람들은 설문 조사에서 아무것도 지불하지 않거나 아주 적은 돈을 지불할 거라고 대답하겠지만, 일단 가격이 실제로 등장하고 나면 훨씬 더 많은 돈을 지불하고자 할 수 있다. 시간이 조금 지나거나 규범이 변한 뒤에는 처음에 분노했던 감정도 극복할 수 있을 것이다. 과연 그럴지, 어느 수준까지 극복 가능할지는 실증 차원의 문제이다.

앞서 언급된 일련의 환경 관련 연구에서 정작 진짜 퍼즐은 높은 수용 의사액에서 나타난다. 일반적으로 수용 의사액은 복지 효과를 암시하는 미심쩍은 대용물이 될 수 있다. 그 이유 중 하나로 환경 문제에서 높은 수용 의사액 수치는 일종의 〈도덕적 분노〉(지불 의사액이 0인 경우와 마찬가지로)가 반영된 결과일 수 있기 때문이다. 환경적 재화(맑은 공기, 안전한 식수, 멸종 위기종 등)에 대한 수용 의사액 질문은 의심할 여지 없이 도덕적 관심을 촉발할 수 있으며, 따라서 그 자체로 항의성 답변을 유발할 수 있다. 어떤 사람들은 멸종 위기종이 멸종되거나 특정한 액수의 돈을 대가로 공기가 오염되도록 용인하는 행위가 도덕적으로 혐오스럽다고 생각할 수 있기 때문이다. 그러한 손실을 돈으로 교환하는 것은 금기시되는 거래로 여겨질 수 있다.

도덕적 배려가 없는 질문과 사람들에게 자신이 누리는 권리(이를테면 휴가처럼)를 포기하는 대가로 얼마를 받고 싶은지 묻는 질문에 대해서도 항의성 답변이 나올 수 있다. 어떤 사람들은 분명히 이렇게 생각할 것이다. 〈얼마를 주더라도 나는 내 휴가를 절대로 포기하지 않을 거야!)[15] 상황에 따라 사람들은 자신이 하려고 계획 중인 어떤 것을 중단시키기 위해 〈누군가〉가 돈을 지불하려고 한다는 생각 자체에 분노하기도 한다. 그리고 그들의 분노는 분명히 (소셜 미디어 이용 사례에서 보듯이) 높은 수용 의사액으로 나타날 것이다.

여기에서도 설문 조사를 통해 얻는 답변으로 과연 실질적인 행동을 예측할 수 있는지, 만약 그렇다면 어느 수준까지 가능한지에 대한 의문이 남는다. 설문 조사라는 가상의 환경에서 돈을 거절하는 것은 쉽다. 하지만 진짜 돈이 걸려 있는 상황에서 그렇게 하기는 결코 쉽지 않다. 실제 시장 환경에서도 도덕적 관심이나 권리 의식이 표출되는 경우는 얼마든지 있을 수 있다.[16]

기회비용과 관련해서 별개의 측면도 존재한다. 예를 들어, 지불 의사액을 묻는 질문은 거의 대부분의 경우에 많은 사람에게 기회비용을 인지시킨다. 즉 사람들은 어떤 재화에 얼마를 지불할 의사가 있는지를 질문받으면 대체로 그 돈으로 할 수 있는 다른 것을 떠올린다. 수용 의사액 질문은 다르다. 사람들은 자신이 소유하고 있는 어떤 재화를 포기하는 대가로 매우 많은 돈을 요구할 거라고 이야기할 때 그 돈의 잠재적인 사용처에 대해서는 그다지 생각하고 있지 않을 가능성이 높다.[17] 그런 점에서 우리는 두 번째 질문에서 도출된 높은 중간값이 소셜 미디어 플랫폼 이용에 따른 복지 효과를 제대로 보여 줄 수 있는지 충분히 의심해 볼 만하다.

복지

앞의 문제들은 이전까지 무료로 제공되었던 디지털 상품의 복지 효과를 가늠하는 척도로써 지불 의사액과 수용 의사액에 관한 설문 조사가 갖는 엄격한 한계를 암시한다. 자기 표출적인 대답은 지불 의사액 질문에서 발견될 수 있으며, 분노는 수용 의사액에 관한 질문의 답변에 영향을 줄 수 있다.

물론 실제 시장에서는 다른 결과가 예상될 수 있다. 『뉴욕 타임스 *New York Times*』, 그리고 『워싱턴 포스트 *Washington Post*』와 같은 일부 언론사들은 (이전까지 그랬듯이) 무료 콘텐츠를 제공하기보다 유료 구독을 요구하는 정책으로 전환했다. 아마도 설문 조사에서 도출된 지불 의사액은 행동을 통해 관찰된 실질적인 지불 의사액보다 훨씬 낮았을 것이다. 이전의 무료 서비스를 이용하던 구독자들에게 일종의 자기 표출적인 답변을 초래한 초기 분노는 해당 상품이 자신에게 얼마나 가치가 있는지 판단하려는 사람들의 복지 계산법에 동조하며 수그러들 수 있

6장 페이스북에 대한 평가

다. 그러나 앞서 지적했듯이 설문 조사에서 도출된 지불 의사액이나 수용 의사액이 실제 행동에서 관찰되는 지불 의사액이나 수용 의사액과 언제, 얼마나 차이를 보이는지는 아직 확실하게 밝혀진 것이 없다.

매우 정교한 어느 연구에서 경제학자 에릭 브리뇰프슨Erik Brynjolfsson과 동료들은 페이스북의 이용 가치를 평가할 목적으로 소비자들에게 해당 플랫폼을 계속 이용하는 쪽을 선호하는지, 특정한 액수의 돈을 받는 대가로 한 달 동안 이용을 중단하는 쪽을 선호하는지 물었다.[18] 그들만의 방법 — 이산적 선택 실험 — 으로 연구자들은 사람들에게 앞에 제시된 두 개의 선택지 가운데 더 중요하게 생각하는 하나를 선택하도록 요구했다. 참고로 이산적 선택 실험을 진행할 때는 지불 의사액과 수용 의사액에 잠재하는 왜곡 현상을 경계할 필요가 있다.[19] 또한 이산적 선택 실험에서는 소유 효과를 피할 수 없다. 즉 관련 질문을 받은 사람 중에는 문제의 상품을 현재 〈소유한〉 사람도 있고, 〈소유하지 않은〉 사람도 있을 것이다.

한편 브리뇰프슨과 동료들은 페이스북 이용자에 한해서 전국에서 모집한 대규모 표본 집단을 이용했다. 한 달 동안 페이스북 이용을 중단하는 것과 관련한 답변의 중간값은 대략 40달러에서 50달러 사이였다(앞서 내가 얻었던 지불 의사액 답변에 비하면 상당히 높은 액수였고, 수용 의사액 답변에 비하면 상당히 낮은 액수였다). 브리놀프슨과 동료들은 그들의 연구가 갖는 다양한 기술적 한계를 알고 있었기에 구체적인 수치에 연연하지 않았다. 그러나 소셜 미디어를 비롯한 디지털 상품들이 국내 총생산GDP과 같은 전통적인 복지의 척도로는 담아낼 수 없는, 그렇지만 분명히 금전 가치로 환산할 수 있는 많은 복지 효과를 창출한다고 주장한다. 그들의 결론은 주목할 만한 동시에 타당한 것 같다. 다만 두 가지 단서가 추가될 필요가 있다.

첫 번째는 앞서 내가 실시했던 설문 조사가 보여 주듯이 어떤 수치가 나오든 해당 수치는 그 조사에 적용한 특정 방법에서 비롯된 인위적인 수치일 수 있다는 점이다. 방법을 달리할 때마다 다른 수치가 나온다면 어떤 것이 경제적 가치를 보여 주는 최선의 방법인지 판단하기가 매우 어렵다. 특히 그동안 무료로 제공되던 재화인 경우에 지불 의사액 수치는 신뢰할 만한 지표가 아닐 수 있다. 그런 재화에 돈을 지불하도록 요구받는 것에 대한 분노가 반영된 결과일 수 있기 때문이다. 수용 의사액의 경우에는 사정이 조금 낫지만, 앞에서 언급된 것과 같은 문제들이 있다. 복지 효과를 담아내는 것이 목표라면 이산적 선택 실험이 어쩌면 최선일 수 있으나, 관련 질문이 현재의 이용자들에게만 한정되는 한 일종의 소유 효과를 피할 수 없을 것이다.

두 번째는 우리에게 그런 재화가 사람들의 행복한 경험에 미치는 효과를 평가할 수 있는 유효한 수단이 필요하다는 점이다.[20] 브리뇰프슨과 동료들은 그들의 인상적인 논문에 〈행복의 변화를 평가하기 위한 대규모 온라인 선택 실험 이용〉이라는 제목을 붙였지만, 행복은 단연코 그들이 평가할 수 있는 어떤 것이 아니다. 고작해야 행복과 관련된 예측을 평가할 수 있을 뿐이다.[21]

사람들은 페이스북을 이용할 권리를 위해 매달 5달러를 지불하거나, 이러한 권리를 포기하기 위해 100달러를 요구할 수 있다. 어쩌면 이산적 선택 실험에서 중간값이 50달러로 나타날 수도 있다. 그렇다면 페이스북이 그들의 실제 경험에 미치는 효과는 무엇일까? 페이스북을 이용함으로써 그들은 더 많이, 아니면 더 적게, 또는 이전과 변함없이 삶을 즐기고 있을까? 중요한 것은 이런 질문이다. 지불 의사액이나 수용 의사액, 이산적 선택 실험의 결과는 행복에 미치는 영향을 금전 가치로 환산한 사람들의 예측을 반영하는 것 정도로 이해하는 것이 최선이다. 다시 한번 말하지만, 중요한 것은 실질적인 효과이다.[22]

비참해지기 위한 돈

뉴욕 대학교의 헌트 올콧이 이끄는 또 다른 일단의 경제학자들은 이러한 실질적인 효과를 탐구하고자 노력했다. 그 결과 페이스북에서 벗어나는 것이 사람들의 행복을 증진한다는 사실을 (그리고 정치적인 양극화 현상을 상당 부분 감소시킨다는 사실을) 알아냈다.[23] 뒤에서 보겠지만, 바로 여기에 진짜 퍼즐이 숨어 있다.

2018년 11월에 올콧과 공동 저자들은 페이스북 이용자 2,884명에게 중간 선거가 끝날 때까지 4주 동안 계정을 정지시키는 대가로 얼마를 요구할지 물었다. 효과적인 실험을 위해 연구자들은 계정을 정지시키는 조건으로 102달러 이하의 돈을 요구한 약 60퍼센트의 이용자에게 집중했다. 연구자들은 두 개의 집단으로 이용자를 나누었다. 그리고 개입 집단에는 돈을 지불하고 계정을 정지시킨 반면에, 대조군에는 그렇게 하지 않았다. 두 집단의 구성원에게 페이스북을 중단함으로써 삶에 어떤 변화가 일어나는지 탐구하기 위한 일련의 질문이 주어졌다.

가장 놀라운 발견은 그 짧은 기간에도 계정을 정지시킨 사람들이 그에 따른 결과로 삶을 좀 더 많이 즐기는 것처럼 보였다는 것이다. 설문 조사에 응답한 결과에 따르면 우울증과 불안감은 상당히 감소한 것으로 나타났다.

행복도와 삶의 만족도 또한 현저히 개선된 것으로 나타났다. 어떻게 그럴 수 있을까? 한 가지 이유는 페이스북 계정을 정지시킴으로써 사람들이 훌륭한 선물을 받았기 때문이다. 즉 그들에게는 하루에 평균 60분 정도의 여유가 생겼다. 페이스북을 중단한 사람들은 그렇게 주어진 시간을 친구 또는 가족과 보내거나 혼자서 텔레비전을 시청하며 보냈다. 흥미로운 점은 그들이 온라인에서 보내는 시간을 더 늘리지 않았다는 사실이다(예상과 달리 그들은 페이스북을 인스타그램 같은 다른 소셜 미디어 플랫폼으로 대체하지 않았다).

페이스북을 이용하지 않음으로써 사람들은 정치에도 관심을 덜 기울이게 되었다. 개입 집단에 속한 사람들은 최근 뉴스와 관련된 질문에 맞는 답변을 내놓는 경우가 적은 것으로 나타났다. 또한 자신이 정치적인 뉴스를 챙기지 않는다고 말하는 경우도 상대적으로 많았다. 어쩌면 그런 이유로 페이스북의 비활성화는 정치적인 양극화 현상의 두드러진 감소로 이어졌다. 정치적인 문제를 놓고 의견이 엇갈리는 경우에도 개입 집단의 민주당원과 공화당원은 대조군의 민주당원과 공화당원보다 덜 첨예한 양상을 보여 주었다. (이런 차이는 단순히 구성원들이 달랐기 때문이 아니다. 두 집단의 구성원들은 무작위로 선발

되었을 뿐 아니라 페이스북 이용을 포기하는 대가로 똑같이 적정한 수준의 대가를 요구한 터였다.) 합리적인 추측은 페이스북에서 정치에 대해 배우면서 자신이 선호하는 방향으로 사람들의 시각이 편향된다는 것이다. 그리고 이런 현상 때문에 양극화는 점점 더 심해진다.

바로 이런 점에서 페이스북을 벗어나면 행복도가 올라간다고 생각하는 것은 제대로 이해한 동시에 합리적일 수 있을 것이다. 하지만 한 가지 심각한 문제가 있다. 페이스북 없이 한 달을 보낸 뒤에 이용자들이 한 달 더 계정을 정지시키는 대가로 요구한 액수의 중간값이 87달러로 여전히 높았다는 점이다. 미국에는 페이스북 이용자가 1억 7200만 명에 이른다. 중간값의 사용자가 페이스북 플랫폼 이용을 한 달 동안 포기하는 대가로 87달러를 요구한다고 가정할 때, 조금만 곱셈을 해보면 해당 플랫폼이 미국인들에게 어마어마한 편익을 제공하고 있음을 알 수 있다. 각각의 이용자가 매달 87달러에 상당하는 편익을 얻는다면, 전체 금액은 연간 수천억 달러에 달한다.

이런 사실을 바탕으로 올콧과 공동 저자들은 다음과 같은 그럴듯한 결론을 제시한다. 이용자들이 (적어도 금전적인 측면에서는) 아무것도 지불하지 않는다는 점에서 페이스북은 수천억 달러에 달하는 편익이라는 형태로 〈거

대한 소비자 잉여 흐름)을 만들어 내고 있다. 하지만 이 같은 결론이 꼭 맞는 말은 아닐 수도 있다. 계정을 정지시킨 사람들이 다양한 측면에서 더욱 나아졌다고 — 더 행복해지거나, 자신의 삶에 더 만족하게 되거나, 덜 불안해지거나, 덜 우울해지는 등 — 이야기한 것을 떠올려 보라. 바로 여기에 진짜 역설이 존재한다. 즉 페이스북 이용자들은 자신을 더 비참하게 만들기 위해 매달 상당한 액수의 돈을 기꺼이 포기하고자 한다.

역설

역설을 해결하기 위해서는 두 가지 가능성을 고려해야 한다. 첫 번째로, 중요한 것은 어쨌든 사람들의 실제 경험이다. 그런 점에서 한 달 동안 페이스북 이용을 포기하는 대가로 87달러를 요구할 거라고 이야기할 때 사람들은 자신도 모르게 큰 실수를 저지르고 있는 것일 수 있다. 즉 금전 가치로 환산된 87달러라는 수치는 어쩌면 단순한 습관(아마도 사람들은 자신의 삶을 페이스북과 함께하는 것이 그냥 익숙할 것이다)이나, 사회를 지배하는 전형적인 행동 양식이나, 일종의 중독 상태가 반영된 결과일 것이다. 두 번째로, 사람들이 87달러를 요구할 거라고 이야기할 때 전혀 실수가 아닐 수 있다. 즉 그들은 자신이 무엇을 중요하게 여기는지와 관련에서 우리에게 중요한 무언가를 이야기하고 있는 중일 것이다.

잘못된 예측

첫 번째 가능성부터 살펴 보자. 소셜 미디어 플랫폼을 이용하는 사람들은 자신이 우울해지거나 불안해지고 있다는 사실을 어쩌면 모를 수 있다. 그들은 단순히 그런 문제와 관련해서 정보가 부족하다. 그들이 속한 사회 집단에서는 그렇게 하는 것이 일반적이기 때문에 또는 그렇게 하는 습관이 들었기 때문에 온라인에 접속할 수 있다. 다른 중독과 마찬가지로 문제는 온라인에 접속하지 않는 고통이 강렬할 수 있다는 점이다. 바꾸어 말하면, 온라인에 접속하는 행위가 꼭 즐기기 위해서만은 아니라는 것이다. 습관이나 중독에서 벗어날 때 그들은 더욱 행복해질 수 있다. 페이스북 사용을 한 달 더 중단하는 대가로 87달러를 요구할 때 그들은 완전히 실수하고 있는 셈이다.

만약 그렇다면 수수께끼는 페이스북 없이 꽤 좋은 한 달을 보낸 이후에도 그들이 왜 그 금액을 요구하는가 하는 점이다. 답은 그들이 예측 문제를 해결하지 못한 데 있다. 재화나 서비스를 구매할 때 사람들은 일반적으로 복지 효과를 예측하려 한다는 사실을 떠올려 보자. 우리가 살펴보았듯이 예측 문제는 상품이 익숙하고 선택자가 해당 상품을 경험해 본 경우에는 그다지 심각한 문제가 아닐 수 있다. 하지만 그런 경우에도 예측 문제가 적절히 해결되기 위해서는 다른 측면도 고려되어야 한다. 즉 〈선택자는 그 돈을 다른 곳에 사용했을 때 얻을 수 있는 복지 효과도 파악해야 한다〉. 매우 복잡한 작업임은 물론이다.

어떤 의미에서 〈선택자〉는 프리드리히 하이에크 Friedrich Hayek가 말했듯이 사회(또는 사회주의) 계획가의 위치에 있다고 할 수 있다. 즉 선택자는 심각한 지식 문제에 직면하게 된다. 사회 계획가가 재화 — 신발이나 양말, 펜, 휴대 전화, 자동차 등 — 의 가격이나 양을 결정하려 한다고 가정해 보자. 하이에크의 설명처럼 문제는 수많은 사람의 판단과 기호를 반영하는 시장이 여기저기에 분산된 그야말로 엄청난 양의 지식을 통합하게 될 것이고, 가격이나 양을 결정하려는 계획가의 입장에서는 이와 같은 지식에 접근할 수 없다는 것이다. 어떤 면에서 개별적인 선택자의 상황도 사회 계획가의 그것과 유사하다. 문제는 시점 1에 위치한 선택자가 시점 2, 3, 4, 5 등에서 경험할 수 있는 무언가에 대해 전혀 아는 바가 없다는 점이다. 선택자는 그가 얼마를 지불할지 결정하려는 물품들에 관련된 중요한 정보가 부족할 수 있다. 또한 자신의 미래 — 자신이 정확히 어떻게 변할지, 무엇을 좋아할지 —
에 관한 정보도 부족할 수 있다. 특히 사람들에게 유의미
한 변화가 일어날 때 이 문제는 심각해질 것이다.

계속 강조했듯이 어떤 선택 상황의 지식 문제는 다른
선택 상황의 지식 문제보다 훨씬 까다롭다. 바닐라와 초
콜릿 아이스크림 중에서 선택할 때 사람들은 자신이 무엇
을 더 좋아하는지 알고 있으며, 그렇기 때문에 어떤 선택
이 자신을 더욱 행복하게 만들지를 안다. 아울러 같은 돈
을 다른 곳에 사용하는 선택지에 대해서도 대략적이나마
이미 알고 있다. 모른다고 할지라도 걸려 있는 돈의 액수
가 워낙에 크지 않다. 하지만 많은 선택 상황에서 사람들
은 경험이 결여되어 있다. 버뮤다에서 휴가를 보내는 것
은 어떤 기분일까? 「모나리자」를 실제로 본다면 어떤 느
낌일까? 로스앤젤레스에서 가장 좋은 식당에 간다면? 이
명이나 만성 기관지염을 안고 살아가는 것은? 심장병을
앓는 것은? 자식을 잃는 것은? 예측 문제는 절대로 만만치
않다. 그런데도 지불 의사액 기준은 사람들에게 위험을
제거하기 위해 얼마를 지불할지 결정할 때 예측 문제를
해결하도록 요구한다.

소셜 미디어 플랫폼의 경우에는 이런 문제 중 일부가
사라진다. 이용자들이 관련 경험을 가졌을뿐더러 그들에

게 소셜 미디어 플랫폼은 삶의 일부나 다름없다. 그런 이유로 우리는 자기 표출적인 가치만 제거된다면 지불 의사액이나 수용 의사액 기준을 신뢰할 수 있으며, 이산적 선택 실험이 우리에게 중요한 무언가를 알려 준다고 생각할 수 있을 것이다. 설령 그렇더라도 복지는 지극히 포괄적인 가치이며, 어떻게 도출되었든 금전 가치로 환산된 수치는 우리가 알아야 할 모든 것을 이야기해 주지 않을 가능성이 높다. 사람들이 사회의 전형적인 행동 양식, 즉 규범을 따르거나 일종의 중독에 직면하는 경우에 금전 가치로 환산된 평가와 복지 효과 사이에는 커다란 괴리가 발생할 수 있다. 관련 플랫폼을 이용하기 위해 사람들이 기꺼이 돈을 지불하려는 것과 별개로 소셜 미디어는 그들을 불행하게 만들 수 있다.

사람들이 중요하게 여기는 것

가장 근본적이고 기초적인 자료는 마찬가지로 근본적인 또 다른 가능성을 제기한다. 개인적인 행복 — 불안하거나 우울한 감정도 포함해서 — 에 관한 설문 조사 답변은 사람들이 정말로 중요하게 여기는 것을 전부 담아내지 못한다. 예컨대 올콧과 공동 저자들은 페이스북 이용자들이 정치에 해박하다는 사실을 보여 준다. 정치를 좇는 사람들은 더욱 불안하고 우울해질 수 있다. 그런데도 많은 사람이 여전히 정치를 좇는다. 그렇게 하는 것이 행복하기 때문이 아니다. 그들이 정치를 좇는 이유는 일단 궁금하기도 하거니와 훌륭한 시민이라면 당연히 알아야 한다고 생각하기 때문이다. 마찬가지로 페이스북 이용자들은 친구가 무엇을 하고, 무슨 생각을 하는지 알고 싶어 한다. 이런 것들을 알게 됨으로써 자신이 행복해지든, 행복해지지 않든 상관없이 알면 좋기 때문이다.

바로 여기에 핵심이 있다. 우리가 보았듯이 사람들은 자주 쾌락적 효과와 무관한 이유로 정보를 원한다. 정보의 도구적 가치 — 알고 나면 분명히 우울해질 거라는 사실을 알면서도 해당 정보를 이용하면 더욱 건강해질 수 있다는 생각에서 사람들이 건강과 관련된 정보를 원할 때처럼 — 를 떠올려 보라. 소셜 미디어를 이용하는 많은 사람은 그로 인해 자신이 불안해지거나 우울해지더라도 의심의 여지 없이 도구적 가치 때문에 소셜 미디어를 애용한다. 유인은 확실히 그보다 훨씬 광범위하다. 그중 상당수는 관련 정보를 전혀 활용할 수 없음에도 가족이나 친구 또는 세상일을 알 수 있어서 좋다고 생각한다. 그런 사람들은 분명히 행복하거나 충만한 삶을 산다는 것이 어떤 의미인지 생각할 것이다. 그래서 아무런 도구적인 가치가 없더라도, 쾌락적인 가치가 전혀 없더라도 그들에게는 이런 종류의 정보를 얻는 것이 매우 중요할 수 있다.

　소셜 미디어 플랫폼의 복지 효과를 둘러싼 난해한 질문에 대한 답변은 이제 막 등장하기 시작했다.[24] 올콧과 동료들의 연구를 제외하더라도 많은 연구가 복잡하고 제각각인 결과를 보여 준다. 페이스북이나 그 밖의 소셜 미디어 플랫폼을 이용하는 것은 다양한 개성을 지닌 사람들과 다양한 인구 통계학적 집단에 많은 영향을 끼칠 것이다.[25] 또한 분명히 행복과 관련된 질적으로 다양한 요소에 여러 가지 효과를 초래할 것이다.[26] 무엇보다 페이스북은 획일적이거나 통일된 경험을 제공하지 않는다. 페이스북을 활용하는 여러 방법과 해당 플랫폼에서 시간을 보내는 다양한 방식은 의심할 여지 없이 이용자들의 행복에 많은 영향을 미칠 것이다. 우리는 이런 문제에 대해 더 많이 알 필요가 있다. 현재의 용도에서 가장 중요한 사실은 많은 소셜 미디어 이용자가 쾌락적 효과 때문이 아니라 도구적 가치 때문에, 그리고 다른 사람들과 연결되어 있는 느낌이 좋고 그들의 삶과 관심을 아는 것 자체가 좋기 때문에 관련 정보를 원한다는 것이다.

7장

슬러지

정부는 어떤 정보를 얻고자 할까? 어떤 정보를 얻을 권리가 있을까? 정보를 획득하려는 정부의 노력을 어디까지 허용해야 할까? 이런 의문은 의무적인 정보 공개로 제기되는 질문들과 매우 동떨어진 듯 보이지만, 사실은 사촌처럼 밀접한 관련이 있다. 즉 이와 같은 의문들도 마찬가지로 얼마나 많은 정보가 너무 많은 정보인지 의문을 제기한다. 아울러 강제된 정보 공개가 비싼 대가를 요구할 수 있음을 암시한다. 대다수의 경우에 정부는 지나치게 많은 정보를 요구함으로써 시간이나 좌절, 돈, 수치심, 때로는 건강 측면에서 심각한 비용을 부과한다.

미국에서는 1979년에 제정된 공공 기록 관리법에서 체계화된 틀을 찾아볼 수 있다.[1] 공공 기록 관리법은 규제를 완화하기 위해 도입된 법령이다. 즉 미국인들에게 부과되는 서류 작업 부담을 최소화하는 동시에 획득된 정보의 편익을 극대화하기 위해 계획되었다. 핵심 조항은 다음과 같다.

정보 수집 및 서류 관리와 관련하여 〈행정 관리 예산국〉의 국장은 다음의 조항을 수행해야 한다.

1. 기관에서 제안된 정보 수집 방안을 검토하고 승인해야 한다.

2. 연방 조달과 취득에 관련된 정보 수집 방안에 대한 정보 및 규제 사무국의 검토를 연방 조달 정책국과 조화시켜야 하며, 특히 연방 조달의 효율과 효과를 증진하는 방식으로 정보를 기술에 적용하는 데 중점을 두어야 한다.

3. 〈특히 가장 부정적인 영향을 받는 개인과 실체에 중점을 두면서 연방의 정보 수집이 부과할 부담을 최소화해야 한다.〉

4. 〈연방 정부가 직접 취득하거나 제공받아 수집된 정보의 실리성과 공익성을 극대화해야 한다.〉

5. 제안된 정보 방안에 부응하는 데 따른 기관들의 부담을 평가할 표준과 지침을 수립하고 감독해야 한다.[2]

현재 우리의 목적에 비추어 보았을 때 가장 중요한 조항은 3번과 4번이다. 〈최소화〉라는 단어는 서류 부담이 기관의 목표를 촉진하는 데 필요한 수준을 넘지 말아야 한다고 암시한다. 핵심은 비용 효율성인 듯 보인다. 즉 기관의 목표를 촉진하기 위한 두 가지 접근법 가운데 최소한의 부담을 주는 접근법이 선택되어야 할 것이다. 〈최소화〉라는 단어를 〈실리성과 공익성을 극대화해야 한다〉라는 문장과 연결함으로써 우리는 공공 기록 관리법이 일종의 비용 편익 실험도 제안하고 있다는 그럴듯한 추측을 할 수 있다. 요컨대 서류 부담으로 초래되는 비용이 이에 걸맞은 편익을 보여 주어야 한다는 것이다. 그런데도 어떤 부담이 이와 같은 실험을 통과하는지 알아내려는 노력은 오늘날까지 어디에도 보이지 않는다. 임의적이거나 일관성 없는 정보 수집 행위를 사법적으로 검토할 수 있는 기회도 없다. 정부 기관이 임의로 또는 타당한 이유 없이 지극히 부담스러운 정보 수집을 부과하는 경우에 임의성을 검토하도록 권장하는 일반 규정에도 불구하고 사람들은 법원의 도움을 받을 수 없다.

이 모든 것은 심각한 문제를 야기한다. 서류 철폐나 감축이 일반적으로 규제 완화를 위한 주목할 만한 방식으로 이해되지 않는 것도 같은 맥락이다. 하지만 서류 작업이 인간의 복지에 요구하는 손실을 감안할 때 서류 감축은 가장 우선적으로 고려되어야 할 요소 중 하나이다.

추가적으로 고려해야 할 점도 있다. 최근 몇 년 동안 행동 과학은 규제에 대해 고민할 때 중요한 역할을 해왔다. 행동 과학에 바탕을 둔 다양한 유형의 결정에 대해서 단순히 학문적인 진술뿐 아니라 다양한 영역에서 실질적인 결정으로 이어졌고, 많은 경우에 적은 비용으로 큰 편익을 가져왔다. 하지만 이제 우리는 서류 작업의 부담에 초점을 맞춤으로써 그동안 충분히 연구되지 않은 다른 것에 관심을 갖게 될 것이다. 바로 〈행동 과학에 바탕을 둔 규제 완화〉이다. 확실히 편향에 영향받지 않는 전적으로 합리적인 사람들은 서류 작업의 부담에 부정적인 영향을 받을 수 있으며 실제로도 그렇다. 여기에 더해서 다양한 유형의 편향은 그런 부담을 특히 해롭고, 때로는 파괴적으로 만든다.

공공 기록 관리법은 행정 관리 예산국에 미국 정부의 정보 수집 예산이라는 연례 보고서를 제출하도록 요구한다.[3] 미국 정부의 정보 수집 예산 보고서는 정부가 한 해 동안 시민들에게 부과하는 서류 작업 부담을 정량화한다. 가장 최근에 발표된 공식 보고서에 따르면 2015년을 기준으로 미국인들은 연방 정부와 관련된 서류 작업에 97억

8천만 시간을 소비했다.[4] 2019년 초에 실시된 한 공식 집계에 따르면 해당 수치는 무려 113억 시간으로 늘어났다.[5] 이 수치가 2015년에 보고된 수치보다 더 정확할 것은 거의 확실하지만, 동일한 수준으로 내외부의 정밀 검토를 거치지 않았기 때문에 여기에서는 97억 8천만 시간을 기준으로 삼을 예정이다.

이 수치는 잠시 보류하고, 대신에 우리가 시카고 주민들을 전부 모아 놓고서 그들에게 내년 한 해 동안은 내내 연방 서류를 작성하는 한 가지 일만 하면서 일주일에 40시간씩 일해야 한다고 주장하는 상황을 가정해 보자. 내년 한 해가 끝날 때까지 270만 명의 시카고 주민들은 전체 미국인에게 부과되는 연간 서류 작업 부담 중 40억 시간도 다 채우지 못할 것이다.

97억 8천만 시간은 상당한 손실이다. 정보 및 규제 사무국은 과연 시도를 해야 할지, 아니면 하지 말아야 할지, 한다면 어떻게 할지 2010년에 공개적으로 의견을 구하고도 정작 이와 같은 시간을 금전 가치로 환산하려는 시도조차 하지 않은 터였다.[6] 시급을 20달러(정부가 규정한 표준 시급보다 약간 낮은)로 계산했을 때[7] 97억 8천만 시간이면 1,956억 달러에 해당한다. 국무부와 교통부 예산의 2배가 넘고, 교육부 예산의 거의 2배에 달하며, 에너지부 예산의 8배에 가까운 돈이다. 심지어 금전 가치로 환산된 수치는 문제를 심각하게 과소평가하고 있다. 행정 부담은 사실상 사람들에게 기본권(투표권이나 언론의 자유와 같은)을 누리거나, 인허가를 취득하거나, 인생을 바꿀 만한 이득을 얻거나, 치명적인 곤란을 피하는 것조차 어렵거나 불가능하게 만들 수 있기 때문이다.[8] 낙태를 선택할 권리와 관련해서도 그러한 부담은 결정적인 장애가 될 수 있다. 또한 사람들이 미국에서 가장 유익한 빈곤 퇴치 프로그램 중 하나인 근로 소득 세액 공제를 받기 어렵게 만들 수 있다. 서류 작업 부담은 사람들의 삶에 엄청난 악영향을 미치고 있다.

경제학자 리처드 H. 탈러Richard H. Thaler는 이런 부담을 지칭하는 유용한 용어를 대중화했다. 바로 〈슬러지sludge〉이다.[9] 이 용어는 사람들이 어느 한 방향으로 가고자 할 때 직면하는 일종의 크고 작은 마찰을 가리키기 위해 사용된다.[10] 이기적이든 이타적이든 그들 나름의 이유로 사설 기관이나 공공 기관은 슬러지를 부과하거나 늘릴 수 있다. 민간 부문에서는 기업들이 이익을 늘리기 위해 슬러지를 이용할 수 있다. 예를 들면, 누군가는 더 이상 관심이 가지 않는 어떤 잡지의 구독을 취소하고 싶을 수 있다. 하지만 막상 구독을 취소하기 위해서는 엄청난 양의 슬러지를 헤쳐 나가야 할 것이다.

공공 부문에서 슬러지는 우연의 산물일 수 있지만, 정치적인 선택일 수도 있다. 이를테면 자녀를 무료 교통 편이나 무상 급식과 같은 유익한 프로그램에 등록시키고자 하는 부모들을 좌절시킨다. 학생들이 대학 등록금을 지원받기 위해서는 연방 학생 보조금 무료 신청서를 작성해야 한다.[11] 어린 학생들에게 신청서는 길고 복잡할뿐 아니라 접근하기 쉽지 않을 수 있는 정보까지 제공하도록 요구한다(어떤 경우에는 부모의 소득 신고서에 들어 있는 정보를 요구하기도 한다).[12] 결국 많은 학생이 포기한다. 투표권은 그야말로 가장 기본적인 권리일 수 있지만, 번거로운 등록 절차로 가득 찬 슬러지는 수백만 명의 투표권을 박탈한다.[13] 슬러지 감축 계획은 어쩌면 제2의 투표권법*이 될 수 있을 것이다.

행정 부담을 줄이면 국민 생활에 큰 영향을 줄 수 있다고 이야기하는 증거는 차고 넘친다. 무상 급식과 관련해서는 미국 농무부가 직접 인증 프로그램을 채택함으로써 학부모들이 자녀를 무상 급식 프로그램에 등록시키기 위해 어떠한 수고도 할 필요가 없어졌다.[14] 해당 학구가 학생에게 자격이 있음을 알 수 있는 충분한 정보를 가진

* 흑인의 투표권 취득 자격심사를 폐지한 법률.

경우에 자동으로 등록되기 때문이다. 그 결과 최근 몇 년 동안 1500만 명이 넘는 아이들이 무료 급식 프로그램 혜택을 받았다.

연방 학생 보조금 무료 신청서의 간소화는 저소득층이 보조금을 신청해서 궁극적으로 대학에 등록할 가능성을 극적으로 높여 줄 것이다. 많은 주에서 채택한 유권자 자동 등록 프로그램은 자격을 가진 시민이 (이를테면 자동차 면허증을 받기 위해) 정부 기관을 이용하는 경우에 유권자로 자동 등록되는 방식이다. 1년도 지나지 않아서 오리건주의 자동 등록 프로그램은 25만 명이 넘는 새로운 유권자를 찾아냈고, 그중 거의 10만 명에 달하는 사람들이 실제로 투표에 참여했다.[15] 민간 부문에서는 슬러지를 줄이기 위해서 — 근로자들의 의료 보험 상품 선택을 돕거나, 소비자나 직원의 아이디어나 불만을 수용하거나, 사람들이 심각한 위험을 피할 수 있도록 돕기 위해서 — 훨씬 많은 것을 할 수 있다.

슬러지는 해롭다

슬러지는 사람들이 헌법상의 권리를 누리고 행사하는 것을 어렵게 하거나 불가능하게 만들 수 있다. 언론의 자유와 관련해서 이야기하자면 허가 제도는 가장 명백한 예이다. 즉 허가 제도는 일종의 슬러지이며, 바로 그런 이유로 일반적으로 헌법에 위배된다. 의료 분야에서 의사나 환자에게 부과되는 슬러지는 말 그대로 사람을 죽일 수 있다.[16] 예를 들어, 슬러지는 응급실에서 환자가 오피오이드 중독을 극복하도록 돕기 위한 의사의 약 처방을 필요 이상으로 어렵게 만들었다.[17] 민간 주도로 또는 법적으로 이러한 슬러지를 줄이기 위한 노력은 생명을 구할 수 있다.

슬러지가 왜 중요한지 이해하기 위해 사람들이 완전히 합리적이라서 행정 부담을 극복할지 말지 결정할 때 비용과 편익을 따진다고 가정해 보자. 편익이 아무리 크더라도 어쩌면 비용이 편익을 압도하는 결과로 나타날 수 있을 것이다. 관련 비용은 질적으로 다양한 형태를 취할 수 있다.[18] 예를 들면, 비용은 〈정보〉 취득과 관련 있을 수 있으며, 그런 경우에 정보를 취득하는 과정에서 어려움을 겪거나 많은 비용이 들 수 있다. 〈시간〉하고도 관련 있을 수 있는데 사람들이 시간을 할애할 수 없는 경우도 있을 것이다. 또한 사람들에게 좌절이나 낙인, 수치심 등을 유발한다는 점에서 〈심리적인〉 부분과도 관련 있을 수 있다. 지금까지 언급된 어떤 이유로든 슬러지를 헤쳐 나가거나 극복하는 것은 매우 어렵다. 경우에 따라서는 관련 서류 작업을 수행하기가 말 그대로 불가능할 수도 있다. 다시 말해, 양식을 채우기가 아예 불가능한 것이다. 이런 점들은 그 자체로 연방이나 주에서 운영되는 프로그램의 낮은 참여율[19]을 설명해 줄 뿐 아니라 사람들이 흔히 이런저런 인허가를 취득할 때 겪게 되는 엄청난 어려움을 설명해 준다. 심지어 슬러지는 우리의 조종 가능성을 감소시키거나 손상시킨다는 점에 있어서는 자유를 가로막는 하나의 장애물로 간주될 수 있다.

모든 사람은 상환(相換)을 믿는다

행동 경제학자들이 강조하는 다양한 편향 문제는 행정 부담이 현실 세계에 초래하는 영향을 증폭시킨다. 많은 사람에게 타성은 강력한 힘이며,[20] 사람들은 무엇이든 자꾸 미루려는 경향이 있다.[21] 타성에 젖어 있고 자꾸 미루려는 사람들은 필요한 서류 작업을 절대로 하지 않는다. 이 문제는 현재 편향과 맞물리면서 더욱 복잡해진다.[22] 미래는 완전히 다른 나라 — 이른바 나중 나라 — 처럼 보이며, 사람들은 자신이 실제로 그런 나라를 방문하는 날이 올지 확신이 없다. 그래서 수시로 행정 업무를 다른 날로 미루고 싶은 유혹을 느낀다. 설령 지연에 따른 결과가 매우 심각하더라도 그날은 절대로 오지 않을 수 있다.

우편으로 처리되는 서류 양식도 일종의 슬러지를 부

과한다. 그런 양식들은 사람들에게 흔히 수표라는 형태로 결코 사소하지 않은 무언가를 수령할 기회를 제공하기도 하지만, 동시에 사람들에게 타성을 극복하도록 요구한다. 인간의 편향과 슬러지의 관계를 보여 주는 하나의 예로 사람들이 그런 서류 양식들을 상환redemption하지 못하는 현상을 다룬 〈모든 사람은 구원redemption을 믿는다〉라는 머리에 쏙 들어오는 제목으로 발표된 한 연구를 살펴보자.[23] 다양한 시장에서 수표 상환율은 일반적으로 10퍼센트에서 40퍼센트에 이르며, 이런 사실은 상당수의 소비자가 수표 상환하는 일을 잊어 버리거나 아예 신경 쓰지 않음을 의미한다. 타성의 힘을 생각하면 그다지 놀라운 일도 아니다. 더욱 충격적인 사실은 자신이 언젠가는 수표를 상환할 거라고 전망하면서 사람들이 비현실적일 만큼 낙관적인 태도를 보인다는 점이다. 관련 연구에서 사람들은 수표를 받은 날로부터 30일 안에 수표를 상환할 가능성이 대략 80퍼센트라고 전망했다. 실제 상환율은 31퍼센트에 불과했다. 모든 사람이 상환을 믿는다고 말하는 것은 과대평가이다. 그런데도 대다수 사람은 그렇게 믿고 있음이 확실하다.

같은 연구에서 연구자들은 예상 상환율과 실제 상환율 간의 커다란 차이를 줄이기 위해 (다양한 집단의 사람들과 함께) 세 가지 노력을 기울였다. 첫째, 그들은 참가자들에게 비슷한 사람들로 구성되었던 이전 집단의 상환율이 3분의 1도 되지 않았다고 분명하게 주지시켰다. 둘째, 그들은 두 번에 걸쳐 확실하게 주의를 주었다. 한 번은 구매 직후였고, 다른 한 번은 상환 만기일이 임박했을 때였다. 셋째, 그들은 사람들이 증명서를 출력해서 서명해야 한다는 요건을 없앰으로써 상환 절차를 훨씬 간소화했다.

드러난 바로는 세 가지 개입 중 단 하나도 사람들의 낙관주의를 줄이지 못했다. 모든 상황에서 사람들은 자신이 약 80퍼센트의 확률로 관련 서류를 우편 발송할 거라고 생각했다. 놀랍게도 처음의 두 가지 개입은 사람들의 실질적인 행동에 아무런 영향을 주지 못했다. 다른 집단의 행동이 어땠는지 들었을 때 사람들은 명백히 〈음, 그들은 다른 집단이잖아. 그들이 우리와 무슨 상관이지?〉라고 생각하는 듯했다. 다른 상황에서는 주의를 주는 경우에 대체로 효과가 있다. 주의를 줌으로써 사람들의 관심을 집중시키고 타성을 줄일 수 있기 때문이다. 하지만 이 경우에서는 아무런 효과가 없는 것으로 나타났다. 유일하게 효과를 본 개입은 절차를 간소화한 것으로 사람들의 실제 행동에 분명한 영향을 끼쳤다. 우편으로 수표를 보내기 쉽게 만듦으로써, 그렇게 슬러지를 줄임으로써 사람들의 행동 의지를 유의미한 수준으로 끌어올린 것이다. 상환율 또한 약 54퍼센트로 상승했다. 이는 믿음과 행동 간의 차이가 절반으로 줄었음을 의미한다.

인간의 편향

관련 연구는 물론 비교적 좁은 분야를 다루었지만 시사하는 바가 크다. 타성은 강력한 힘이며, 타성 때문에 사람들이 필요한 서류를 작성하지 않거나 슬러지를 헤쳐 나가야 할 수 있음을 상기하자. 참여율이 옵트 아웃* 환경보다 옵트 인** 환경에서 훨씬 낮게 나타나는 이유 중 하나도 그 때문이다.[24] 타성은 현재 편향과 맞물리는 경우에 더욱 악화되어 사람들이 먼 미래는 무시한 채 단기적인 문제에만 집중하는 결과로 이어질 수 있음을 마찬가지로 상기할 필요가 있다.

같은 맥락에서 개인이나 중소기업, 신생 기업 등이 중요한 혜택을 얻기 위해 또는 상당한 불이익을 피하기 위해 일정한 양식을 작성해야 한다고 가정해 보자. 그들은 혹시라도 미룰 수 있는 경우나 너무 부담스럽고 어려

* Opt out. 수신자가 발송자에게 수신 거부 의사를 밝히면 메일을 발송할 수 없는 규제 방식.
** Opt in. 수신자의 허락을 받은 경우에만 메일을 발송할 수 있는 규제 방식.

운 경우에 당초의 의도와 다르게 행동할 수 있을 것이다. 그로 인한 실질적인 비용은 매우 클 수 있다. 심지어 체감 비용은 훨씬 클 수 있다. 조금 미리 이야기하자면, 연방 규제 당국은 의도치 않게 또는 부주의하게 해를 끼치지 않도록 기존의 서류 작업 부담을 〈깨끗이 제거〉하는 것이 합리적일 터이다. 슬러지 감사와 같은 개념이 등장하는 것도 바로 그런 이유이다.

투표권은 모든 것 중에서 가장 기본일 수 있으며, 연방법은 주 정부에 (유권자로부터 실제로 이사했다는 확답을 아직 받지 못한 경우에) 거주지 변경을 사유로 선거인 명부에서 유권자를 제외시키기 전에 우편물(〈왕복 엽서〉)를 발송하도록 규정하고 있다.[25] 각각의 주는 왕복 엽서를 발송할 때 그들 나름의 유인을 선택할 수 있다. 어떤 주는 미국 우정청에서 제공되는 주소 변경 정보를 이용하는 반면에, 어떤 주는 실제로 이사를 하지 않아서 아직 자격을 유지하고 있는 유권자들에게 충분히 예측 가능한 방식으로 경고하는 방법을 이용한다.[26] 유자격 유권자는 자신이 왕복 엽서를 회송하지 않았으며, 4년 동안 투표를 하지 않았다는 사실에 어쩌면 충격받을 수 있을 것이다.[27] 의회나 대법원과 마찬가지로 유권자들은 자신이 조만간 왕복 엽서를 회송할 거라고 낙관적으로 생각하겠지만, 그들의 낙관주의는 잘못될 수 있다.

좀 더 일반적인 상황에서도 슬러지는 많은 사람이 예측하지 못하는 중대한 영향을 끼친다. 수표 상환 연구가 보여 주듯이 사람들은 어느 시점이 되면 자신이 타성을 극복할 거라고 믿으면서 비현실적일 만큼 낙관적인 태도를 보인다. 전문가들조차 타성을 줄이기 위해 그들이 준비했던 명백히 성공할 것 같은 전략이 실패했을 때 매우 놀랄 것이다. 여기에 더해서 슬러지는 소비자들에게 탁월한 거래가 될 거라는 인상을 주고자 하는 한편으로, 그들이 필요한 서류를 보내지 않을 거라고 확신하는 영리한 마케팅 담당자들에게 기회주의적으로 이용될 수 있다. 반면에 정부 관료들은 대부분의 경우에 기회주의적으로 행동하지 않는다. 그들은 정치적인 가치와 의무에 대응하는데 이는 기회주의적인 것과 다르다. 특히 공무원들은 자신이 돕고자 하는 사람들에게 슬러지가 어느 정도로 부정적인 영향을 끼칠지 인식하지 못할 수 있다.

인지와 희소성

수표 상환과 관련해서 간소화의 위력은 겉으로 보기에 그다지 대단하지 않은 듯 보이던 행정 부담의 커다란 영향력 — 결과를 결정하는 〈선택 설계〉의 효과 — 을 강조해서 보여 준다. 나는 많은 영역에서 사람들에게 등록 신청을 요구하는 방식(옵트 인)에서 자동으로 그들을 등록시키는 방식(옵트 아웃)으로 간단한 변화를 줌으로써 참여율이 극적으로 증가할 수 있다는 사실에 주목해 왔다.

옵트 인 방식의 계획에서 참여율이 낮은 근본적인 이유는 우리의 인지 자원이 제한되어 있기 때문이다.[28] 필연적으로 우리는 삶의 다양한 문제 가운데 작은 일부에만 집중할 수 있다. 우리 모두는 제한된 지력을 가지고 있다. 바쁘거나, 가난하거나, 장애가 있거나, 나이 든 사람들에게 인지 부족 문제는 특히 심각하다. 바쁘거나 가난한 사람들은 삶의 특정한 문제에 초점이 맞추어져 있을 것이다. 장애가 있는 경우에도 마찬가지이다. 당신이 정신 장애를 앓고 있거나 고령의 나이라면 당신의 인지 한계는 매우 심각한 수준일 수 있다. 그런 점에서 행정 부담의 분배 효과 — 행정 부담이 누구에게 가장 해를 끼칠 수 있는지 — 에 초점을 맞추는 것은 중요하다.[29]

현실적인 측면에서 그 누구는 우리 중 가장 가난한 사람들인 경우가 많다. 주된 이유는 가난한 사람들은 자신을 직접적으로 압박하는 다양한 문제에 집중해야 하기 때문이다. 정부가 가난한 사람들에게 복잡한 시스템을 헤쳐 나가도록 요구하거나, 수많은 서류를 작성하도록 요구한다면 그들은 아마도 포기하고 말 것이다. 이런 문제는 가난한 사람들에게만 국한되지 않는다. 고령자에게 혜택을 주기 위한 프로그램이 설계될 때 슬러지는 적어도 인지 능력이 저하된 사람들에게 피해를 줄 수 있다.

여러 가지 이유로 성평등 문제는 특히 주목할 만하다. 가계를 꾸려 나가거나, 음식을 준비하거나, 아이를 돌보는 등의 가사에 관련된 관리 업무가 여성들에게 불균형적으로 집중된 까닭에 슬러지의 대폭적인 감소는 삶의 다른 영역으로 그 효과를 확장해 나감으로써 만연한 사회적 불평등을 해소할 수 있을 것이다. 주목할 만한 한 연구에서는 옵트 인 방식에서 옵트 아웃 방식으로 전환함으로써 승진을 위해 기꺼이 경쟁하고자 하는 여성의 비율이 크게 증가한 것으로 나타났다. 일반적으로 남성은 여성보다 앞으로 나아가고자 하는 욕구가 더 강하고, 그렇기 때문에 슬러지를 헤쳐 나가고자 하는 의지도 더 강한 듯 보인다. 슬러지가 제거된다면 남성과 여성의 불공평한 차이는 근본적으로 사라질 것이다.[30]

정보 획득의 정당성

이런 점에도 불구하고 행정 부담은 종종 중요한 목표에 기여한다. 때로는 절대로 빼놓을 수 없는 요소가 되기도

하다. 관련 사례들이 암시하듯이 우리는 슬러지를 잠재적으로 정당화하는 다섯 가지 요소를 쉽게 짐작할 수 있다. 이는 프로그램의 만전, 유용한 자료의 획득, 자제력 문제, 개인 정보 보호 및 보안, 표적화이다.

프로그램의 만전

기관들이 서류 작업 부담을 부과할 때는 프로그램이 법에서 요구하는 방식으로 작동하도록 확실히 하려는 의도 때문인 경우가 많다. 행정 부담을 부과하는 이유 중 하나는 자격 제한과 관련 있다. 또 다른 이유는 기록 관리와 관련 있다. 그리고 공공 부문에서 적용되는 것은 민간 부문에서도 그대로 적용된다. 민간 부문이나 공공 부문에서 대출을 받고자 하는 사람들은 슬러지에 직면한다. 주된 이유는 그들이 실제로 자격을 갖추었는지를 확실히 하기 위함이다. 혜택받을 자격이 없는 사람들은 노인 의료 보험 제도나, 저소득층 의료 보장 제도나, 근로 소득 세액 공제 제도나, 사회 보장 연금 제도의 혜택을 받지 말아야 한다. 일반적으로 슬러지는 필요한 정보를 수집하기 위한 하나의 방법이다. 투표권의 경우에도 잠재적인 유권자들이 기존의 법적 요건을 충족하는지를 확실히 하기 위한 수단으로써 다양한 종류의 부담이 정당화될 수 있다. 지출 프로그램에서 일반적으로 서류 작업 부담을 정당화하는 요소는 〈사기, 낭비, 남용〉과 관련이 있다. 즉 슬러지는 이들 세 가지를 줄이기 위한 노력의 일환일 수 있다.

정보의 가용성이 증가하고 기계 학습이 가능해짐에 따라 민영 기관이나 공공 기관은 사실상 필요한 정보를 자체적으로 확인할 수 있게 되었다. 민간 부문에서는 일부 기업들이 사전 심사 개념을 활용하기도 한다. 이런 사실은 어떤 사람이 특정한 재화나 서비스를 이용할 자격을 이미 갖추고 있는지와 관련해서 기업들이 사전에 충분한 정보를 가지고 있음을 의미한다. 때로는 서류를 미리 작성하는 것도 가능하다. 그렇게 함으로써 서류 작성 시간을 절약하거나 과정 자체를 건너뛸 수 있다. 과세 분야에서 사례를 찾아보자면, 납세자들이 어떠한 서류도 작성할 필요가 없는 소득 무신고 제도 개념도 그중 하나이다.[31] 궁극적으로 우리는 이런 방향으로 유의미한 진전을 이루어 내야 할 것이다.

그런데도 진전은 여전히 초기 상태에 머물고 있다. 현재를 비롯한 가까운 미래까지 당분간 슬러지에 대한 가장 명백한 정당화는 〈프로그램의 만전〉이라는 이름으로 이루어질 것이다. 국세청이 표면상 자격을 갖춘 듯 보이는 납세자들에게 근로 소득 세액 공제 혜택을 허용하기로 결정했다고 가정해 보자. 적은 비용으로 실행 가능하고, 자격을 갖춘 듯 보이는 납세자들이 실제로 자격을 갖춘 것이 맞다면 반대할 이유는 거의 없다. 문제는 〈자격을 갖춘 듯 보인다〉라는 말에 있다. 즉 수혜자 중 일부는 사실상 자격이 되지 않을 수 있다. 어떤 프로그램에 사람들을 자동으로 등록시킬 때마다 그중 누군가는 법적인 기준을 충족하지 못할 수 있을 것이다.

그런 경우에 규제 당국은 일부 적격자가 혜택받지 못할 수 있는 설계와 일부 부적격자가 혜택받을 수 있는 설계 중 하나를 선택해야 한다. 프로그램의 만전 개념이 오류 숫자를 따지는 것이라면 두 가지 설계를 둘러싼 선택은 오롯이 산수에 달려 있다. 어느 쪽이 더 많은가? 자동 등록은 자동으로 등록되지 않았더라면 혜택받지 못했을 50만 명의 적격자가 혜택을 받게 된다는 것을 의미하고, 일정 수준의 슬러지가 다른 경우였다면 혜택받지 못했을 49만 9,999명의 부적격자가 혜택받게 된다는 것을 의미한다면 일견 자동 등록을 선택하는 것이 맞는 것처럼 보일 수 있다.

하지만 다르게 볼 수도 있을 것이다. 자동 등록이 20만 명의 적격자에게 혜택을 제공하지만, 동시에 20만 1명의 부적격자에게도 혜택을 제공한다고 가정해 보자.

누군가는 20만 1명이 거의 자격이 된다면 — 그들이 비교적 가난하다면 — 그들이 약간의 경제적 도움을 받는 것도 그다지 나쁘지 않다고 생각할 수 있을 것이다. 하지만 다른 누군가는 납세자의 돈을 집행할 때 명확한 제한 규정을 두어야 한다고 강조하면서, 그런 제한 규정을 위반하는 집행은 중대한 잘못이라고 주장할 수 있다. 후자의 관점에서 보자면 아무리 사소한 위반일지라도 법적으로 자격이 없는 사람들에게 유리하게 운용함으로써 프로그램의 만전을 위협하는 행위는 용납될 수 없다.

이런 관점의 가장 극단적인 버전은 아무리 많은 수의 적격자에게 혜택이 돌아가더라도 극소수의 부적격자에게도 혜택이 부여된다면 용납될 수 없다는 것이다. 복지주의적 관점에서 이와 같은 극단적인 버전은 지지하기 어렵고 아마도 지지 자체가 불가능할 수 있다. 거의 자격이 되지만, 정확하게는 자격이 되지 않는 5명의 부적격자에게 혜택을 부여함으로써 실제로 자격이 되는 1백만 명의 적격자에게 혜택을 부여할 수 있다면 그 정도는 얼마든지 지불할 수 있는 대가처럼 보일 것이기 때문이다. 그런데도 적절한 균형을 찾기란 결코 쉽지 않으며, 합리적인 사람들은 의견이 다를 수 있을 것이다.

우리는 앞의 사례를 일반화할 수 있다. 일례로 무료

급식을 위한 직접 인증 프로그램의 정확도 수준은 매우 높은 것으로 나타난다. 적어도 공식 기록으로 확인한 바에 따르면, 무자격 아동에게 자격이 부여된 경우가 거의 없다시피 하다. 자동화를 통해 슬러지가 제거되더라도 무자격자에게 혜택이 주어지지 않는 한 반대 의견은 힘을 잃을 수밖에 없다. 반면에 무자격자에게 혜택이 주어진다면 절충은 불가피하며 사람마다 판단은 다를 수 있다. 유권자 등록 문제를 고려해 보자. 슬러지는 사기 위험에 맞서서 투표 절차에 만전을 기하기 위한 하나의 방편으로 옹호되었다. 상상 가능한 추정을 바탕으로 슬러지의 감소는 많은 적격자의 투표를 가능하게 했을 뿐 아니라 일부 무자격 유권자들의 투표도 가능하게 했을 것이다. 중요한 것은 이들 두 집단의 크기이다.

유용한 자료의 획득

공무원들은 다양한 목적으로 활용할 수 있는 자료를 획득하기 위해 신고 의무를 비롯한 행정 부담을 부과할 수 있으며, 그렇게 함으로써 국민에게 다양한 혜택을 제공할 수 있다. 예를 들면, 공무원들은 팬데믹 기간에 직업 훈련을 받거나 재정 지원을 받은 사람들에게 관련 프로그램이 실제로 도움이 되었는지를 알고 싶어 할 수 있다. 그들은 직업 훈련이나 재정 지원을 받은 뒤로 어떻게 지내고 있을까? 행정 부담은 그런 의문에 대한 답을 얻는 데 필수적일 수 있다. 또는 정부가 전염병 확산을 막거나, 고속도로 개발을 촉진하거나, 위험한 폐기물의 관리 실태를 감시하거나, 조종사들이 적절한 자격을 갖추고 항공기가 적절히 유지되도록 하거나, 식품 안전 프로그램이 제대로 작동하는지 확인하고자 한다고 가정해 보자. 정보 수집을 요청받은 누군가는 슬러지에 대한 불만을 토로할 수 있을 것이다. 어쩌면 감정이 격해지거나 그보다 더 심한 상태가 될 수도 있다. 하지만 관련 부담은 중요하거나 필수불가결한 정보를 확보하기 위한 수단으로써 정당화될 수 있다.

이런 사례 중 일부에서 행정 부담은 프로그램의 만전을 담보하기 위한 노력의 일환일 수 있다. 그러나 내가 강조하고 있는 것은 다른 부분이다. 즉 프로그램의 만전이 이미 보장된 경우에도 공무원들은 단기적인 혜택과 장기적인 혜택을 모두 제공하기 위해 정보를 추구하고, 사람들에게 정보를 제공하도록 요구할 수 있다. 예를 들어, 정부는 보조금이 그들의 의도대로 사용되고 있는지 알기를 원하기에 보조금을 받는 사람들에게 정기적인 보고서를 제출하도록 요구할 수 있다. 정부는 교육 기관에 그들이 받은 돈으로 무엇을 했는지 자세히 설명해 달라고 요구할 수 있다. 중요한 것은 그렇게 공개된 정보가 민간 부문과 공공 부문에서 활용될 수 있다는 점이다. 현대 사회에서 정보의 취득은 공적 책임과 사적 책임 모두를 촉진할 수 있다. 돈도 절약할 수 있다. 혁신에 박차를 가할 수도 있으며, 심지어 — 정부가 더욱 안전한 작업장에 인센티브를 제공하고 예방 차원에서 사람들이 주로 어떤 환경에서 다치는지 파악하기 위한 노력으로 산재나 산재로 인한 사망, 직업병에 대해 공개적인 보고를 요구하는 경우처럼 — 생명을 구할 수도 있다.

이런 특징은 슬러지를 정당화하는 중요한 요인들이며 간과되기 쉽다. 그렇다고 해서 공무원들이 무한정 많은 슬러지를 부과해도 된다는 일종의 백지 수표나 명분처럼 간주될 수 있다는 뜻은 아니다. 어떤 행정 부담에 직면해서든 핵심적인 문제는 〈과연 정부가 실제로 유용한 정보를 얻고 있는가〉라는 것이다. 아울러 이메일보다 서류를 제출하라고 요구하거나, 이미 제공된 적 있는 정보를 재활용하기를 거부하거나, 서류를 미리 작성하기를 거부하거나, 연례 보고 대신에 분기 보고를 요구하는 경우에 공무원들은 매우 설득력 있는 정당한 이유를 제시해야 한다. 이 모든 경우에서 그들은 정당한 이유를 제시하는 데 곤란을 겪을 수 있다.

요약하면 슬러지가 유용하고 중요한 정보를 생성하는 수단으로 정당화될 수 있는지는 쉽게 단정할 수 없다. 어떤 경우에는 쉬울 수 있지만, 그러한 정당성은 신뢰할 수 없을 것이다. 정당성이 자명하고 설득력 있는 경우에도 쉬울 수 있다. 반면에 세부적인 내용을 주의 깊게 검토하지 않는 한 정당성이 충분한지 알 수 없는 경우에는 어려울 수 있다. 한 가지 분명한 사실은 그런 상황에서도 슬러지의 이점이 발견될 수 있다는 것이다.

자제력 문제

더 나은 결정을 내릴 수 있도록 돕기 위해 ― 자제력 문제나 무모함, 충동 등에 대응하기 위해 ― 다양한 종류의 행정 부담이 설계될 수 있다. 슬러지는 사람들을 자신의 실수로부터 보호하기 위한 하나의 방법이다. 그런 점에서 행동 문제를 수정하기 위한 유효한 치료법으로 간주될 수 있다. 온라인에서는 일상적인 결정과 관련하여 작은 행정 부담이 수시로 부과된다. 아무런 제목 없이 이메일을 보내거나, 티켓을 활성화하거나, 최근에 주문한 무언가를 취소하거나, 파일을 지우려고 하는 것이 〈맞는지〉 묻는 질문이 수시로 등장하는 식이다. 이런 행정 부담은 탁월한 발상일 수 있다.

민영 기관과 공공 기관이 부과하는 일정 수준의 슬러지는 결혼이나 이혼처럼 삶을 바꾸는 결정을 앞두고 있을 때 타당하다.[32] 이른바 〈냉각기〉는 일종의 축복일 수 있다.[33] 시스템 1이 사람들에게 성급한 결정을 내리도록 이끈다면 의무적인 대기 시간은 시스템 2가 발언권을 갖도록 하는 방법으로 유용할 수 있다.[34] 총기 구입을 앞둔 상황에서 어느 정도의 슬러지는 조금 더 숙고하도록 권유하는 방법의 하나로 타당하다. 주목할 만한 한 연구에 따르면, 총기를 구입하기 전에 의무적으로 짧은 대기 기간을 갖도록 한 경우에 총기 살인 사건이 약 17퍼센트 감소한 것으로 나타났다. 이 말은 17개 주에서 약 750건에 달하는 총기 살인 사건이 예방되었다는 뜻이다.[35] 충동적인 총기 구입은 확실히 비극으로 이어질 수 있으며, 약간의 슬러지는 감정을 가라앉히도록 요구함으로써 생명을 구할 수 있다.

낙태권은 논란이 매우 많지만, 바로 그 점 때문에 특히 흥미로운 예이다. 어떤 사람들은 사전에 상담을 받아야 한다는 요건과 24시간의 의무적인 대기 기간이 태아의 생명을 보호하거나, 어쩌면 후회하게 될 결정으로부터 여성들을 보호하기 위한 타당한 방법이라고 생각한다. 하지만 어떤 사람들은 이와 같은 행정 부담이 헌법상의 권리

행사를 단념시키기 위한 노력에 불과하다고 생각한다. 심각한 다른 사안들을 고려 대상에서 제외하더라도, 그러한 결정이 갖는 무게를 감안할 때 심사숙고를 촉진하고 유의미한 정보를 제공하기 위한 노력으로써 행정 부담을 지지하는 것이 결코 불가능한 일은 아닌 것 같다.

개인 정보 보호 및 보안

행정 부담은 대체로 경력이나 소득, 전과(혹시 있는 경우), 신용 등급, 가족력, 전문 지식, 관심사, 거주지와 같은 사람들의 배경 정보를 얻기 위해 부과된다. 정부 기관에서 국가 안보와 관련된 일을 하고자 하는 사람들은 관련 정보를 무수히 많이 제공해야 한다.[36] 민영 기관이나 공공 기관이 그와 같은 정보 중 일부나 전체를 얻고자 한다면 당연히 사람들의 명시적인 동의가 있어야 할 것이다. 만약 동의를 얻었다면 이제 문제는 사람들에게 행정 부담을 지울 것인가, 아니면 그들의 개인 정보를 침해할 것인가이다. 혹시 정부가 전자를 선택하더라도 그다지 끔찍한 결정은 아니다. 물론 한때는 공무원들에게 실질적인 선택권이 없던 적도 있었다. 개인 정보를 침범하고 싶어도 그렇게 할 수단이 없었기 때문이다. 하지만 점점 더 민영 기관이나 공공 기관은 사실상 정보에 독자적으로 접근하면서 약간의 노력만으로 정보를 획득할 수 있게 되었다. 그 결과 이제 그들은 슬러지를 줄일 수 있는 위치에 있다. 간단한 예로 농무부의 직접 인증 프로그램을 들 수 있다. 이외에도 무수히 많은 경우에 민영 기관이나 공공 기관은 이용 가능한 자료를 바탕으로 어떤 사람들이, 어떤 면에서 자격을 갖추었는지 매우 손쉽게 공표할 수 있게 되었다. 그들은 사전에 미리 서류를 작성할 수도 있으며, 자료를 공유할 수도 있다.[37] 이런 것들이 가능한 한 슬러지는 옛말이 될 수 있을 것이다.

하지만 그런 방식이 과연 바람직할까? 꼭 그렇지는 않다. 자동 등록은 사람들이 신뢰하지 않는 기관들을 통해 수집되는 다량의 정보에 당연히 의존할 것이다. 어떤 경우에는 짜증을 유발하는 부담과 다른 한편으로 개인 정보에 대한 잠재적인 침해 사이에서 절충이 이루어지기도 한다. 신용 카드 회사가 소비자에게 카드를 제공하기 전에 어느 정도까지 정보를 수집해야 적당할지 생각해 보라. 어쩌면 우리는 신용 카드 회사가 알아서 필요한 정보를 수집한 뒤에 사람들에게 카드 가입을 제안하거나, 아예 카드를 발송하는 상황을 오히려 반길 수 있다. 우리가 반겨야 할지 말지는 그들이 어떤 정보를 가지고 있으며, 해당 정보가 악용될 여지 ─ 비도덕적이거나 자기 본위적인 용도로 정보를 활용할 수 있는 기업들에게 해당 정보가 넘어가는 경우처럼 — 는 없는지에 달려 있다. 정부가 관련 정보를 보유하거나 취득한 경우라면 악용 위험은 절대로 용납될 수 없는 것으로 여겨질 것이다.

이런 맥락에서 보안 문제는 밀접한 관련이 있다. 온라인 계정을 만들 때 사람들은 민감한 정보 — 예를 들어, 은행 계좌나 신용 카드에 관련된 — 를 제공하도록 요구받을 수 있으며, 기꺼이 제공하고자 할 수 있다. 슬러지는 보안 위반을 막기 위해서 설계될 수 있을 것이다. 사람들은 그들의 주소와 사회 보장 번호, 어머니가 결혼 전에 사용하던 성에 대한 질문에 답해야 할 수 있다. 이런 질문들은 모종의 위반을 방지하기 위한 수단으로써 정당화될 수 있다. 물론 원칙적으로 우리는 이와 같은 정보를 얻는 데 따른 편익과 비용에 대해 어느 정도 명확히 알 것이다. 비용과 편익을 특정하기 어려운 경우에는 최악의 상황을 예방하기 위해 약간의 슬러지는 바람직하다는 대략적인 인식을 갖는 것이 타당할 수 있다.

표적화

〈번거로운 일〉과 〈시련〉에 관한 한 발전적인 논문은 행정 부담이 어떻게 특정 재화가 해당 재화를 가장 원하거나 필요로 하는 사람들에게 돌아가도록 하면서 하나의 배급 장치로 작용할 수 있는지 탐구한다.[38] 어떤 영화나 콘서트가 엄청나게 인기 있는 경우에 사람들은 표를 구매하기 위해 터무니없을 정도로 오랫동안 전화기에 매달리거나 길게 줄을 선 채로 기다려야 한다. 그런 상황이 정당화될 수 있다면 돈을 지출하는 것과 마찬가지로 시간을 투자하는 행위가 사람들이 무언가를 얼마나 열정적으로 원하는지 판단하는 데 도움이 되기 때문일 것이다. 같은 맥락에서 지극히 번거로운 행정 부담은 취업 훈련을 비롯한 다양한 프로그램의 지원자들을 걸러 내는 합리적인 방법이 될 수 있다. 사람들이 그와 같은 시련을 기꺼이 감당하고자 한다면, 우리는 그들이 프로그램을 적극적으로 활용해서 이득을 취할 수 있을 거라고 판단할 이유가 충분하다.

여기에서 기본 개념은 부족한 자원에 접근하고자 하는 사람들을 걸러 낼 필요가 있다는 것이다. 지불 의사액은 시장에서 표준적인 거름 장치를 제공한다. 우리가 살펴보았듯이 지불 의사액 기준은 필요나 욕구의 크기를 판단하는 방법 중 하나이다. 시간이나 노력 측면에서의 지불 의사도 마찬가지이다. 지불 의사액이 지불 능력에 좌우된다는 점에서 지불 의사액 기준은 어떤 면에서 가난한 사람들을 차별한다고 할 수 있다. 하지만 시간이나 노력의 지불 의사는 그런 문제가 없다. 물론 돈이 부족한 것과 시간이 부족한 것 사이에는 상관관계가 있을 수도 있고, 없을 수도 있다. 어떤 부자들은 엄청나게 바쁜 반면에, 어떤 부자들은 시간이 넘쳐 나기 때문이다. 마찬가지로 가난한 사람들도 무척 바빠서 시간이 없을 수도 있고, 전혀 바쁘지 않고 시간이 넘쳐 날 수도 있다. 그러므로 지불 의사액 기준은 가난한 사람들을 차별하는 반면에, 시간이나 노력의 지불 의사 기준은 그렇지 않다고 이야기하는 것은 너무 미숙한 주장이다. 오히려 시간이나 노력의 지불 의사는 시간이 많지 않은 사람들을 차별한다고 할 수 있을 것이다.

그나마 정부는 표적화의 한 방법으로 — 어떤 재화를 진정으로 원하고 필요로 하는 사람들에게 해당 재화가 분배되도록 하기 위한 하나의 방법으로 — 시간이나 노력의 지불 의사 기준을 이용하기로 선택할 수 있다. 또한 사람들이 납세 준비와 같은 관련 업무를 의뢰하기 위해 다른 사람에게 돈을 지불하고자 하는 경우에는 지불 의사액과 시간이나 노력을 지불하고자 하는 의사 간의 차이가 없어진다는 점도 주목할 만하다.

문제는 많은 경우에 슬러지가 매우 불완전한 표적화 방법이라는 점이다. 복잡하고 이해할 수 없는 연방 보조금 신청 서류는 재정적인 도움을 필요로 하는 사람들에게 실질적인 도움이 제공되도록 하는 신뢰할 만한 방법이 딱히 아니다. 예컨대 근로 소득 세액 공제 자격을 갖춘 사람들에게 공제받을 수 있도록 하는 것이 목표라면 슬러지는 최선의 선별 방법이 아닐 수 있다. 물론 시련에는 나름의 목적이 존재하고 슬러지는 하나의 시련이 될 수 있을 것이다. 그러나 슬러지는 신뢰할 수 있는 방법이 아니다. 실제로는 상황을 더 악화시킬 수 있다. 시련은 때때로 가난한 사람들이 직면하는 여러 한계와 맞물려서 가장 절박한 요구를 가진 사람들을 배제하는 작용을 하기도 한다. 표적화라는 관점에서 보자면 사실상 반대로 작용하는 셈이다. 바로 여기에 핵심이 있다. 즉 서류 작업 부담이 분배 효과라는 측면에서 평가되어야 한다는 것이다. 서류 작업 부담이 사회의 가장 불리한 구성원들에게 특히 부정적인 결과를 초래한다면 심각한 문제이다.

슬러지 감축

언급한 97억 8천만 시간이라는 숫자로 돌아가 보자. 연방 정부의 서류 작업 프로그램을 다루고 있다는 점에서 우리는 이 숫자에 진지하게 관심을 가질 필요가 있다. 아울러 기관들마다 수치에서 상당한 차이가 있으며, 〈표 7.1〉에

서 강조된 전체적인 숫자들보다 그런 차이가 더 많은 것을 설명해 준다는 사실을 알 필요가 있다.[39]

〈표 7.1〉 2015년 회계 연도 기관별 서류 업무 부담 시간(단위: 백만 시간)

기관	부담 시간
재무부/국세청IRS	7,357.22
보건 복지부HHS	695.88
증권 거래 위원회SEC	224.89
교통부DOT	214.21
국토 안보부DHS	203.39
환경 보호국EPA	156.89
노동부DOL	144.71
연방 거래 위원회FTC	135.37
농무부USDA	127.55
교육부	90.84

〈표 7.1〉의 수치들은 어디에서 슬러지 문제가 가장 심각하고, 어디에서 슬러지를 가장 많이 줄일 수 있는지 파악하는 데 실질적인 도움을 준다. 특히 재무부 산하의 국세청은 슬러지 생산에 한해서 단연 올림픽 금메달감이다. 교육부는 목록에서 가장 낮은 순위에 위치하지만, 그런데도 연간 9천만 시간의 서류 작업 부담은 대학교와 고등학교 학생들에게 심각한 비용을 부과한다. 미가공된 수

치만으로는 이런 부담이 얼마나 필요한 것인지 알 수 없다. 아마도 농무부는 슬러지를 20퍼센트 줄여야 하며, 보건 복지부는 10퍼센트를 줄여야 할 것이다. 어디에서 얼만큼 줄일 수 있는지 알기 위해서, 줄이는 것을 돕기 위해서 우리는 무엇을 할 수 있을까?

이 질문은 중요한 동시에 많은 정치적인 사안에 서로 다른 의견을 가진 사람들의 관심을 끌 수 있다. 기후 변화나 부유세, 이민법 등과 관련해서는 사람들이 서로 분열될 수 있겠지만, 그런 사안은 슬러지를 줄이는 문제와 대체로 무관하다. 물론 우리가 보았듯이 낙태 문제와 같은 어떤 사안에서는 기본적인 가치관과 관련된 이유로 슬러지가 도입되고 각자의 이념에 따라 분열이 일어나기도 한다. 하지만 우리는 그러한 분열에 가까이 가지 않고서도 슬러지를 줄이기 위해 많은 것을 할 수 있다.

정보 및 규제 사무국

공공 기록 관리법 감독을 맡은 정보 및 규제 사무국은 상당한 재량을 갖는다. 나는 오바마 행정부에서 해당 사무국의 관리자로 근무했고, 의지만 있다면 사무국이 슬러지를 줄이기 위해 많은 일을 할 수 있음을 알게 되었다.

정보 및 규제 사무국은 특정 시기와 관련 없이 서류

작업 부담을 줄이기 위해 노력한다. 때로는 악당처럼 굴 수도 있다. 연방 기관에 그들의 정보 수집 요구를 철저하게 검토할 거라고, 반대로 그렇게 하지 않을 거라고 신호를 보낼 수 있다. 기관들의 정보 수집 요구를 개별적으로 심사하는 까닭에 매년 추가되는 서류 작업 부담을 축소하기 위해 그때그때 임시방편으로 대응할 수도 있고, 그렇게 하지 않을 수도 있다.[40] 또는 더욱 체계적으로 일할 수도 있다. 이를테면 정기적으로 기관들에 슬러지를 줄이기 위한 노력을 수행하도록 지시할 수 있다.[41] 〈데이터 콜〉이라고 불리는 것을 이용해서 정보 수집 행위에 관련된 정보를 묻고 요구 사항도 부과할 수 있다. 어쩌면 서류 작업 부담의 축소라는 야심 찬 목표를 아우르는 구속력 있는 지침을 발행할 수도 있다.[42] 백악관의 다른 사무국이나 또는 대통령과 직접 협력해서 대통령 제안서나 행정 명령을 발행하는 식이다. 대통령이 기관들에 슬러지를 줄이라고 지시하면 슬러지는 크게 줄어들 수 있다.

정보 및 규제 사무국은 사실상 이 모든 일을 했다. 2012년에 내가 사무국의 관리자로 있을 때, 우리는 기관들에 서류 작업 부담을 줄이기 위한 다수의 조치를 취하도록 지시했다.[43] 다른 무엇보다 우리는 다음과 같은 상당히 공격적인 요구와 함께 서류 작업 부담의 〈유의미한 정량적 축소〉를 요구했다.

현재 높은 서류 작성 부담을 부과하는 〈재무부,
보건 복지부, 증권 거래 위원회, 교통부, 환경 보호국,
국토 안보부, 노동부, 농무부를 포함하도록 정의된〉
기관들은 연간 2백만 시간 이상의 부담을 줄일 수 있
는 최소한 한 가지 이상의 계획이나 복합적인 계획을
제시하기 위해 노력해야 한다. 모든 기관은 연간 최
소한 5만 시간의 부담을 제거할 수 있는 최소한 한 가
지 이상의 계획이나 복합적인 계획을 제시하기 위해
노력해야 한다.[44]

행정부로서는 절차상의 다양한 수단 중에서 무엇을
선택할지는 매우 중요하다. 예를 들어, 대통령의 지시는
가장 강력한 수단이다. 만약 대통령의 이름으로 어떤 문
서가 발행된다면, 기관들은 해당 서류를 매우 심각하게
받아들여야 한다는 사실을 알 것이다. 반대로 가장 미력
한 수단은 데이터 콜이다.

이 부분에 대한 설명을 위해 나는 미국 대통령과 대
화한 내용을 공개하지 않기로 한 나의 통상적인 규칙을
깨고자 한다. 버락 오바마Barack Obama 대통령의 첫 번

째 임기 중에 열린 한 회의에서 우리는 기관들에 일단의 원칙과 요구 — 일부는 규제 완화와 관련 있었다 — 를 따르도록 지시하는 방법을 놓고 다양한 선택지를 논의했다. 대통령은 나중에 행정 명령 13563호가 될 새로운 행정명령을 발령하기로 결정했다. 앞서 나는 장차 내가 발령하게 될 데이터 콜을 비롯해서 다양한 보충안과 대안을 제시한 터였다. 그리고 회의가 끝날 무렵에 나는 대통령에게 데이터 콜은 어떻게 할 것인지 물었다. 약간의 연민과 장난기, 불신이 섞인 표정으로 대통령이 대답했다. 「캐스, 미국인들은 당신의 터무니없는 데이터 콜에 별로 관심이 없어요.」(어쩌면 그는 〈터무니없는darned〉이라는 말 대신에 다른 단어를 썼을 수도 있었다.)

슬러지 축소를 지시하는 명령의 내용적인 측면에서도 중요한 문제들이 존재한다. 데이터 콜은 〈서류 작업 부담을 심각하게 받아들이시오〉 또는 〈서류 작업 부담을 줄일 수 있는 만큼 줄이시오〉와 같이 제한을 두지 않는 기준의 형태를 취할 수 있다. 앞서 인용한 글에서 보듯이 〈연간 5천만 시간의 부담을 없애시오〉 또는 〈기존의 부담을 10퍼센트 줄이시오〉와 같이 구체적인 수치를 명시할 수도 있다.[45] 또한 서류 작성 부담을 줄이기 위한 방법으로 과거에는 다음과 같이 구체적으로 명시한 적이 있다.[46]

첫째, 단기 형태의 선택지를 이용하라.

둘째, 전자 통신을 허용하라.

셋째, 사전 서류 작성을 장려하라.

넷째, 정보 수집 횟수를 줄여라.

다섯째, 정부가 이미 보유한 정보를 재활용하라.[47]

이 제안은 표준적인 정식 표현이며, 다양한 강도로 실행될 수 있다. 또한 더 공격적인 새로운 표현도 고려해 볼 가치가 있다.

97억 8천만 시간이라는 수치를 기억한다면, 우리는 정보 및 규제 사무국이 새로운 부담의 유입과 기존의 부담 모두에 주안점을 두고서 서류 작업 부담을 줄이기 위해 전례가 없을 만큼 과감한 노력을 기울여야 한다는 점에 동의할 수 있을 것이다. 그리고 이런 노력을 보여 주기 위해 어쩌면 사무국은 (되도록이면) 대통령의 명령으로, 아니면 사무국의 자체 지시로(마찬가지로 좋은 방법이다) 앞으로 6개월 동안 다음과 같은 것을 요구하는 계획을 발표할 수 있다.

- 앞서 열거한 서류 작업 부담 축소 방법을 통해 기존의 부담을 줄이기 위한 최소한 세 가지 이상의 방책을 찾아낼 것.

- 상당한 서류 작성 부담을 부과하는 모든 기관에 의한 (표준화된 정의를 바탕으로 한) 최소 10만 시간의 기존 부담 축소와 현재 가장 많은 부담을 부과하고 있는 기관들에 의한 최소 3백만 시간의 부담 축소.
- 노인, 장애인, 빈곤층 등 취약 계층에 부과되는 부담을 줄이는 데 중점을 둘 것.
- 현 정부에서 특별히 관심을 갖는 특정 정책의 우선순위가 그런 행정 부담 때문에 위협받는 경우에는 부담을 줄이는 데 초점을 맞출 것. (이 부분은 행정부마다 다를 수 있으며, 동일한 행정부라도 시간이 지남에 따라 다를 수 있다.)

이런 종류의 계획은 다양한 방식으로 구체화될 수 있다. 사무국과 관련 기관들의 상호 작용은 의심할 여지 없이 참신한 아이디어들을 창출할 것이다. 정책 우선순위와 관련해서는 행정부마다 다른 선택을 할 수 있다. 어떤 행정부는 건강 보험 개혁법에 따라 정보 수집 부담을 줄이고자 할 것이고, 어떤 행정부는 중소기업이나 신생 기업에 부과되는 슬러지를 강조하고자 할 것이다. 운송 부문이나 교육 기관들에 부과되는 부담을 강조하는 행정부도 있을 수 있다. 또 어떤 행정부는 이 모든 것을 다 하고자 할 것이다. 중요한 사실은 많은 행정 부담이 주 정부와 지방 정부에 부과된다는 것이다. 사무국은 그들에게 아무런 직접적인 권한을 갖지 않는다. 그러나 연방 정부와 주 정부, 지방 정부가 서로 협력해야 하는 부분에서 슬러지를 제거하기 위해 소집력을 이용할 수 있다.

청구 재판소

이런 배경에는 한 가지 문제가 도사리고 있다. 연방 정부가 공공 기록 관리법에 반하여 서류 작업 부담을 부과하는 경우에 과연 법적인 해결책이 있는가 하는 것이다. 보건 복지부가 병원에 일단의 혼란스럽고 복잡한 서류를 작성하도록 요구한다고 가정해 보라. 그리고 관련 부담이 최소화되지 않았을뿐더러 실용성도 거의 없다는 점에서 명백히 공공 기록 관리법에 저촉된다고 가정해 보라. 병원은 공공 기록 관리법을 언급하며 그와 같은 요구를 무효화해 달라고 요구할 수 있을까?

아마도 그럴 가능성은 거의 없을 것이다. 사무국이 정보 수집 요구를 승인한 이상 사람들은 요구에 따라야 하는 것이 일반적인 규칙이기 때문이다.[48] 청구 재판소의 표현대로라면, 정보 및 규제 사무국은 〈행정 관리 예산국의 승인을 받지 않은 정보 수집 요구에 대하여 민간인이 시간이나 노력 또는 재원을 소비하지 않을 권리를〉 부여할 수 있을 뿐이다.[49] 이 같은 판례는 이후에 많은 법원에서 인용되었으며,[50] 다음과 같은 공공 기록 관리법상의 관련 조항에 따라 지지되고 있다.

- 다른 법률 조항에도 불구하고, 다음의 경우에는 본 하위 조항의 적용을 받는 정보 수집 요구에 응하지 않았다는 이유로 누구도 처벌할 수 없다.

  1. 정보 수집 요구서에 〈본 하위 조항에 따라 책임자가 지정한 유효한 관리 번호가 표시되어 있지 않은〉 경우.

  2. 정보 수집 요구에 따라야 하는 사람에게 〈정보 수집 요구서에 유효한 관리 번호가 표시되어 있지 않는 한〉 반드시 따를 필요는 없다는 사실을 기관이 고지하지 않은 경우.

- 이 조에서 제공되는 보호는 완전한 변론이나 변호인 또는 그 밖의 형태로 기관의 행정 처리나 그에 적용되는 사법 처리 과정 중에 언제든 제시될 수 있다.[51]

앞과 같은 분명한 표현은 공공 기록 관리법상 정보 수집 요구서에 정보 및 규제 사무국의 승인을 받았음을 보여 주는 관리 번호가 있고, 표시만 되어 있으면 된다고 암시한다. 적어도 정보 수집 요구가 강제적이고 일정 수준의 부담을 초과하는 경우에는, 그리고 공공 기록 관리법 조문을 감안할 때 사무국의 승인이 임의적이거나 일관성이 없는 경우에는 공공 기록 관리법이 민간인들에게 더욱 광범위한 반대를 허용하도록 수정되어야 한다는 타당한 주장도 있다. 행정 절차법은 공무원의 임의적이거나 일관성이 없는 결정에 대해 일반적으로 사법 처리를 허용한다.[52] 막대한 비용과 침해 문제를 고려했을 때, 마찬가지로 정보 수집 요구에도 이와 같은 기준이 적용되어야 할 것이다.

의회

공공 기록 관리법이 다른 방향으로 수정되어야 할까? 물론이다. 특히 세 가지 개혁은 현 상황을 개선하는 데 많은 도움이 될 것이다.

첫 번째로 의회는 현행 정보 수집 요구가 정당화될 수 있는지 파악하기 위해서, 그리고 시대에 뒤떨어지거나, 무의미하거나, 너무 많은 비용이 드는 요구를 없애기 위해서 기존의 서류 작업 부담을 주기적으로 〈검토〉하도록 요구해야 한다. 이 개혁은 전반적인 규제에 대한 기존의

검토 요구를 바탕으로 할 것이다.[53] 서류 작업 부담의 검
토는 의회에 공개적으로 이용 가능한 보고서를 제출하라
는 요구와 함께 2년 주기로 실시될 수 있다. 두 번째로 의
회는 기관에 그들의 목표를 달성하기 위해 최소한의 부담
을 부과하는 방식을 선택하도록 공개적으로 요구해야 한
다. 이러한 요구는 본질적으로 비용 효율성과 관련 있다.
예를 들어, 연례 보고가 분기별 보고만큼이나 효과적인
경우에 기관들은 연례 보고를 선택해야 한다. 우리가 살
펴보았듯이 현행법은 기본적으로 비용 효율성을 요구한
다고 이해될 수 있지만, 여기에 명시적인 입법 신호까지
더해진다면 상당한 도움이 될 것이다. 세 번째로 의회는
서류 작업의 편익이 비용을 정당화하도록 명시적으로 요
구해야 한다. 앞서 보았듯이 현행 공공 기록 관리법도 비
용과 편익의 균형을 요구하는 듯 보인다. 그런데도 관련
법령은 이 부분에서 좀처럼 명확하지 않다. 다시 한번 말
하지만, 의회는 그들의 의도와 관련해서 명시적인 신호를
주어야 한다.

　　다른 일반적인 규제와 마찬가지로 서류 작업과 관련
해서도 비용 효율성과 비용 편익 분석 사이의 차이를 이
해하는 것이 중요하다. 비용 효율성은 특정 목표를 달성
하는 과정에서 최소한의 비용이 드는 방식을 채택하도록

요구한다. 그런 점에서 비용 효율성은 겸손한 개념이며, 논란의 여지도 적을 것이 분명하다. 하지만 비용 효율적인 부담일지라도 비용 편익 분석을 통과하지 못할 수 있다. 결과적으로 좋지 않은 생각이다. 따라서 아무리 비용 효율적인 부담일지라도 모든 것을 감안할 때 가치가 있는지 확실히 하기 위해서는 비용 편익 분석 측면에서도 평가가 이루어질 필요가 있다.

서류 작업 부담을 부과할 때 비용과 편익의 균형을 맞추는 일이 항상 간단한 것은 아니다. 그런데도 균형을 맞추는 일은 중요하다. 그런 조율 작업을 진행할 때 기관들의 일반적인 목표는 경제적인 측면에서 이해되는 사회적 편익과 사회적 비용을 비교하는 것이다. 서류 작업 부담은 경제적인 측면에서 이해되는 사회적 편익을 생성할 수도 있지만, 그렇지 않을 수도 있다. 예컨대 국세청이 납세자들에게 서류 부담을 부과하는 이유는 법률이 그들에게 요구하는 바를 확실히 충족하기 위함일 것이다. 경제적 비용(금전 가치로 환산된 시간 측면에서)과 경제적 편익(재무부가 벌어들인 현금 측면에서)을 이야기하는 것은 누구나 할 수 있다. 하지만 그런 것이 비용 편익 분석은 아니다. 서류 작업은 자격이 없는 사람들에게 혜택이 돌아가지 않게 할 때처럼 어떤 혜택을 신청하는 사람들이 실제로 그 혜택을 누릴 자격이 있는지 확실히 하기 위해 설계될 것이다.

그런 경우에 대략적인 접근법은 비용과 편익의 정당화를 경제적인 측면에서 이해되는 사회적 비용과 사회적 편익을 비교하기 위한 노력으로 이해하기보다 비례성에 대한 평가를 수반하는 어떤 것으로 이해해야 한다. 상당한 비용이 목표를 달성하는 데 도움이 되는가? 비용의 크기는 어느 정도이며, 해당 비용을 감수함으로써 얻을 수 있는 것의 크기는 어느 정도인가? 현실적인 수치는 결정에 필요한 정보를 제공하고 슬러지를 방지하는 데 도움을 줄 것이다.

내가 강조하고 싶은 점은 아무리 투박한 비용 편익 분석일지라도 결정적인 정보가 될 수 있다는 것이다. 비용 편익 분석은 기관 입장에서 시간적인 부담을 정확히 파악하고, 그 시간을 금전 가치로 환산할 강력한 유인으로 작용할 수 있다. 동시에 그들에게 정보 수집에 따른 예상 편익과 관련해서 더욱 구체적이고 정량적이어야 할 유인을 만들어 줄 것이다. 정부가 알고자 하는 것이 무엇인가? 정부가 알아야 할 것은 무엇인가? 이유는 무엇인가?

우리는 정보 수집이 정말로 유익하며, 과연 그로 인해서 파생되는 온갖 문제를 감수할 가치가 있는지와 관련해서 훨씬 더 많은 정보가 필요하다. 그런 면에서 비용과 편익의 균형 요구는 도움이 될 것이다. 또한 정보 수집에 따른 편익이 비용을 정당화하는지를 평가하는 방법을 개선하거나 더욱 창의적인 방법을 개발하는 데에도 도움이 될 것이다.

슬러지 감사

많은 기관이 정기적으로 슬러지 감사를 실시해야 한다. 특히 정부는 그래야 한다. 다수의 민영 기관도 마찬가지이다. 은행, 보험 회사, 병원, 대학교, 출판사 등은 슬러지를 줄임으로써 많은 돈을 절약할 수 있으며, 그들과 거래하는 사람들의 경험도 크게 개선할 수 있다. 심지어 사람들의 삶도 바꿀 것이다. 슬러지가 엄청난 좌절을 초래할 수 있을 뿐 아니라 건강을 해치거나 생명까지 빼앗아 갈 수 있는 병원 같은 경우에는 특히 강조할 가치가 있다.

나는 슬러지 감사가 공식적인 형태와 비공식적인 형태를 모두 취할 수 있다는 점에 주목했다. 슬러지 감사는 상당한 정량화를 수반할 수도 있고, 더 질적인 부분에 집중할 수도 있다. 가장 간단한 방식으로는 슬러지 감사를 통해 공공 기관이나 민영 기관에 기존 수준의 슬러지가 그들에게 이익이 되지 않음을 직접적으로 보여 주는 것이다. 공공 부문에 대한 슬러지 감사에서 슬러지가 너무 많아 어린 학생들이 무료 급식을 이용하는 데 어려움을 겪는 것으로 나타난다면 공무원들은 슬러지를 줄이기 위해 조치를 취해야 한다. 신청서의 1백 개가 넘는 질문 때문에 학생들이 재정 지원을 받는 데 어려움을 겪는 것으로 나타나는 경우에는 그런 사실을 파악한 자체만으로도 슬러지를 줄이기 위한 진지한 노력이 촉발될 수 있다. 가난한 가정들이 법적인 권리를 보유했음에도 식량 지원을 받는 데 곤란을 겪는 경우에는 그들에게 온라인 서비스를 이용하게 함으로써 슬러지를 줄이는 방법이 꽤 매력적으로 보일 것이다.

민간 부문에서는 소비자가 어떤 제품 — 자동차 같은 — 을 구매하기 위해 해야 할 무언가를 하기가 어려운 것으로 드러나는 경우에 기업은 관련 절차를 간소화할 수 있다. 그렇게 함으로써 더 많은 소비자를 끌어모으고, 평판 측면에서 광범위한 편익을 창출할 수 있을 것이다. 소비자들의 불만에도 기업 차원에서 아무런 대응이 없으면 소비자들이 더욱 끔찍한 경험을 하게 될 거라는 사실은 딱히 새삼스러운 일이 아니다. 많은 기업은 이와 같은 문제를 줄이기 위한 노력에서 창의적인 방식으로 혁신을 이루어 왔다. 우리는 일반 시민이나 소비자에게 중요한 모든 것에서 슬러지가 없는 정부나 기업이 되기 위한 일종의 경쟁을 쉽게 상상해 볼 수 있을 것이다. 그리고 피고용인이나 투자자, 학생 등에 대해서도 동일한 상상을 해 볼 수 있다.

정반대로 공공 기관이나 민영 기관은 슬러지가 그들의 이익에 부합한다는 사실을 알고 있거나 알게 될 수 있으며, 그런 경우에 슬러지 감사는 슬러지를 줄일 유인을 만들지 못할 것이다. 슬러지 때문에 이민이 감소하는 경우에 일부 공무원들은 기꺼이 슬러지를 부과하고자 할 것이며, 어쩌면 슬러지를 늘리고자 할 수도 있다. 슬러지가 특정 직업군에 대한 진입 장벽으로 작용하는 경우에도 기존 진입자들의 이해에 익숙해진 공무원들은 별다른 불만이 없을 수 있다. 구독을 시작하기는 쉽지만, 중단하기는 어렵게 만드는 것 또한 사업을 잘하는 방법이다. 신중한 실험은 어쩌면 그런 전략이 최선이라고 이야기할지 모른다. 일정 수준의 슬러지에 대한 불만을 처리하는 과정은 단순히 정당하지 않은 불만을 걸러 내는 일만이 아닐 수 있다. 즉 정당한 불만인 경우에는 돈을 절약해 줄 수 있다. 이외에도 슬러지가 기업들의 경쟁적인 이해에 부합하는 상황은 얼마든지 상상해 볼 수 있다. 그러면 다음과 같은 의문이 남는다. 이와 같은 상황이 바로 규제를 통한 적절한 대응이 요구되는 일종의 행동 과학적 시장 실패일까? 답은 대체로 〈그렇다〉일 것이다.

가장 중요한 사실은 공공 기관의 경우에 그들의 실적을 개선할 수 있는 유의미한 기회가 슬러지 감사를 통해 자주 드러날 거라는 점이다. 세계 각국의 정부는 어렵지 않게 서류 작업 부담을 목록화해서 정보 수집 예산을 세울 수 있다. 그런 서류 작업 부담 중 일부는 의심할 여지 없이 타당할 것이 확실하다. 게다가 최악의 슬러지는 아예 서류 작업의 형태가 아닐 수 있다(줄을 선 채로 한없이 기다리는 시간을 생각해 보라). 그런데도 정부 입장에서 정보 수집 예산은 특히 슬러지 감축 노력에 박차를 가할 수 있다는 점에서 중요한 출발점이다. 민영 기관들은 내부적인 용도로 사용되는 경우를 위해서라도 — 대중적인 투명성을 위해서도 좋은 생각일 수 있다 — 유사한 목록을 만들어야 할 것이다.

적을수록 더 좋다

일반적으로 규제 완화 개념은 환경이나 식품 안전, 자동차와 같은 것들에 대한 공식적인 규제를 없애는 것으로 이해된다. 하지만 행정 부담은 그 나름의 방식으로 구속력을 갖고 일종의 세금을 부과한다. 연간 100억 시간에 가까운 서류 작업을 요구한다고 가정할 때 행정 부담은 최소 약 2천억 달러에 상당하는 비용을 부과한다. 합리적인 행위자와 편향된 행동(타성이나 현재 편향과 같은)을 보이는 행위자 모두에게 행정 부담은 과도한 비용을 부과하거나, 권리 행사를 포기하게 하거나, 다양한 종류의 중요한 편익에 대한 접근을 차단할 수 있다. 실질적인 경제적, 심리적 영향을 고려하면 2천억 달러라는 수치도 매우 축소된 셈이다. 슬러지는 가장 기본적인 권리를 침해하며 생명을 빼앗을 수도 있다.

이런 상황에서 서류 작업 부담에 초점을 두고, 이른바 행동 과학을 바탕으로 규제를 완화하려는 노력을 옹호하는 주장은 설득력을 갖는다. 이러한 노력은 기존 요구를 근본적으로 간소화하고, 학습 비용과 준수 비용을 줄이기 위해 디폴트 옵션을 (더욱 잘) 활용하는 등 프로그램을 설계하는 단계에서부터 서류 작업 부담을 축소하도록 요구할 것이다. 이런 노력의 일환으로 자동 등록은 행정 부담을 0으로 낮출 수 있으며, 그런 점에서 매우 큰 효과를 가져올 수 있다. 자동 등록이 불가능한 경우에도 공무원들은 빈번한 알림, 간소화와 이해하기 쉬운 설명, 온라인이나 전화 또는 직접적인 도움, 심리적 비용을 줄이기 위한 환영 메시지 등과 같은 다양한 도구를 이용할 수 있을 것이다.

필요한 것은 비용 대비 편익을 따져 보고자 하는 노력과 분배 효과에 대한 신중한 평가 등 행정 부담을 둘러싼 지극히 실증적인 접근법이다. 행정 부담이 정말로 사기를 줄이는 데 도움이 되는가? 도움이 된다면 얼마나 되고 있는가? 참여율은 어느 정도이고, 가장 취약한 계층을 포함해서 얼마나 다양한 사람이 참여하는가? 시간과 돈측면에서 준수 비용은 얼마인가?

분명히 이런 질문에 대한 답이 항상 자명한 것은 아니다. 슬러지가 낙태권 행사를 포기하게 만든다면 그것이 편익인지, 아니면 비용인지에 대해서 사람들의 의견이 서로 엇갈릴 수도 있다. 슬러지가 손실을 초래하는지, 이득을 초래하는지 알아 가는 과정에서 때때로 우리는 가치관의 차이로 극심한 의견 충돌에 직면할 수 있다. 하지만 많은 경우에 그런 의견 충돌은 흥미롭지 않을 뿐 아니라 부적절할 수 있으며, 관련 정보의 획득은 슬러지라는 것이 굳이 감수할 가치가 없음을 보여 줄 것이다. 미래에는 슬러지 문제가 규제 완화 정책에서, 그리고 규제를 완화하려는 사람들에게 높은 우선순위를 지녀야 한다.

시간은 인간이 가진 가장 귀중한 자원이다. 공무원들은 사람들의 시간을 절약할 방법을 찾아야 할 것이다.

맺음말

정보의 가치와 관련해서 인류에게 가장 잘 알려진 이야기 중 하나는 다음과 같다.

> 그 뱀은 주 하나님이 만드신 들판의 어떤 짐승보다도 더 가라앉아 있었다. 예수께서 그 여자에게 말씀하셨다.
>
> 「그래, 하나님이 말씀하셨다. 너희는 정원의 모든 나무를 먹지 말라.」
>
> 그 여인이 뱀에게 말했다.
>
> 「우리는 정원의 나무 열매를 먹을 수 있다.」
>
> 그러나 하나님께서는 정원의 한가운데 있는 나무의 열매에서 〈너희는 그것을 먹어서는 안 되며, 너희가 죽지 않도록 만지면 안 된다〉고 말씀하셨다.

뱀이 그 여자에게 말했다.

「너는 반드시 죽지 않을 것이다. 너희가 그것을 먹는 날에, 너희는 눈을 뜨게 될 것이며, 너희도 선악을 아는 신처럼 될 것이라는 것을 하나님께서 알고 계시기 때문이다.」

그 여인은 그 나무가 먹기에 좋고, 그 나무가 눈에 좋고, 그 나무를 지혜롭게 하고 싶어하는 것을 보고 그 열매를 따서 먹고, 남편에게도 주었다. 그 여인은 그 나무를 먹었다.

그리고 두 사람의 눈이 떠져서, 그들이 벌거벗은 것을 알고, 무화과 잎을 꿰매고, 앞치마를 만들었다.[1]

사과를 먹은 이후에 아담과 이브는 정말로 눈을 떴다. 그런 점에서 뱀은 진실을 말했다. 그리고 눈을 뜬 이후로 아담과 이브는 수치심을 느꼈다(그들이 벌거벗고 있음을 깨달았다). 그들은 선과 악을 알게 되었고, 그런 점에서 뱀은 마찬가지로 진실을 말했다. 창세기에서는 또 이렇게 말한다. 〈주 하나님이 말씀하셨다. 보아라, 그 사람은 우리 가운데 하나가 되어 선과 악을 알게 되었다.〉 에덴 동산에서 쫓겨났을 때 아담과 이브는 모든 것을 잃었다. 그런데도 그들은 창세기가 그 중요성을 분명하게 알린 어떤 것을 얻었다. 바로 지식이다.

그 뱀은 신의 대리인이었을까? 신의 뜻을 이루기 위한 도구였을까? 신은 인간이 알기를 바랐을까? 일반적인 해석에 따르면, 이 세 가지 질문에 대한 답은 〈아니오〉이다. 본문에 근거할 때 일반적인 해석은 옳다. 하지만 자명해 보일 만큼 옳지는 않다. 아담과 이브의 이야기가 갖는 힘은 모든 독자로 하여금 묻고 싶게 만드는 필연적인 질문에 있다. 아담과 이브로서는 사과를 먹음으로써 더 자유롭고 인간답게 사는 편이 더 낫지 않았을까?

여기서 내가 이야기하고자 하는 것은 도덕이 아닌 사실에 대한 지식이다. 그러나 어떤 경우에는 정보를 얻는 사람들이 저주를 받기도 한다. 이런 현상이 가장 명백한 경우에 정보는 동요나 테러, 수치심, 절망을 야기하기도 한다. 정보를 취할지 말지 결정하는 것은 일종의 도박과 같다. 당신은 과연 그 카드를 뒤집어야 할까? 도박은 실패할 때가 많다. 어떤 경우에는 정보가 쓸모없거나 확정적으로 해로울 때도 있다. 당신이 잘할 거라고 다른 사람들이 생각한다는 사실을 당신이 이미 알고 있거나, 또는 당신이 당신의 생각처럼 잘 준비되었다는 사실을 이미 알고 있는 경우에도 당신의 성과는 의외로 좋지 못할 수 있다. (당신은 당신의 모든 친구가 당신을 어떻게 생각하는지 정말로 알고 싶을까? 내가 조사한 바에 따르면 대부분의 사람은 아니라고 말한다.)

나는 생명을 연장해 주고 구해 주는 정보의 도구적 가치와 쾌락적 가치를 강조해 왔다. 삶에는 좋은 정보들이 많다. 그런 정보를 얻는 것은 재미있거나 즐거우며 때때로 큰 위안을 주기도 한다. 딱히 즐거운 내용이 아닌 경우에도 사람들은 정보를 얻는 것을 좋아한다. 그리고 오늘 얻은 정보는 비록 당장은 만족스럽지 않더라도 내일이 되면 만족스러울 수 있으며, 모레가 되면 더욱 만족스러울 수 있다. 나는 정보에 대한, 그리고 자신의 질문이 답을 얻게 될 거라는 전망에 대한 사람들의 정서적인 반응이 얼마나 중요한지 강조하고자 노력했다. 사람들이 정말 알고 싶어 하는지, 만약 그렇다면 언제 알고 싶어 하는지, 우리는 그들이 마침내 알게 되었을 때 어떻게 느낄 거라고 생각하는지에 초점을 맞추어야 한다. 사람들이 〈의무적으로〉 알고자 하는지를 알고 싶은 경우에 우리는 그런 정서적인 측면에 많은 주의를 기울여야 할 것이다. 정서적인 부분을 외면하는 것은 둔감하거나 일종의 잔인함일 수 있다.

사람들이 언제 정보를 추구하거나 외면하고자 하는지, 그리고 정보를 추구하거나 외면하려는 그들의 행동이 과연 실수인지에 대해서는 아직도 할 이야기와 배울 것이 많다. 내가 생각하기에는 앞과 같은 소견에 이미 이야기의 본질이 들어 있는 것 같다. 어쨌거나 이런 소견은 다가올 수십 년을 정의하는 데 도움이 될 공공 정책을 둘러싼 끈질긴 질문들에 대해서 생각할 수 있는 토대를 제공할 것이다. 무수히 많은 분야에서 정보 공개는 사람들이 위험에 처할 때마다 권장되는 접근법이다. 그리고 인간의 행동이 심각한 도덕적 문제를 일으킬 때마다 우리는 이렇게 주장할 수 있을 것이다. 소비자는 알 권리가 있다.

만약 이런 주장이 맞다면 〈알 권리〉라는 표현은 일반적으로 도움이 되지 않는다. 진짜 문제는 모든 것을 고려했을 때 정보를 앎으로써 사람들의 삶이 좀 더 나아질 것인가 하는 것이기 때문이다. 이 질문에 답하기 위해 우리는 정보가 사람들에게 어떻게 도움을 주는지, 그리고 어떻게 해를 끼치는지 관심을 가질 필요가 있다. 여기에 더해서 분배 효과—누가 이득을 보고, 누가 손해를 보는지—에 대해서도 알 필요가 있다. 정보는 사회의 최하층에 위치한 사람들에게 도움을 줄 수 있다. 어떤 경우에는 생명을 구할 수도 있고, 어떤 경우에는 잘못된 추론을 유도함으로써 심각한 위험을 초래할 수도 있다. 최신 증거들이 암시하는 바에 따르면, 칼로리 표시는 좋은 발상일 수 있는 반면에, 유전자 변형 식품 표시는 거의 확실하게 나쁜 생각이다. 특정한 결론은 의무적인 정보 공개에 따른 실질적인 효과를 탐구해야 한다는 주장보다 덜 중요하다.

페이스북 자료에서 부각된 교훈은 흥미롭다. 즉 사람들은 자신을 조금이라도 덜 행복하게 만드는 듯 보이는 플랫폼 사용을 포기하는 대가로 상당한 액수의 돈을 요구하고자 한다. 왜 그런지 정확히 알 수는 없지만, 그들을 행복하게 만들어 주든 아니든 상관없이 페이스북을 통해 얻는 정보 — 친구나 가족, 정치에 관한 — 가 그들에게 중요하기 때문일 거라는 추측은 타당한 듯 보인다. 바로 여기에 인간의 복지 개념이 갖는 복잡성과 인간의 복지를 단순히 행복이라는 관점에서 이해하고자 할 때의 불완전함에 대한 중요한 단서가 있다. 그런 점에서 존 스튜어트 밀이 벤담식 공리주의에 반대하는 이유는 타당하다. 다음은 밀의 벤담에 대한 주장이다.

다른 이상적인 목표를 추구하는 것 자체가 인간의 본성이라는 점을 거의 인식하지 못한다. 인간이 가진 도의심과 개인적인 가치 — 다른 사람의 의견과 무관하거나, 반대로 작용하는 개인적인 행복감과 수치심, 아름다움과 사랑, 예술적인 열정, 모든 영역에서 질서와 조화, 일관성을 추구하고자 하는 열정과 자신의 목표를 이루기 위한 순응, 다른 인간을 상대로 한 제한된 형태의 힘이 아닌 추상적인 힘과 우리의 자유 의지를 효과적으로 만들어 주는 힘에 대한 사랑, 행동하고자 하는 열정, 즉 움직이고 행동하는 것에 대한 갈증과 다른 사람에게 영향을 받기보다 영향을 주고자 하는 원칙, 편안함을 추구하는 마음 등 ── 를 거의 이해하지 못한다. 세상에서 가장 복잡한 존재인 인간은 그가 보기에 매우 단순할 뿐이다.[2]

밀의 주장은 정보를 추구하는 사람들의 다양한 이유와 그 이유를 쾌락적 측면에 한정해서 이야기하기는 어렵다는 사실을 설명하는 데 유용하다.

정부는 사람이 아니지만, 그런데도 많은 정보를 원한다. 그리고 사정은 사람이나 정부나 매한가지이다. 요컨대 문제는 정보 획득에 따른 결과이다. 때로는 편익이 높고 비용이 낮을 수 있다. 정부는 정보를 이용해서 사람들의 삶을 개선할 수 있으며, 각종 프로그램을 제대로 작동하게 할 수 있다. 하지만 정보를 획득하려는 과정에서 종종 대량의 슬러지가 발생하기도 한다. 한 가지는 분명하다. 연간 97억 8천만 시간에 달하는 서류 작업 부담은 많아도 너무 많다는 사실이다. 각국 정부는 (그리고 민영 기업들도) 슬러지 감사를 실시할 필요가 있다.

앤토니아 수전 바이엇A. S. Byatt의 걸작 『소유』는 에덴의 동산 이야기의 확장판으로 볼 수 있다. 즉 지식의 습득에 초점이 맞추어져 있다. 지식을 축복이자 저주로 본다는 점에서 주제는 절묘한 동시에 양면 가치적이다. 결정적인 대목에서 랜돌프 애쉬는 그의 연인이자 영혼의 단짝 크리스타벨 라모트에게 이런 내용의 편지를 보낸다. 〈우리는 어쨌든 슬퍼하고 후회하게 될 겁니다. 그리고 나는 후회를 하게 된다면 환영이 아닌 현실을, 희망이 아닌 지식을, 망설임이 아닌 행동을, 단순히 병적인 가능성이 아닌 현실의 삶을 후회하고 싶습니다.〉[3] 이 말 속에는 체념과 절망이 아닌 기쁨과 삶이 있다. 애쉬는 그 결과가 일종의 몰락일 때조차 지식을 추구해야 한다는 결정적 주장을 하고 있다.

일상생활에서 애쉬의 주장은 일반적으로 (특히 마음이 시키는 일과 관련된 경우에) 설득력이 있다. 정부와 규제 기관에서는 모든 것이 훨씬 복잡할 수밖에 없다. 다가올 수십 년은 그들에게 소비자와 근로자, 투자자, 일반 시민의 삶을 돕고자 하는 목표와 함께 정보 공개를 요구할 수 있는 전례 없는 기회를 제공할 것이다. 그리고 많은 경우에 이러한 요구는 매우 훌륭한 생각이 될 것이다. 하지만 경우에 따라서는 적을수록 더 좋고, 많을수록 더 나쁠 수 있다. 문제는 정보가 실제로 사람들의 삶을 더 낫게 만들 수 있는 — 그리고 〈진정한 삶〉의 향유와 그 시간의 연장에 기여할 수 있는 — 가능성을 늘리는 것이다.

감사의 말

이 책이 나오기까지 도움을 준 많은 지인과 공동 연구자들에게 감사한다. 재미있고 멋진 협업에 더해서 직접 글까지 써 준 조지 로웬스타인과 오런 바길, 데이비드 슈케이드, 러셀 골먼, 에릭 포스너에게 특히 감사한다. 그들과 함께 작업할 수 있는 기회를 통해 여기에서 소개된 주제들을 더욱 깊이 이해할 수 있었다고 아무리 강조해도 지나치지 않을 것이다. (앞으로 더 많은 기회가 주어지기를.) 정보를 취사선택하는 과정에서 많은 토론과 협력 작업을 함께한 탈리 샤롯에게도 감사한다. 그 모든 과정이 이 책에 큰 도움이 되었다.

〈과연 알기를 원하는가〉라는 주제에 처음 관심을 갖고 본격적인 구상을 이어가게 된 것은 작고한 에드나 울먼마걸리트의 『통상적인 합리성Normal Rationality』에 소개된 눈부시고 명쾌한 에세이 「알기를 원하지 않는 것에 관하여」를 통해서였다. 귀중한 토론 기회를 내어 주었던 울먼마걸리트에게 정말 감사한다. 리처드 H. 탈러는 놀랍고, 창의적이며, 매력적이고, 유쾌하면서도 때로는 공격적인 토론자이며, 넛지와 넛징, 슬러지에 관한 우리의 공동 작업은 필수불가결한 것이었다. 시카고 대학교의 오랜 동료 존 엘스터에게도 감사를 전한다. 예전에 우리는 무지가 축복인지 아닌지 묻는 논문을 공동 작업하기로 계획한 적이 있다. 비록 계획을 실행에 옮기지는 못했지만, 나는 그에게서 많은 것을 배웠고 지금도 매일 그러고 있다.

훌륭한 편집자이자 친구이며, 크고 작은 부분에서 이책을 더 낫게 만들어 준 에밀리 태버에게 정말 감사한다(그래, 인정한다. 그녀는 사실상 이 책의 방향성을 재설정해 주었다). 캐슬린 카루소는 원고를 실제 책으로 바꾸는과정에서 민감하고 신중한 작업들을 진행했다. 익명의 검토자 3명도 큰 도움을 주었다. 앤드류 하인리히와 에단 로웬스, 잭 맨리, 코디 웨스트팔은 탁월한 연구 지원을 제공했다. 하버드 로스쿨의 행동 경제학과 공공 정책 프로그램 또한 필수적인 지원을 제공했다. 나의 에이전트 사라칼판트는 이 책을 가능하게 만들었다. 서맨사 파워는 모든 것을 가능하게 하며, 만약 그녀가 팝콘 맛을 망친다면 대개는 그렇게 하는 것이 최선이기 때문일 것이다.

이 책은 전작을 차용했지만, 모든 경우에 상당한 수정을 거쳤다. 2장은 캐스 R. 선스타인의 「팝콘 맛을 망친다고? 정보의 복지 효과Ruining Popcorn? The Welfare Effects of Information」를, 3장은 조지 로웬스타인, 캐스 R. 선스타인, 러셀 골먼의 「정보 공개: 심리학은 모든 것을 바꾼다Disclosure: Psychology Changes Everything」를, 4장은 오런 바길과 데이비드 슈케이드, 캐스 R. 선스타인의 「의무적인 정보 공개로부터의 잘못된 추론 도출 Drawing False Inferences from Mandated Disclosures」을, 5장은 에릭 포스너와 캐스 R. 선스타인의 「비용 편익 분석에서의 도덕적 사명감Moral Commitments in Cost-Benefit Analysis」을, 6장은 캐스 R. 선스타인의 「페이스북에 대한 평가Valuing Facebook」를, 7장은 캐스 R. 선스타인의 「슬러지와 시련Sludge and Ordeals」을 각각 차용했다. 공동 저자인 로웬스타인, 골먼, 바길, 슈케이드, 포스너에게 공동 저작물의 사용 허가와 다양한 수정, 삭제, 편집을 허용해 준 것에 다시 한번 고마움을 전한다. 그중 누구에게도 나의 수정과 실수에 대한 책임이 없음을 밝힌다. 이 책에서 다루어지지 않은 사안들에 대한 더욱 완전한 논의에 관심이 있는 독자들은 앞에 언급한 원본들을 참고하기 바란다.

1장 아는 것은 힘이지만 무지는 축복이다

1. Edna Ullmann-Margalit, "On Not Wanting to Know", in *Normal Rationality* 80 (Avishai Margalit & Cass R. Sunstein eds., 2017).

2. Russell Golman et al., "Information Avoidance", 55 J. Econ. Literature 96 (2017); Ralph Hertwig & Christopher Engel, "Homo Ignorans: Deliberately Choosing Not to Know", 11 Persp. Psychol. Sci. 359 (2016), https://doi.org/10.1177/1745691616635594.

3. Ullmann-Margalit, 앞의 주 1번.

4. Linda Thunstrom et al., "Strategic Self-Ignorance", 52 J. Risk and Uncertainty 117 (2016); Jonas Nordstrom et al., "Strategic Self-Ignorance Negates the Effect of Risk Information", https://editorialexpress.com/cgibin/conference/download.cgi?db_name=EEAESEM2016&paper_id=1949; Golman et al., 앞의 주 2번; Hertwig & Engel, 앞의 주 2번; Caroline J. Charpentier et al., "Valuation of Knowledge and Ignorance in Mesolimbic Reward Circuitry", 115 PNAS E7255 (2018).

5. Tali Sharot & Cass R. Sunstein, "How People Decide What They Want to Know", 4 Nat. Hum. Behav. 14 (2020).

6. Daniel Kahneman, *Thinking, Fast and Slow* (2011).

7. Linda Thunstrom & Chian Jones Ritten, "Endogenous Attention to Costs", 59 J. Risk and Uncertainty 1 (2019).

8. Chip Heath & Dan Heath, "The Curse of Knowledge", Harv. Bus. Rev. (Dec. 2006), https://hbr.org/2006/12/the-curse-of-knowledge.

9. 관련 논의는 Sharot & Sunstein, 앞의 주 5번.

10. Jon Elster, *Sour Grapes* (1983).

11. Thunstrom et al., 앞의 주 4번.

12. 같은 글.

13. 같은 글; Nordstrom et al., 앞의 주 4번.

14. Daniel Kahneman et al., "Experimental Tests of the Endowment Effect and the Coase Theorem", 98 J. Pol. Econ. 1325 (1990).

15. Jada Hamilton et al., "Emotional Distress Following Genetic Testing for Hereditary Breast and Ovarian Cancer: A Meta-Analytic Review", 28 *Health Psych.* 510 (2009).

16. Marta Broadstreet et al., "Psychological Consequences of Predictive Genetic Testing: A Systematic Review", 8 *European Journal of Genetics* 731 (2000).

17. 같은 글. 이 점에서는 〈감정적인 자기 규제〉에 관한 연구가 유용하다. Charles S. Carver & Michael F. Scheier, "Cybernetic Control Processes and the Self-Regulation of Behavior", in *Oxford Handbook on Motivation* 28 (Richard Ryan ed., 2012).

18. Cass R. Sunstein, "Illusory Losses", 37 J. Legal Stud. S157 (2008).

19. David Schkade and Daniel Kahneman, "Does Living in California Make People Happy? A Focusing Illusion in Judgments of Life Satisfaction", 9 *Psych. Scienc*e 340, 346 (1996).

20. Tali Sharot, *The Optimism Bias* (2012).

21. Amos Tversky & Daniel Kahneman, "Judgment under Uncertainty: Heuristics and Biases", in *Judgment under Uncertainty: Heuristics and Biases* 3, 11 (Daniel Kahneman et al. eds., 1982).

22. Niklas Karlsson et al., "The Ostrich Effect: Selective Attention to Information", 38 J. *Risk and Uncertainty* 95 (2009), https://www.cmu.edu/dietrich/sds/docs/loewenstein/OstrichEffect.pdf.

23. Charles Dorison et al., "Selective Exposure Partly Relies on Faulty Affective Forecasts", 188 *Cognition* 98 (2019).

24. Linda Thunstrom, "Welfare Effects of Nudges: The Emotional Tax of Calorie Menu Labeling", 14 Judgment and Decision Making 11 (2019), http://journal.sjdm.org/18/18829/jdm18829.html.

25. 같은 글. Nordstrom et al., 앞의 주 4번.

26. Thunstrom, 앞의 주 24번.

27. 같은 글.

28. Gerd Gigerenzer & Rocio Garcia-Retamero, "Cassandra's Regret: The Psychology of Not Wanting to Know", 124 Psych. Rev. 179 (2017), https://www.apa.org/pubs/journals/releases/rev-rev0000055.pdf.

29. Charpentier et al., 앞의 주 4번.

30. Yumi Iwamitsu et al., "Anxiety, Emotional Suppression, and Psychological Distress before and after Breast Cancer Diagnosis", 46 Psychosomatics 19 (2005); Theresa Marteau & John Weinman, "Self-Regulation and the Behavioural Response to DNA Risk Information: A Theoretical Analysis and Framework for Future Research", 62 Soc. Sci. & Med. 1360 (2006); Jada Hamilton et al., "Emotional Distress Following Genetic Testing for Hereditary Breast and Ovarian Cancer: A Meta-Analytic Review", 28 Health Psychol. 510 (2009).

31. Cass R. Sunstein, *The Ethics of Influence* (2015).

32. Thunstrom et al., 앞의 주 4번.

2장 복지의 측정

1. 의무론적 접근법에 대한 변론을 보려면 John Rawls, *A Theory of*

Justice (1972); Joseph Raz, *The Morality of Freedom* (1985). 복지주의 형태를 옹호한 글은 Matthew Adler, *Well-Being and Fair Distribution: Beyond Cost-Benefit Analysis* (2011).

2. 해당 제안을 다음에서 찾을 수 있다. https://www.federalregister.gov/documents/2019/08/16/2019-17481/tobacco-products-requiredwarnings-for-cigarette-packages-and-advertisements.

3. Adler, 앞의 주 1번; Matthew D. Adler, *Measuring Social Welfare: An Introduction* (2019).

4. 같은 책.

5. 이 부분과 이 장의 다른 부분에서 나는 Cass R. Sunstein, *The Cost-Benefit Revolution* (2018)에서 이전에 쓴 훨씬 간단한 설명과 Cass R. Sunstein, "Ruining Popcorn? The Welfare Effects of Information", 58 J. Risk and Uncertainty 121 (2019)에서 더 많은 설명을 차용했다. 설명은 이 책에서 특히 전자의 경우에 상당한 수정을 거쳤으며, 개선되었기를 바란다. (어느 정도의 반복이 엄밀히 이상적이지는 않더라도 자기모순보다는 낫지 않은가? 앙드레 지드의 표현에 비유하자면, 〈말해야 할 모든 것은 이미 말해졌다. 하지만 누구도 듣지 않고 있었기에 모든 것을 다시 말해야 한다.〉)

6. Cass R. Sunstein, *The Cost-Benefit Revolution* (2018).

7. W. Kip Viscusi, *Pricing Lives* (2018).

8. Kenneth Arrow, "Economic Welfare and the Allocation of Resources for Invention", in The Rate and Direction of Inventive Activity: Economic and Social Factors 6-5 (1962).

9. Richard H. Thaler & Cass R. Sunstein, Nudge: Improving Decisions about Health, Wealth, and Happiness (2008).

10. Shlomo Benartzi et al., "Should Governments Invest More in Nudging?", 28 Psychol. Sci. 1041 (2017).

11. 알림 경고에 대해서는 W. Kip Viscusi, Reforming Products Liability (1991) 참고. 전반적으로 비효과적인 넛지에 대해서는 Cass R.

Sunstein, "Nudges That Fail", 1 Behav. Pub. Pol'y 4 (2017).

12. H. Gilbert Welch, *Should I Be Tested for Cancer?* (2004). H. Gilbert Welch et al., Overdiagnosed (2012).

13. Wesley A. Magat & W. Kip Viscusi, *Informational Approaches to Regulation* (1992). Cass R. Sunstein, *Simpler: The Future of Government* (2013).

14. Omri Ben-Shahar & Carl Schneider, *More Than You Wanted to Know: The Failure of Mandated Disclosure* (2016).

15. Natalina Zlatevska et al., "Mandatory Calorie Disclosure: A Comprehensive Analysis of Its Effect on Consumers and Retailers", 94 J. Retailing 89 (2018).

16. Zlatevska et al., 앞의 주 15번, 93쪽 (표 1).

17. Joel Monarrez-Espino et al., "Systematic Review of the Effect of Pictorial Warnings on Cigarette Packages in Smoking Behavior", 104 Am. J. Pub. Health e11 (2014); Sven Schneider et al., "Does the Effect Go Up in Smoke? A Randomized Controlled Trial of Pictorial Warnings on Cigarette Packaging", 86 Patient Educ. and Counseling 77 (2012).

18. Monarrez-Espino et al., 앞의 주 17번의 예 참고. 경고 사진이 흡연자에게 미치는 영향을 다룬 1989년에서 2014년 사이에 발표된 2,456건의 논문 중 단지 5건만이 독창적인 무작위 대조군 실험을 포함했다. 동료 평가자들이 논문의 연구 설계 점수를 매길 때 무작위 대조군 실험에 가장 높은 점수를 주었다는 점을 유념하라.

19. Abigail Evans et al., "Graphic Warning Labels Elicit Affective and Thoughtful Responses from Smokers: Results of a Randomized Clinical Trial", 10 PLOS One 1 (2015)의 예 참고. 연구자들은 흡연자들이 실제로 경고 표시의 내용을 깊이 생각하는지, 또는 자신들의 메시지가 무시되는지를 두고 오랫동안 논쟁해 왔다. 이 연구는 그런 경고 표시들이 흡연자에게 강력한 영향을 미친다고 암시하고 있으며, 연구에 무작위 대조군 실험이 포함되었기 때문에 경고 사진의 영향이 분리될 수

있었다. 이 연구는 다른 연구들의 발견과 일치하는 몇몇 결과를 산출했다: 경고 표시에 정보가 적을수록 흡연자들은 더 주의 깊게 반응했다.

20. 유용한 개요를 참고하려면 다음을 보라. Kent D. Messer et al., "Labeling Food Processes: The Good, the Bad and the Ugly", 39 Applied Econ. Persp. & Pol'y 407 (2017), https://academic.oup.com/aepp/article/39/3/407/4085217.

21. Erica Myers et al., "Effects of Mandatory Energy Efficiency Disclosure in Housing Markets" (Nat'l Bureau of Econ. Research, Working Paper No. 26436, 2019), https://www.nber.org/papers/w26436.

22. Jens Hainmueller et al., "Consumer Demand for Fair Trade", 97 Rev. Econ. and Stat. 242 (2015), https://www.mitpressjournals.org/doi/abs/10.1162/REST_a_00467.

23. Nat'l Res. Council, Dolphins and the Tuna Industry, Nat'l Acad. Press, PL 42 (1992).

24. Mary J. Christoph & Ruopeng An, "Effect of Nutrition Labels on Dietary Quality among College Students", 76 Nutrition Rev. 187 (2018), https://www.ncbi.nlm.nih.gov/pubmed/29373747.

25. Ctrs. for Disease Control and Prevention, "CDC Study Finds Levels of Trans-Fatty Acids in Blood of U.S. White Adults Has Decreased" (Feb. 8, 2012), https://www.cdc.gov/media/releases/2012/p0208_trans-fatty_acids.html.

26. Anne N. Thorndike et al., "Traffic-Light Labels and Choice Architecture Promoting Healthy Food Choices", 46 Am. J. Preventive Med. 143 (2014), https://www.ncbi.nlm.nih.gov/pmc/articles/PMC3911887/; M. W. Seward et al., "A Traffic-Light Label Intervention and Dietary Choices in College Cafeterias", 106 Am. J. Pub. Health 1808 (2016), https://www.ncbi.nlm.nih.gov/pubmed/27552277.

27. Gicheol Jeong & Yeunjoong Kim, "The Effects of Energy

Efficiency and Environmental Labels on Appliance Choice in South Korea", 8 Energy Efficiency 559 (2015), https://link.springer.com/article/10.1007/s12053-014-9307-1.

28. Kamila M. Kiszko et al., "The Influence of Calorie Labeling on Food Orders and Consumption", 39 J. Community Health, 1248 (2014), https://www.ncbi.nlm.nih.gov/pmc/articles/PMC4209007/; Brian Elbel et al., "Calorie Labeling and Food Choices", 28 Health Aff. 1110 (2009), https://www.ncbi.nlm.nih.gov/pubmed/19808705; Sara N. Bleich et al., "A Systematic Review of Calorie Labeling and Modified Calorie Labeling Interventions", 25 Obesity 2018 (2017), https://www.ncbi.nlm.nih.gov/pmc/articles/PMC5752125/.

29. Julie S. Downs et al., "Supplementing Menu Labeling with Calorie Recommendations to Test for Facilitation Effects", 103 Am. J. Pub. Health 1604 (2013), https://ajph.aphapublications.org/doi/full/10.2105/AJPH.2013.301218.

30. Partha Deb & Carmen Vargas, "Who Benefits from Calorie Labeling?" 1-29 (Nat'l Bureau of Econ. Research, Working Paper No. 21992, 2016), https://www.nber.org/papers/w21992; Bryan Bollinger et al., "Calorie Posting in Chain Restaurants" (Nat'l Bureau of Econ. Research, Working Paper No. 15648, 2010), https://www.nber.org/papers/w15648.

31. Steven K. Dallas et al., "Don't Count Calorie Labeling Out", 29 J. Consumer Psychol. 60 (2018).

32. 정량화가 실현 불가능하다는 이유로 편익의 정량화를 거부하는 방침을 지지하기로 한 중요한 결정에 대해서는 Inv. Co. Inst. v. Commodity Futures Trading Comm'n, 720 F.3d 370 (D.C. Cir. 2013) 참고. 정보 공개의 맥락에서 선도적인 결정은 Nat'l Ass'n of Mfr. v. SEC (D.C. Cir. 2014)인데, 임의성 평가에 맞서 〈분쟁 광물〉의 사용 정보를 공개하도록 요구하는 규제를 지지했다: 정부 기관은 법령이 명시적으로 명령하지 않는 한 〈측정 불가한 것을 측정하도록〉 요구되지 않으며

〈철저하고 정량적인 경제적 분석〉을 할 필요가 없다. 이 문제와 관련해서 규제의 편익은 신뢰할 만한 정보가 존재하지 않는 가운데 지구 반대편에서 벌어지는 불투명한 물리적 충돌의 한가운데서 발생할 것이고, 위원회의 전문 지식을 벗어난 주제를 다루게 될 것이다. 설령 최종적인 규정의 직접적인 결과로 얼마나 많은 생명을 구하거나 강간을 예방할 수 있는지 추정이 가능하다고 하더라도, 그러한 추정은 규정을 둘러싼 비용 — 금전 가치로 환산된 — 이 사과와 벽돌을 비교하는 것이나 다름없는 문제를 초래할 것이기 때문에 아무런 소용이 없다. 자료 부족에도 불구하고 위원회는 정보 공개 규정을 공표할 수밖에 없었다.

Quoting Inv. Co. Inst., v. Commodity Futures Trading Comm'n 720 F.3d 370 (D.C. Cir. 2013).

33. Ben-Shahar & Schneider, 앞의 주 14번.

34. Daniel Kahneman & Richard H. Thaler, "Anomalies: Utility Maximization and Experienced Utility", 20 J. Econ. Persp. 221 (2006).

35. https://www.federalregister.gov/documents/2018/12/21/2018-27283/national-bioengineered-food-disclosure-standard에서 최종 규정을 찾아볼 수 있다.

36. Hunt Allcott & Judd B. Kessler, "The Welfare Effects of Nudges: A Case Study of Energy Use Social Comparisons", 11 *American Economic Review: Applied Economics* 236 (2019).

37. *Preference Change: Approaches from Philosophy, Economics and Psychology* 4 (Till Grune-Yanoff & Sven Ove Hansson eds., 2009).

38. 예를 들어, 미국 환경 보호국과 교통부(2011)에 따르면 새로운 연비 표시와 관련해서 〈연비 표시 설계가 차량 판매에 미치는 정량적인 영향을 검토한 모든 평가는 많은 추측을 포함한다〉. 간단히 말하면 〈이 규정과 연관된 주된 편익은 개선된 정보 제공으로 인한 개선된 소비 의사 결정과 관련 있다. 현재 미국 환경 보호국이나 고속도로 교통 안전국에는 그와 같은 영향을 정량화할 자료가 없다〉. Revisions and Additions to Motor Vehicle Fuel Economy Label, 76 Fed. Reg. 39,517 (July 6, 2011).

39. W. Kip Viscusi & Wesley A. Magat, *Learning about Risk* (1987).

40. Wesley A. Magat & W. Kip Viscusi, *Informational Approaches to Regulation* (1992).

41. Allcott & Kessler, 앞의 주 36번.

42. 이에 관한 결정적인 연구는 W. Kip Viscusi, Pricing Lives (2018)에 나온다; 많은 사람이 그의 연구에 의지한다. 예를 들어 〈이용 가능한 최고의 증거를 토대로 이 안내는 한 사람의 생명이 갖는 통계학적 가치를 940만 달러라고 확인한다〉라고 설명하는 Kathryn Thomason & Carlos Monje, Guidance on Treatment of the Economic Value of a Statistical Life in U.S. Department of Transportation Analyses, Memorandum, US Department of Transportation (2015), https://perma.cc/C6RQ-4ZXR을 참고하라. 또한 어떤 기준으로 〈기관들이……제안된 규제를 통해 구할 수 있는 사람들의 생명에 금전 가치를 할당하는지〉에 관한 근본적인 이론과 논의를 제공하는 Cass R. Sunstein, *Valuing Life: Humanizing the Regulatory State* (2014)도 참고하라.

43. 〈평균적으로 소비자들은 영양 성분이 표시된 과자에 처음 가격보다 11퍼센트 정도 높은 가격을 지불할 의사를 보인다〉라는 사실을 발견한 Maria L. Loureiro et al., "Do Consumers Value Nutritional Labels?", 33 Eur. Rev. Agric. Econ. 249, 263 (2006)을 참고하라. 덧붙여 〈앞의 기대치와 일관되게 우리의 결과는 식습관과 관련된 건강 문제를 겪는 개인들(추정 평균 13퍼센트)과 그런 건강 문제를 전혀 겪지 않는 사람들(추정 평균 9퍼센트) 간의 [지불 의사액] 차이를 보여 준다〉. 같은 글, 249쪽.

44. US Food and Drug Administration, "Food Labeling: Nutrition Labeling of Standard Menu Items in Restaurants and Similar Retail Food Establishments", Report FDA-2011-F-0172, 11, 64 (2014), https://www.fda.gov/media/90450/download. 그렇지만 앞서처럼 지불 의사액 기준은 복지의 관점에서조차 규범적인 반대와 충돌할지 모른다. 사람들은 때때로 무엇이 그들의 복지를 증진할지 알지 못한다는 점에서 지불 의사액에 의문을 제기하는 John Bronsteen et al., *Happiness and the Law* (2015)를 개괄적으로 살펴보라.

45. Jonathan Gruber & Sendhil Mullainathan, "Do Cigarette Taxes Make Smokers Happier?" (Nat'l Bureau of Econ. Research, Working Paper No. 8872, 2002), http://www.nber.org/papers/w8872.

46. 늘어나는 수명, 흡연자들의 증가하는 자산과 화폐 가치, 점점 낮아지는 암과 질병의 발병률을 언급하는 US Food and Drug Administration, "Required Warnings for Cigarette Packages and Advertisements", 76 Fed. Reg. 36719 (June 22, 2011)를 참고하라. 또한 고용인들에게 산업 안전 보건OHSA 일지를 볼 수 있게 해야 한다고 요구하는 US Department of Labor, "Improve Tracking of Workplace Injuries and Illnesses", 81 Fed. Reg. 29628 (May 12, 2016)을 참고하라. 그리고 〈기관들은 비록 정량화하기가 어렵더라도 정보를 갖춘 선택 자체가 목적이라고 믿는다; 기관들은 또한 당장은 편익들이 정량화될 수 없지만, 새로운 정보 표시가 소비자들에게 경제적 편익을 포함하여 상당한 편익을 제공할 것이라고 믿는다〉라고 설명하는 US Environmental Protection Agency & US Department of Transportation, "Revisions and Additions to Motor Vehicle Fuel Economy Label", 76 Fed. Reg. 39517 (July 6, 2011)을 참고하라. 끝으로 〈소비자의 식품 선택에 따른 장기적인 건강상의 효과를 좀 더 현시적으로 만듦으로써, 그리고 식품 소비에 따른 전후 결과를 제공함으로써 최종 규정은 소비자를 보조할 수도 있다〉라고 설명하는 US Food and Drug Administration, "Food Labeling: Nutrition Labeling of Standard Menu Items in Restaurants and Similar Retail Food Establishments", Report FDA-2011-F-0172, 11 (2014), https://www.fda.gov/media/90450/download를 참고하라.

47. 해당 제안은 https://www.federalregister.gov/documents/2019/08/16/2019-17481/tobacco-products-requiredwarnings-for-cigarette-packages-and-advertisements에서 찾아볼 수 있다.

3장 심리학

1. Omri Ben-Shahar & Carl E. Schneider, "The Failure of Mandated Disclosure", 159 U. Pa. L. Rev. 647 (2010). The paper was the foundation for an excellent book: Omri Ben-Shahar & Carl E. Schneider, More than You Want to Know (2014).

2. 정보의 진위를 확인할 수 없을 때도 솔직한 의사소통이 발생할 수 있다. Vincent P. Crawford & Joel Sobel, "Strategic Information Transmission", 50 Econometrica 1431 (1982); Joseph Farrell & Matthew Rabin, "Cheap Talk", 10 J. Econ. Persp. 103 (1996).

3. Ulrike Malmendier & Devin Shanthikumar, "Are Small Investors Naive about Incentives?", 85 J. Fin. Econ. 457 (2007).

4. Vijay Krishna & John Morgan, "A Model of Expertise", 116 Q. J. Econ. 747 (2001).

5. Carlos Jensen et al., "Privacy Practices of Internet Users: Self-Reports versus Observed Behavior", 63 Intl. J. Man-Machine Stud. 203 (2005).

6. Joseph Turrow et al., "The Federal Trade Commission and Consumer Privacy in the Coming Decade", 3 I/S: J. L. Pol. Info. Soc'y 723 (2008).

7. 이런 관심의 부재와 그에 따른 오해는 전혀 놀랍지 않다. 인터넷 사용자 중 57퍼센트가 개인 정보 보호 정책의 54퍼센트를 이해하지 못하는 것으로 추정된다 - Carlos Jensen & Colin Potts, "Privacy Policies as Decision-Making Tools: An Evaluation of Online Privacy Notices" in Proceedings of the SIGCHI Conference on Human Factors in Computing Systems 471 (2004) — 그리고 약간 재미있게도 미국 소비자들이 실제로 개인 정보 보호 정책을 읽는 데 드는 시간의 총 달러 가치는 연간 6,520달러로 추산된다. Aleeccia M. McDonald & Lorrie Faith Cranor, "Cost of Reading Privacy Policies", 4 I/S: J. L. Pol. Info. Soc'y 543 (2008).

8. Roger McCarthy et al., "Product Information Presentation, User

Behavior, and Safety", 28 Proc. Hum. Factors Ergonomics Soc'y Ann. Meeting 81 (1984).

9. Richard E. Nisbett & Lee Ross, *Human Inference: Strategies and Shortcomings of Social Judgment* (1980).

10. Alexander L. Brown et al., "To Review or Not to Review? Limited Strategic Thinking at the Movie Box Office", 4 Am. Econ. J. Microecon. 1 (2012); Alexander L. Brown et al., "Estimating Structural Models of Equilibrium and Cognitive Hierarchy Thinking in the Field: The Case of Withheld Movie Critic Reviews", 59 Mgmt. Sci. 733 (2013).

11. Sunita Sah & George Loewenstein, "Nothing to Declare: Mandatory and Voluntary Disclosure Leads Advisors to Avoid Conflicts of Interest", 25 Psychol. Sci. 575 (2014).

12. Alan D. Mathios, "The Impact of Mandatory Disclosure Laws on Product Choices: An Analysis of the Salad Dressing Market", 43 J. L. Econ. 651 (2000).

13. Botond Kőszegi, "Utility from Anticipation and Personal Equilibrium", 44 Econ. Theory 415 (2010), https://doi.org/10.1007/s00199-009-0465-x. 예를 들어 다음을 보라. Markus K. Brunnermeier & Jonathan A. Parker, "Optimal Expectations", 95 Am. Econ. Rev. 1092 (2005); Andrew Caplin & John Leahy, "Psychological Expected Utility Theory and Anticipatory Feelings", 116 Q. J. Econ. 55 (2001); George Loewenstein, "Anticipation and the Valuation of Delayed Consumption", 97 Econ. J. 666 (1987); Thomas C. Schelling, "The Mind as a Consuming Organ", in The Multiple Self (ed. J. Elster 1987).

14. Niklas Karlson et al., "The Ostrich Effect: Selective Avoidance of Information", 38 J. Risk Uncertainty 95 (2009); Nachum Sicherman et al., "Financial Attention", 29 Rev. Fin. Stud. 863 (2016), http://dx.doi.org/10.2139/ssrn.2120955.

15. Rebecca L. Thornton, "The Demand for, and Impact of,

Learning HIV Status", 98 Am. Econ. Rev. 1829 (2008).

16. Emily Oster et al., "Optimal Expectations and Limited Medical Testing Evidence from Huntington Disease", 103 Am. Econ. Rev. 804 (2013).

17. Yumi Iwamitsu et al., Anxiety, "Emotional Suppression, and Psychological Distress before and after Breast Cancer Diagnosis", 46 Psychosomatics 19 (2005).

18. Eun Kyoung Choi et al., "Associated with Emotional Response of Parents at the Time of Diagnosis of Down Syndrome", 16 J. for Specialists in Pediatric Nursing 113 (2011).

19. Theresa Marteau and John Weinman, "Self-Regulation and the Behavioural Response to DNA Risk Information: A Theoretical Analysis and Framework for Future Research", 62 Soc. Sci. & Med. 1360 (2006).

20. Howard Leventhal, "Fear Appeals and Persuasion: The Differentiation of a Motivational Construct", 61 Am. J. Pub. Health 1208 (1971); Ronald W. Rogers, "A Protection Motivation Theory of Fear Appeals and Attitude Change", 91 J. Psych. 93 (1975); Sabine Loeber et al., "The Effect of Pictorial Warnings on Cigarette Packages on Attentional Bias of Smokers", 98 Pharmacology Biochemistry Behav. 292 (2011).

21. Tali Sharot, *The Optimism Bias* (2012).

22. Amos Tversky & Daniel Kahneman, "Judgment under Uncertainty: Heuristics and Biases", in Judgment under Uncertainty: Heuristics and Biases 3, 11 (Daniel Kahneman et al. eds., 1982).

23. Bryan Bollinger et al., "Calorie Posting in Chain Restaurants" (Nat'l Bureau of Econ. Research, Working Paper No. 15648, 2010), https://www.nber.org/papers/w15648.

24. Robert Jensen, "The (Perceived) Returns to Education and the Demand for Schooling", 125 Q. J. Econ. 515 (2010).

25. Hunt Allcott, "Social Norms and Energy Conservation", 95 J. Pub. Econ. 1082 (2011).

26. W. Kip Viscusi, "Do Smokers Underestimate Risks?", 98 J. Pol. Econ. 1253 (1990).

27. Paul Slovic, "Rejoinder: The Perils of Viscusi's Analyses of Smoking Risk Perceptions", 13 J. Behav. Decision Making 273 (2000).

28. Uri Gneezy, "Deception: The Role of Consequences", 95 Am. Econ. Rev. 384 (2005).

29. Kathleen Valley, "How Communication Improves Efficiency in Bargaining Games", 38 Games Econ. Behav. 127 (2002).

30. 인지 편향은 몇몇 상황에서 유사한 영향을 미칠 수 있다. 〈지식의 저주〉는 개인적으로 정보를 가진 사람들이 종종 정보가 공유되는 정도를 과대 평가한다는 사실을 가리킨다. Colin F. Camerer, "The Curse of Knowledge in Economic Settings: An Experimental Analysis", 97 J. Pol. Econ. 1232, 1245 (1989). 저자의 주장에 따르면 〈저주는 더 많은 정보를 가진 행위자들로 하여금 자신들의 지식이 다른 이들로 공유된다고 생각하게 만듦으로써 정보 불균형에서 비롯되는 비효율성을 덜어 내는 데 일조하고, 완전한 정보로서 (최고의) 결과에 가까운 결과를 가져온다. 그러한 환경에서 개인에 대한 저주는 실제로 사회 복지를 향상시킬 수 있다〉. 같은 글.

31. Daylian M. Cain et al., "The Dirt on Coming Clean: Perverse Effects of Disclosing Conflicts of Interest", 34 J. Legal Stud. 1 (2005).

32. Daylian M. Cain et al., "When Sunlight Fails to Disinfect: Understanding the Perverse Effects of Disclosing Conflicts of Interest", 37 J. Consumer Res. 836 (2010).

33. 같은 글.

34. 같은 글.

35. Sunita Sah et al., "The Burden of Disclosure: Increased Compliance with Distrusted Advice", 104 J. Personality Soc. Psychol. 289 (2013); Sunita Sah et al., "Insinuation Anxiety: Concern that

Advice Rejection Will Signal Distrust after Conflict of Interest Disclosures", 45 Pers. Soc. Psychol. B. 1099 (2019).

36. Archon Fung et al., Full Disclosure: The Perils and Promise of Transparency (2007).

37. Ginger Zhe Jin & Phillip Leslie, "The Effect of Information on Product Quality: Evidence from Restaurant Hygiene Grade Cards", 118 Q. J. Econ. 409 (2003). 같은 저자들은 또한 의무적인 정보 공개가 자발적인 정보 공개보다 효과적이라는 증거와 성적표가 위생에서 실질적인 개선을 이루어 내기도 했지만, 조사관들에게 평가를 왜곡하게 만드는 역할도 했다는 증거를 얻었다.

38. Thomas Gilovich et al., "The Spotlight Effect in Social Judgement: An Egocentric Bias in Estimates of the Salience of One's Own Actions and Appearance", 78 J. Personality Soc. Psychol. 211 (2000).

39. Edgar Allen Poe, *The Tell-Tale Heart* (1843).

40. Maureen O'Dougherty et al., "Nutrition Labeling and Value Size Pricing at Fast Food Restaurants: A Consumer Perspective", 20 Am. J. Health Promotion 247 (2006). 소비 선택에 미치는 중대한 영향을 발견한 앞의 주 23번 Bollinger et al..

41. Alexa Namba et al., "Exploratory Analysis of Fast-Food Chain Restaurant Menus before and after Implementation of Local Calorie-Labeling Policies, 2005-2011", 10 Preventing Chronic Disease 1 (2013).

42. 두 집단의 식당에서 주메뉴의 평균 칼로리 함량은 유사한 변화 유형을 보이지 않았다(칼로리 표시제를 실시함으로써 건강에 좋지 않은 선택지는 더욱 악화된 것 같다).

43. Pierre Chandon & Brian Wansink, "The Biasing Health Halos of Fast-Food Restaurant Health Claims: Lower Calorie Estimates and Higher Side-Dish Consumption Intentions", 34 J. Consumer Res. 301 (2007).

44. Jessica Wisdom, "Promoting Healthy Choices: Information vs. Convenience", 99 Am. Econ. J.: Applied 159 (2010).

45. Richard G. Newell et al., "The Induced Innovation Hypothesis and Energy-Saving Technological Change", 114 Q. J. Econ. 941 (1999).

46. Paul Waide, "Energy Labeling around the Globe", paper presented at Energy Labels — A Tool for Energy Agencies (Oct. 19, 2004).

47. Cynthia L. Estlund, "Just the Facts: The Case for Workplace Transparency", 63 Stan. L. Rev. 351 (2011).

48. Susanna Kim Ripken, "The Dangers and Drawbacks of the Disclosure Antidote: Toward a More Substantive Approach to Securities Regulation", 58 Baylor L. Rev. 139 (2006).

49. Saurabh Bhargava & Dayanand Manoli, "Psychological Frictions and the Incomplete Take-Up of Social Benefits: Evidence from an IRS Field Experiment", 105 Am. Econ. Rev. 3489 (2015).

50. Jennifer Thorne & Christine Egan, "An Evaluation of the Federal Trade Commission's EnergyGuide Appliance Label: Final Report and Recommendations", American Council for an Energy-Efficient Economy (2002), http://aceee.org/research-report/a021; Stephen Wiel & James E. McMahon, "Governments Should Implement Energy-Efficiency Standards and Labels-Cautiously", 31 Energy Pol'y 1403 (2003).

51. Richard G. Newell & Juha V. Siikamäki, "Nudging Energy Efficiency Behavior: The Role of Information Labels" 1-41 (Nat'l Bureau of Econ. Research, Working Paper No. 19224, 2013), https://www.nber.org/papers/w19224.

52. 같은 글; Appliance Labeling Rule, 72 Fed. Reg. 6,836 (Feb. 13, 2007) (16 C.F.R. pt. 305). 그러나 이 연구에서 이산화탄소 정보의 존재는 15퍼센트의 소비자에게 더 낮은 운용비에 대한 지불 의사를 감소시켰다. 이런 놀라운 결과는 〈환경 문제〉에 대한 정치적인 반응의 산물일 수

있으며, 소비자들의 반응이 에너지 효율성을 채택하는 데 어떻게 부정적으로 영향을 미치는지 보여 줄 수 있다. Dena M. Gromet et al., "Political Ideology Affects Energy-Efficiency Attitudes and Choices", 110 Proc. Nat'l Acad. Sci. 9314 (2013).

53. Steven K. Dallas et al., "Don't Count Calorie Labeling Out", 29 J. Consumer Psychology 260 (2018).

54. Christopher K. Hsee et al., "Preference Reversals between Joint and Separate Evaluations of Options: A Review and Theoretical Analysis", 125 Psychol. Bulletin 576 (1999).

55. Jeffrey Kling et al., "Comparison Friction: Experimental Evidence from Medicare Drug Plans", 127 Q. J. Econ. 199 (2012).

56. Marianne Bertrand & Adair Morse, "Information Disclosure, Cognitive Biases, and Payday Borrowing", 66 J. Fin. 1865 (2011).

57. Justine S. Hastings & Lydia Tejeda-Ashton, "Financial Literacy, Information, and Demand Elasticity: Survey and Experimental Evidence from Mexico", 1-34 (Nat'l Bureau of Econ. Research, Working Paper No. 14538, 2008).

58. Michael Luca & Jonathan Smith, "Salience in Quality Disclosure: Evidence from the U.S. News College Rankings", 22 J. Econ. Mgmt. Strategy 58 (2013).

59. 마찬가지로 병원의 (그리고 병원 내 전문 분야의) 순위 변화가 환자 수에 주요한 영향을 미친다는 사실을 발견했다. 그런데도 순위의 토대가 되는 지속적인 점수(어쩌면 같은 것을 더욱 세밀하게 측정한 수치)는 추가적으로 유의미한 영향을 미치지 않았다. Devin G. Pope, "Reacting to Rankings: Evidence from 'America's Best Hospitals'", 28 J. Health Econ. 1154 (2009).

60. Justine S. Hastings & Jeffrey M. Weinstein, "Information, School Choice, and Academic Achievement: Evidence from Two Experiments", 123 Q. J. Econ. 1373 (2008).

61. 하지만 자연 실험에서는 학부모에게 학교의 학업 성취도에 관한

정보(약간 복잡한 정보임에도)를 발송하는 것이 그들의 학교 선택 결정을 개선시켰다는 견해가 지지를 받았다.

62. 더피와 코니엔코는 한 기발한 실험에서 연속적인 〈독재자 게임〉에 참여한 피실험자들이 토너먼트의 우승과 관련한 상이 없음에도 불구하고, 자신이 얼마를 가지고 있는지에 따라 순위가 매겨지는 〈소득〉 토너먼트와 비교할 때 관대한 토너먼트(해당 토너먼트에서 피실험자들은 가장 관대한 참가자부터 가장 덜 관대한 참가자 순으로 공개적으로 순위가 매겨졌다)에 배치되었을 때 더 관대한 모습을 보인다는 사실을 발견했다. John Duffy & Tatiana Kornienko, "Does Competition Affect Giving?", 74 J. Econ. Behav. Org. 82 (2010).

63. P. Wesley Schultz et al., "The Constructive, Destructive, and Reconstructive Power of Social Norms", 18 Psych. Sci. 429 (2007).

64. Hunt Allcott & Todd Rogers, "The Short-Run and Long-Run Effects of Behavioral Interventions: Experimental Evidence from Energy Conservation", 104 Am. Econ. Rev. 3003 (2014); Hunt Allcott, "Social Norms and Energy Conservation", 95 J. Public Econ. 1082 (2011).

65. Bhargava & Manoli, 앞의 주 49번.

66. Aaron K. Chatterji & Michael W. Toffel, "How Firms Respond to Being Rated", 31 Strategic Mgmt. 917 (2010).

67. Archon Fung & Dara O'Rourke, "Reinventing Environmental Regulation from the Grassroots Up", 25 Env. Mgmt. 115 (2000); James T. Hamilton, Regulation through Revelation (2005); Shameek Konar & Mark Cohen, "Information as Regulation: The Effect of Community Right to Know Laws on Toxic Emissions", 32 J. Env. Econ. Mgmt. 109 (1997).

68. Sah & Loewenstein, 앞의 주 11번.

69. The George Washington University School of Public Health and Health Services, Pharmaceutical Marketing Expenditures in the District of Columbia, 2010 (2012), http://doh.dc.gov/sites/default/files/dc/

sites/doh/publication/attachments/pharmaceutical_marketing_expenditures_in_the_district_of_columbia_2010.pdf.

70. Mary Graham, "Regulation by Shaming", Atlantic Monthly, Apr. 2000.

71. Wendy Nelson Espeland & Michael Sauder, "Rankings and Reactivity: How Public Measures Recreate Social Worlds", 113 Am. J. Soc. 1 (2007).

72. Schultz et al., 앞의 주 63번; 공화당원들의 에너지 사용이 늘었다는 사실을 발견한 Dora L. Costa & Matthew E. Kahn, "Energy Conservation "Nudges" and Environmentalist Ideology: Evidence from a Randomized Residential Electricity Field Experiment", 11 J. Eur. Econ. Ass'n 680 (2010).

73. Nisbett & Ross, 앞의 책 주 9번.

74. Ron Borland et al., "Impact of Graphic and Text Warnings on Cigarette Packs: Findings from Four Countries Over Five Years", 18 Tobacco Control 358 (2009); David Hammond et al., "Effectiveness of Cigarette Warning Labels in Informing Smokers about the Risks of Smoking: Findings from the International Tobacco Control (ITC) Four Country Survey", 15 Tobacco Control iii19 (2006); Michelle M. O'Hegarty et al., "Reactions of Young Adult Smokers to Warning Labels on Cigarette Packages", 30 Am. J. Preventive Med. 467 (2006); James F. Thrasher et al., "Estimating the Impact of Pictorial Health Warnings and 'Plain' Cigarette Packaging: Evidence from Experimental Auctions among Adult Smokers in the United States", 102 Health Pol'y 41 (2011).

75. Zain Ul Abedeen Sobani et al., "Graphic Tobacco Health Warnings: Which Genre to Choose?", 14 Int'l J. Tuberculosis Lung Disease 356 (2010).

76. Sabine Loeber et al., "The Effect of Pictorial Warnings on Cigarette Packages on Attentional Bias of Smokers", 98 Pharmacology

Biochemistry Behav. 292 (2011).

77. Cass R. Sunstein, *Simpler: The Future of Government* (2013).

4장 잘못된 추론

1. 유사한 추론 문제가 연구된 문헌은 Juanjuan Zhang, "Policy and Inference: The Case of Product Labeling" (Sept. 23, 2014) (미출간 원고), http://jjzhang.scripts.mit.edu/docs/Zhang_2014_GMO.pdf.. 장 쥐안쥐안은 사람들이 유전자 변형 식품에 대한 정보 공개 의무의 결과로 (대조군과 비교해서) 더 높은 위험을 감지한다는 흥미로운 최초의 실증적 연구를 보고한다.

2. 같은 글.

3. Oren Bar-Gill et al., "Drawing False Inferences from Mandated Disclosures", 3 Behavioural Public Policy 209 (2019).

4. US Food and Drug Administration, Guidance for Industry: Voluntary Labeling Indicating Whether Foods Have or Have Not Been Derived from Genetically Engineered Plants 7 (2015).

5. Cass R. Sunstein, "The Limits of Quantification", 102 Cal. L. Rev. 1369 (2014).

5장 윤리적인 문제

1. Conflict Minerals, 77 Fed. Reg. 56,274, 56,277-56,278 (Sept. 12, 2012) (codified at 17 C.F.R. pts. 240 and 249b).

2. 16 U.S.C. § 1385 (2012).

3. 같은 법령.

4. Sydney E. Scott et al., "Evidence for Absolute Moral Opposition to Genetically Modified Food in the United States", 11 Persp. Psychol. Sci. 315, 316 (2016).

5. National Bioengineered Food Disclosure Standard, Pub. L. No.

114-216 (2016) (codified at 7 U.S.C. § 1621 et seq. (2016)).

6. Denis Swords, "Ohio v. United States Department of the Interior: A Contingent Step Forward for Environmentalists", 51 La. L. Rev. 1347 (1991). 이론적인 사안들에 대해서는 Robert Goodin, *Green Political Theory* (1992).

7. 이러한 사안들이 상세하게 서술된 글은 Eric Posner & Cass R. Sunstein, "Moral Commitments in Cost-Benefit Analysis", 103 Va. L. Rev. 1809 (2017)이고, 더욱 간결하게 서술된 글은 Cass R. Sunstein, *The Cost-Benefit Revolution* (2017)이다. 나는 해당 논의들을 여기에 차용했다.

8. Deven Carlson et al., Monetizing Bowser: A Contingent Valuation of the Statistical Value of Dog Life (2019), https://www.cambridge.org/core/journals/journal-of-benefit-cost-analysis/article/monetizing-bowser-a-contingent-valuation-of-the-statistical-value-of-dog-life/86EB120F86F7376DC366F6578C8CFEF1.

9. Conflict Minerals, 77 Fed. Reg. 56,274, 56,333-56,336 (Sept. 12, 2012) (codified at 17 C.F.R. pts. 240, 249b).

10. 21 U.S.C. § 343(w) (2012).

11. Peter Singer, *Animal Liberation* 5-7 (1975).

12. Jeremy Bentham, An Introduction to the Principles of Morals and Legislation 282-283 (J. H. Burns & H. L. A. Hart eds., 1996).

13. 15 U.S.C. §§ 78m(p) (2012).

14. Nat'l Ass'n of Mfrs. v. SEC, 748 F.3d 359, 369-370 (D.C. Cir. 2014).

15. Conflict Minerals, 77 Fed. Reg. 56,274, 56,334 (Sept. 12, 2012) (codified at 17 C.F.R. pts. 240 and 249b).

16. 같은 법령. at 56,350.

17. National Ass'n of Mfrs., 748 F.3d at 370.

18. 같은 법령. at 369.

6장 페이스북에 대한 평가

1. 당연하지만 사람들의 개인 정보가 침해되고 있지는 않은지, 그들이 자신의 정보가 사용되고 있다는 사실을 아는지에 초점을 맞춘 논의들도 있다. 이 책의 분석과 중첩되는 관련 논의에 대해서는 Angela G. Winegar & Cass R. Sunstein, "How Much Is Data Privacy Worth? A Preliminary Investigation", 42 J. Consumer Pol'y 440 (2019) 참고.

2. Richard H. Thaler, *Misbehaving* (2016).

3. Charles Plott & Kathryn Zeiler, "The Willingness to Pay - Willingness to Accept Gap, the "Endowment Effect," Subject Misconceptions, and Experimental Procedures for Eliciting Valuations", 95 Am. Econ. Rev. 530 (2005).

4. 표본은 전국을 대표하지는 않았지만, 유의미한 수준의 인구 통계학적 다양성을 지니고 있었다. 나는 현재 전국적인 조사를 진행하고 있다: 이곳이 조사 결과를 보고하는 자리는 아니지만, 그 결과는 사전 조사 결과와 대략적으로 일치한다.

5. Daniel Kahneman et al., "Experimental Tests of the Endowment Effect and the Coase Theorem", 98 J. Pol. Econ. 1325 (1998).

6. 같은 글; Keith M. Marzilli Ericson & Andreas Fuster, "The Endowment Effect" 1-34 (Nat'l Bureau of Econ. Research, Working Paper No. 19384, 2013), http://www.nber.org/papers/w19384; Carey K. Morewedge & Colleen E. Giblin, "Explanations of the Endowment Effect: An Integrative Review", 18 Trends Cognitive Sci. 339 (2015).

7. Christoph Kogler et al., "Real and Hypothetical Endowment Effects when Exchanging Lottery Tickets: Is Regret a Better Explanation than Loss Aversion?", 37 J. Econ. Psychol. 42 (2013). 소유 효과는 종종 손실 회피 성향에서 기인한다고 간주되지만, 완벽한 설명은 아닌 것 같다. Morewedge & Giblin, 앞의 주 6번.

8. 인구 통계학적 차이(성별, 인종, 교육, 소득, 지역) 중 어느 것도 유의미하지 않았지만, 작은 표본이라는 점에서 이 조사를 크게 중요시하는 것은 무리일 것이다. 그런데도 나는 다음과 같은 사실에 주목한다.

남성과 여성 모두에게 첫 번째 질문에 대한 답의 중간값은 1달러였고, 남성의 평균값은 7.98달러였으며, 여성의 평균값은 6.92달러였다; 공화당원의 중간값은 2달러였고, 평균값은 11달러였다; 민주당원의 중간값은 1달러였고, 평균값은 8.74달러였다; 무소속의 중간값은 0달러였고, 평균값은 3.36달러였다. 두 번째 질문에 대해 남성의 중간값은 57달러였고, 평균값은 75.44달러였다; 여성의 중간값은 59달러였고, 평균값은 74.63달러였다; 공화당원의 중간값은 59달러였고, 평균값은 78.25달러였다; 민주당원의 중간값은 53달러였고, 평균값은 71.34달러였다; 무소속의 중간값은 60달러였고, 평균값은 77.14달러였다.

9. 소유 효과의 근거와 영역에 대한 의문이 제기된 자료는 Plott & Zeiler, 앞의 주 3번. 명확하게 설명하는 논의가 실린 자료는 Ericson & Fuster, 앞의 주 6번과 Andrea Isoni et al., "The Willingness to Pay – Willingness to Accept Gap, the "Endowment Effect," Subject Misconceptions, and Experimental Procedures for Eliciting Valuations: Comment", 101 Am. Econ. Rev. 991 (2011).

10. Cass R. Sunstein, "Endogenous Preferences, Environmental Law", 22 J. Legal Stud. 217 (1993); Simon Dietz and Frank Venmans, "The Endowment Effect and Environmental Discounting" (Ctr. Climate Change Econ. Pol'y Working Paper No. 264, 2017), http://www.lse.ac.uk/GranthamInstitute/wp-content/uploads/2016/08/Working-paper-233-Dietz-VenmansupdateMarch17.pdf.

11. Dan Brookshire & Don Coursey, "Measuring the Value of a Public Good: An Empirical Comparison of Elicitation Procedures", 77 Am. Econ. Rev. 554 (1987).

12. Judd Hammock & G. M. Brown, *Waterfowl and Wetlands: Toward Bioeconomic Analysis* (1974).

13. Robert Rowe et al., "An Experiment on the Economic Value of Visibility", 7 J. Env't Econ. Mgmt. 1 (1980).

14. Daniel Kahneman et al., "Fairness and the Assumptions of Economics", 59 J. Bus. S285 (1986).

15. 같은 글.

16. Truman Bewley, *Why Wages Don't Fall During A Recession* (1995).

17. Shane Frederick et al., "Opportunity Cost Neglect", 36 J. Consumer Res. 551 (2009). 환경적인 맥락에서 또 하나의 요인이 작동한다: 바로 양심이다. (가령) 북극곰의 말살을 허락하는 대가로 얼마를 요구할 것인지 질문을 받는 경우에 사람들은 어쩌면 어떤 금액도 충분히 높지 않다고 말할 수 있고, 어쩌면 북극곰을 말살시키는 데 따른 복지 효과(사람에게 미치는)가 아닌 끔찍한 손실에 대한 부담감을 표시하는 금액을 답할 수도 있을 것이다. Eric Posner & Cass R. Sunstein, "Moral Commitments in Cost-Benefit Analysis", 103 Va. L. Rev. 1809 (2017).

18. Erik Brynjolfsson et al., "Using Massive Online Choice Experiments to Measure Changes in Well-Being" (Nat'l Bureau of Econ. Res. Working Paper No. 24514, 2018), http://www.nber.org/papers/w24514. 여기에서 나는 그들의 연구 중 일부에만 집중하고 있다; 해당 연구는 이해를 돕는 많은 발견을 포함한다.

19. Edward McCaffery et al., "Framing the Jury: Cognitive Perspectives on Pain and Suffering Awards", 81 Va. L. Rev. 1341 (1995).

20. Paul Dolan, *Happiness by Design* (2014).

21. 여기에서 나는 항의가 섞인 답변의 경우처럼 질문을 받는 것에 대한 인지적인 반응이나 감정적인 반응이 답변에 반영될 수도 있다는 가능성을 배제하고 있다.

22. John Bronsteen et al., "Well-Being Analysis vs. Cost-Benefit Analysis", 62 Duke L. J. 1603 (2013); Cass R. Sunstein, The Cost-Benefit Revolution (2018). 행복의 서로 다른 두 가지 구성 요소인 즐거움과 목적에 대해서는 위의 주 20번 Dolan의 글. 소셜 미디어를 이용하는 많은 사람에게 즐거움은 증가될 수 있지만, 목적의식은 그렇지 않을 수 있다. 물론 즐거움과 목적의식 둘 다 증가되지 않을 수도 있으며, 소셜 미디어를 이용하는 행위가 중독과 유사한 특징을 갖는다는 점에서 복지를 늘리기보다 줄일 수도 있다. 아울러 복지 효과에 대한 분석은

궁극적으로 심각한 철학적 문제로 이어질 수 있다. Matthew Adler, *Well-Being and Fair Distribution* (2011).

23. Hunt Allcott et al., "The Welfare Effects of Social Media" (unpublished draft 2019).

24. Xiaomeng Hu et al., "The Facebook Paradox: Effects of Facebooking on Individuals' Social Relationships and Psychological Well-Being", 8 Frontiers Psychol. 87 (2017); Sebastian Valenzuela et al., "Is There Social Capital in a Social Network Site? Facebook Use and College Students' Life Satisfaction, Trust, and Participation", 14 J. Computer-Mediated Comm. 875 (2009); E. C. Tandoc et al., "Facebook Use, Envy, and Depression among College Students", 43 Computer Hum. Behav. 139 (2015); Ethan Kloss et al., "Facebook Use Predicts Declines in Subjective Well-Being in Young Adults", PLOS One (2013), http://journals.plos.org/plosone/article?id=10.1371/journal.pone.0069841.

25. Kloss et al., 앞의 주 24번.

26. Sebastian Valenzuela et al., 앞의 주 24번.

7장 슬러지

1. Paperwork Reduction Act of 1995, Pub. L. 104-13, 109 Stat. 163 (개정되어 성문화된 44 U.S.C. §§ 3501-3521 (2012)).

2. 44 U.S.C. § 3504(c) (2012) (강조 추가).

3. 44 U.S.C. § 3514(a) (2012).

4. Off. of Mgmt. & Budget, Information Collection Budget of the United States Government 2 (2016), https://www.whitehouse.gov/sites/whitehouse.gov/files/omb/inforeg/inforeg/icb/icb_2016.pdf (https://perma.cc/3FYG-M93W) (hereinafter Information Collection Budget 2016). 의아하게도 트럼프 행정부는 법적 요구 사항임에도 연례 보고서를 제공하지 않았다. 2016년 정보 수집 예산이 최신 자료로 올라와

있는 Office of Management and Budget Reports, WhiteHouse.gov, https://www.whitehouse.gov/omb/information-regulatory-affairs/ reports (https://perma.cc/B75H-FAL3).

5. Government-Wide Totals for Active Information Collections, OIRA, https://www.reginfo.gov/public/do/PRAReport?operation=11 (https://perma.cc/H9K2-J424).

6. Request for Comments on Implementation of the Paperwork Reduction Act, 74 Fed. Reg. 55,269 (Oct. 27, 2009). 나는 당시에 정보 및 규제 사무국의 관리자로 일하고 있었다. 예산 관리국과 정보 및 규제 사무국은 1999년에 유사한 질문을 했다. Notice of Reevaluation of OMB Guidance on Estimating Paperwork Burden, 64 Fed. Reg. 55,788 (Oct. 14, 1999); Adam M. Samaha, "Death and Paperwork Reduction", 65 Duke L. J. 279 (2015).

7. 예를 단순화하기 위해 27달러라는 수치가 사용된다. 연방 정부는 기준 숫자를 가지고 있지 않지만, 규제 효과 분석에서 정부는 평균 27달러 전후로 보고하는 노동 통계국의 수치를 사용했다. Dep't of Health and Hum. Serv. & Food and Drug Admin., Docket No. FDA-2016-N-2527, Tobacco Product Standard for N-Nitrosonornicotine Level in Finished Smokeless Tobacco Products 78 (Jan. 2017), https://www.fda.gov/downloads/aboutfda/reportsmanualsforms/reports/economicanalyses/ucm537872.pdf (https://perma.cc/46HT-25RZ): 〈노동 통계국이 발표한 2015년 5월 산업 직업별 고용 구조 조사 OES에서 보고된 대로 노동 시간은 현재 시장 임금의 가치로 평가된다(미국 노동 통계국, 2015).〉; Average Hourly and Weekly Earnings of All Employees on Private Nonfarm Payrolls by Industry Sector, Seasonally Adjusted, Bureau of Lab. Stat., https://www.bls.gov/news.release/empsit.t19.htm (https://perma.cc/42WN-8CDG), 2019년 1월에 민간 산업 전반의 평균 시급이 27.56달러라고 언급한다; Samaha, 앞의 주 6번, 298쪽: 〈조사에 누가 무작위로 선발될지 모르기 때문에 [박물관과 도서관 서비스 기구는] 응답자의 시간을 달러 비용으로 환산하기 위해 약 20달러였던

1인당 전국 평균 소득을 이용했다.〉

8. 행정 부담의 개념을 논의하고 그 구성 요소의 개요를 서술하는 Pamela Herd & Donald Moynihan, *Administrative Burden: Policymaking by Other Means* 22-30 (2019) 참고; 서류 작업 같은 행정 업무들이 여가, 수면, 인간관계, 개인적인 특히 여성의 일을 방해한다고 설명하는 Elizabeth F. Emens, "Admin", 103 Geo. L. J. 1409 (2015) 참고; 생활 속에서 행정 부담이 끼치는 영향의 예시를 보여 주고 이를 완화하기 위한 조언을 제공하는 Elizabeth F. Emens, *Life Admin: How I Learned to Do Less, Do Better, and Live More* (2019).

9. Richard H. Thaler, "Nudge, Not Sludge", 361 Sci. 431 (2018).

10. 나는 여기에서 넛지와 슬러지의 정확한 관계를 고려 대상에서 제외하고 있다. 확실히 하자면 좋은 선택을 위한 넛지도 있고, 나쁜 선택을 위한 넛지도 있을 수 있다; 나쁜 선택에 관해서는 여러 예 중에서 시나본Cinnabon의 창업자 리치 코멘과 그레그 코멘이 사람들로 하여금 시나본을 먹기로 함으로써 〈건강에 좋지 않은〉 결정을 하도록 부추기고자 개발한 전략들을 설명하는 George Akerlof & Robert Shiller, *Phishing for Phools* (2015)를 참고하라. 나는 〈좋은 선택을 위한 슬러지〉를 포함하는 슬러지에 대한 이해를 제공하지만 어쩌면 슬러지를 나쁜 종류의 마찰로 한정하는 것이 더 유용할지 모른다. 정의를 내리는 문제들과 관련해서 아직 해야 할 작업이 더 남아 있다. 나의 바람은 현재의 논의를 위한 사례들이 충분해지는 것이다.

11. Eric Bettinger et al., "The Role of Simplification and Information in College Decisions: Results from the H&R Block FAFSA Experiment" 1 (Nat'l Bureau of Econ. Research, Working Paper No. 15361, 2009), https://www.nber.org/papers/w15361 (https://perma.cc/66EG-VQXD): 〈학생과 그 가족들은 자격을 확인하기 위한 질문이 100개가 넘는 연방 학생 보조금 무료 신청서FAFSA라고 불리는 8쪽으로 된 상세한 신청서를 작성해야 한다.〉

12. Susan Dynarski & Mark Wiederspan, "Student Aid Simplification: Looking Back and Looking Ahead" 8-11 (Nat'l

Bureau of Econ. Research, Working Paper No. 17834, 2012), https://www.nber.org/papers/w17834 (https://perma.cc/5VTH-682V).

13. Herd & Moynihan, 앞의 주 8번, 47~60쪽; 투표 참여를 늘리기 위해 유권자 등록 관련한 서류 작업을 줄이도록 권고 La. Advisory Committee for the US Commission on Civil Rights, Barriers to Voting in Louisiana 25-26 (2018), https://www.usccr.gov/pubs/2018/08-20-LA-Voting-Barriers.pdf (https://perma.cc/VCV4-BVQB); Jonathan Brater et al., Brennan Ctr. for Justice, Purges: A Growing Threat to the Right to Vote (2018), http://www.brennancenter.org/ publication/purges-growing-threat-right-vote (https://perma.cc/74YE-P6ZP); The Leadership Conf. Educ. Fund, The Great Poll Closure (2016), http://civilrightsdocs.info/pdf/reports/2016/poll-closure-report-web.pdf (https://perma.cc/GRS7-953K).

14. Dept. of Agriculture, Direct Certification in the National School Lunch Program: State Implementation Progress, School Year 2014-2015 (2015), https://www.fns.usda.gov/direct-certification-national-schoollunch-program-report-congress-state-implementation-progress-0 (https://perma.cc/D6PP-X4GL), at 2: 〈직접 인증은 일반적으로 영양 보충 지원 계획SNAP, 빈곤 가구 임시 생활 지원TANF, 인디언 보호구역 식량 배급 프로그램FDPIR 기록을 주(州) 단위 혹은 지방 교육청 단위의 학생 등록 명단과 연계시키는 것을 포함한다.〉

15. Rob Griffin et al., Who Votes with Automatic Voter Registration? Impact Analysis of Oregon's First-in-the-Nation Program (2017), https://www.americanprogress.org/issues/democracy/reports/2017/06/07/433677/votes-automatic-voter-registration/#fn-433677-2 (https://perma.cc/9L7K-YPWX).

16. Felice J. Freyer, "Emergency Rooms Once Offered Little for Drug Users: That's Starting to Change", Boston Globe (Dec. 10, 2018), https://www.bostonglobe.com/metro/2018/12/09/emergency-rooms-once-had-little-offer-addicted-people-that-starting-change/

guX2LGPqG1 Af9xUV9rXI/story.html [https://perma.cc/FH6P-C2UF].

17. 같은 글.

18. Herd & Moynihan, 앞의 주 8번, 23쪽; Donald Moynihan et al., "Administrative Burden: Learning, Psychological, and Compliance Costs in Citizen-State Interactions", 25 J. Pub. Admin. Res. Theory 43, 45-46 (2014).

19. 미국과 영국의 사회 보장 프로그램 등록 비율을 검토하는 Janet Currie, The Take up of Social Benefits 11-12 (Inst. for the Study of Labor in Bonn, Discussion Paper No. 1103, 2004)를 참고하라; 행동 경제학 관점에서 낮은 건강 보험 이용 비율을 검토하는 Katherine Baicker et al., "Health Insurance Coverage and Take-Up: Lessons from Behavioral Economics", 90 Milbank Q. 107 (2012)을 개괄적으로 보라; 아동 건강 보험 프로그램CHIP의 자격 확장이 건강 보험 이용 비율에 미치는 영향을 분석하는 Carole Roan Gresenz et al., "Take-Up of Public Insurance and Crowd-Out of Private Insurance under Recent CHIP Expansions to Higher Income Children", 47 Health Servs. Res. 1999 (2012)와 미국에서 〈사회적, 경제적 혜택을 받을 자격이 되는 많은 사람이 해당 혜택을 요구하지 않는다〉라고 언급하는 Saurabh Bhargava & Dayanand Manoli, "Improving Take-Up of Tax Benefits in the United States", Abdul Latif Jameel Poverty Action Lab (2015), https://www.povertyactionlab.org/evaluation/improving-taketax-benefits-united-states (https://perma.cc/TPW8-XDHU)를 참고하라.

20. 퇴직 연금 참여를 방해하는 힘으로 타성을 지목하는 Brigitte C. Madrian & Dennis F. Shea, "The Power of Suggestion: Inertia in 401(k) Participation and Savings Behavior", 116 Q. J. Econ. 1149, 1185 (2001); John Pottow & Omri Ben-Shahar, "On the Stickiness of Default Rules", 33 Fla. St. U. L. Rev. 651, 651 (2006) 참고: 〈선발 비용을 넘어서는 요인들이 당사자들로 하여금 바람직하지 않은 임의 규정을 고수하게 만들기도 한다는 것은 이미 알려진 사실이다.〉

21. 뒤로 미루는 것을 포함한 몇몇 〈병적인 행동들〉을 검토하는 George Akerlof, "Procrastination and Obedience", 81 Am. Econ. Rev. 1, 1-17 (1991).

22. Ted O'Donoghue & Matthew Rabin, "Present Bias: Lessons Learned and to be Learned", 105 Am. Econ. Rev. 273, 273-278 (2015).

23. Joshua Tasoff & Robert Letzler, "Everyone Believes in Redemption: Nudges and Overoptimism in Costly Task Completion", 107 J. Econ. Behav. & Org. 107, 115 (2014).

24. Peter Bergman, Jessica Laskey-Fink, & Todd Rogers, "Simplification and Defaults Affect Adoption and Impact of Technology, but Decision Makers Do Not Realize This" (Harvard Kennedy School Faculty Research Working Paper Series, Working Paper No. RWP17-021, 2018), https://ssrn.com/abstract=3233874 (https://perma.cc/YWN6-BBCJ).

25. National Voter Registration Act of 1993, 52 U.S.C. § 20507(d) (2012). 유권자 등록법의 해당 조항은 여러 목적 가운데서도, 특히 〈유권자 등록 명부가 최신으로 정확하게 유지되도록〉 하기 위함이다. 52 U.S.C. § 20501(b)(4).

26. 매년 공지를 보내도록 허용하는 Iowa Code § 48A.28.3 (2018) 참고; 3년 동안 〈무연락〉 상태였던 등록자에게 안내문을 보내도록 하는 〈Ga. Code Ann. § 21-2-234(a)(1)-(2) (2018); 5년 동안 투표하지 않은 유권자에게 안내문을 보내도록 하는 Pa. Stat. Ann., tit. 25, § 1901(b)(3) (2018); 연방 선거에 두 번 연속으로 참여하지 않은 사람들에게 안내문을 보내도록 하는 Ohio Rev. Code Ann. § 3503.21(B)(2) (2018). 일부 주들은 모호한 주(州)간 연합 데이터베이스에 근거해서 안내문을 발송한다는 점도 유념하라. 〈지지난 총선거〉 이후로 투표하지 않은 사람들과 주간 연합 데이터베이스에서 조회가 되지 않는 사람들에게 안내문을 보내도록 하는 Okla. Admin. Code § 230:15-11-19(a) (3) (2018); 4년 동안 투표하지 않은 유권자들에게 안내문을 보내도록 하는 Wis. Stat. Ann. § 6.50(1) (2018); 오클라호마주가 사용하는 〈교차 확인〉

제도가 신뢰할 수 없고 부정확하다고 설명하는 Brater et al., 앞의 주 13번 7~8쪽 참고.

27. 52 U.S.C. § 20507(d)(1)(ii).

28. Xavier Gabaix, "Behavioral Inattention" (Nat'l Bureau of Econ. Research, Working Paper No. 24096, 2018), https://www.nber.org/papers/w24096 (https://perma.cc/FQ2L-M3VN).

29. Herd & Moynihan, 앞의 주 8번. 유익한 관련 논의는 Jessica Roberts, "Nudge-Proof: Distributive Justice and the Ethics of Nudging", 116 Mich. L. Rev. 1045 (2018). 해당 개념은 〈가장 불리하게 영향을 받는 개인과 단체를 특별히 중시〉하도록 요구하는 공공 기록 관리법PRA의 지지를 받는다. 44 U.S.C. § 3504(c)(3) (2012).

30. Joyce He et al., "Leaning In or Not Leaning Out? Opt-Out Choice Framing Attenuates Gender Differences in the Decision to Compete" (Nat'l Bureau of Econ. Research, Working Paper No. 24096, 2019), https://www.nber.org/papers/w26484.

31. Austan Goolsbee, "The "Simple Return": Reducing America's Tax Burden through Return-Free Filing" 2 (2006), https://www.brookings.edu/wp-content/uploads/2016/06/200607goolsbee.pdf (https://perma.cc/C695-5YQL): 〈심플 리턴 프로그램을 이용할 수 있는 수백만 명의 납세자에게 세금 환급 서류를 작성하는 일은 단지 숫자를 확인하고 회신 서류에 서명한 다음 수표를 보내거나 환급을 받는 정도를 수반할 뿐이다.〉

32. 결혼 당사자 두 명 모두가 혼전 교육 과정을 이수하지 않으면 혼인 증명서를 신청하고 사흘이 지나야 효력이 발생하는 Fla. Stat. Ann. § 741.04 (2018) 조항과 첫 판결로부터 90일이 지나야 이혼이 완전히 성립되는 Mass. Ann. Laws ch. 208, § 21 (2018) 조항을 참고하라.

33. Pamaria Rekaiti & Roger Van den Bergh, "Cooling-Off Periods in the Consumer Laws of the EC Member States: A Comparative Law and Economics Approach", 23 J. Consumer Pol'y 371, 397 (2000): 〈냉각기는 비이성적인 행동, 상황에 따른 독점, 정보 비대칭 문제 등에

대한 잠재적인 치료법이다.〉; Dainn Wie & Hyoungjong Kim, "Between Calm and Passion: The Cooling-Off Period and Divorce Decisions in Korea", 21 Feminist Econ. 187, 209 (2015): 〈이혼의 원인이⋯⋯ 불성실, 학대 혹은 다른 가족 구성원과의 불화일 때 냉각기는 이혼율에 유의미한 영향을 미치지 않는다. 성격 차이 혹은 경제적 고통을 이혼 사유로 제시한 부부들에게는 냉각기가 영향을 주었다.〉

34. Cass R. Sunstein & Richard H. Thaler, "Libertarian Paternalism Is Not an Oxymoron", 70 U. Chi. L. Rev. 1159, 1187-1188 (2003): 이혼에 대한 의무적인 냉각기가 한국에서 최종 이혼율을 낮추었다는 사실을 발견한 Wie & Kim, 위의 주 33번 개괄적으로.

35. Michael Luca et al., "Handgun Waiting Periods Reduce Gun Deaths", 114 PNAS 12162 (2017).

36. US Office of Pers. Mgmt., "Standard Form 86: Questionnaire for National Security Positions" (2010), https://www.opm.gov/forms/pdf_fill/sf86-non508.pdf (https://perma.cc/KB9P-JJ8D).

37. 관련한 몇몇 거래에 대해서는 Memorandum from Jeffrey D. Zients, Dep. Dir. for Mgmt., & Cass R. Sunstein, Admin., OIRA, to Heads of Executive Departments and Agencies (Nov. 3, 2010), 그리고 개인 정보와 관련된 법을 준수하는 동시에 프로그램 시행을 개선하기 위해 연방 기관들끼리 자료를 공유하도록 권장하는 https://obamawhitehouse.archives.gov/sites/default/files/omb/memoranda/2011/m11-02.pdf (https://perma.cc/56QK-7HCR).

38. 다음의 예들이 있다. Albert Nichols & Richard Zeckhauser, "Targeting Transfers through Restrictions on Recipients", 72 Am. Econ. Rev. 372 (1982): Vivi Alatas et al., "Ordeal Mechanisms in Targeting: Theory and Evidence from a Field Experiment in Indonesia" (Nat'l Bureau of Econ. Research, Working Paper No. 19127, 2013), https://www.nber.org/papers/w19127 (https://perma.cc/6XFF-QP8E); Amedeo Fossati & Rosella Levaggi, "Public Expenditure Determination in a Mixed Market for Health Care" (May 4, 2004) (미출간 원고),

https://papers.ssrn.com/sol3/papers.cfm?abstract_id=539382
(https://perma.cc/GF5A-YRY5); Sarika Gupta, "Perils of the
Paperwork: The Impact of Information and Application Assistance
on Welfare Program Take-Up in India" (Nov. 15, 2017) (미출간 박사
구직 논문, Harvard University Kennedy School of Government),
https://scholar.harvard.edu/files/sarikagupta/ files/gupta_jmp_11_1.pdf
(https://perma.cc/K4HY-3YK4).

39. Information Collection Budget 2016, 앞의 주 4번, 7쪽.

40. 정보 및 규제 사무국은 검토를 위해 정보 수집 요구가
정리되어 있는 공공 계정을 제공한다. 해당 계정은 현재까지 받아
온 것보다 학문적으로나 다른 측면에서 더 많은 관심을 받을 가치가
있다. Information Collection Review Dashboard, OIRA, https://
www.reginfo.gov/public/jsp/PRA/praDashboard.myjsp?agency_cd=00
00&agency_nm=All&reviewType=RV&from_page=index.jsp&sub_ind
ex=1 (https://perma.cc/PD5L-9BNJ).

41. Memorandum from Neomi Rao, Admin., OIRA, to Chief
Information Officers 8 (Aug. 6, 2018), https://www.whitehouse.gov/
wpcontent/uploads/2018/08/Minimizing-Paperwork-and-
Reporting-Burdens-Data-Call-for-the2018-ICB.pdf (https://
perma.cc/KF9L-N6NZ); Memorandum from Cass R. Sunstein,
Admin., OIRA, to the Heads of Exec. Dep'ts & Agencies (June 22,
2012), https://www.dol.gov/sites/default/files/oira-reducing-rep-
paperwork-burdens-2012.pdf (https://perma.cc/FRA5-M5P2).

42. Memorandum from Cass R. Sunstein, Admin., OIRA, to the
Heads of Exec. Dep'ts & Agencies & Indep. Reg. Agencies (Apr. 7,
2010), https://www.whitehouse.gov/sites/whitehouse.gov/files/omb/
assets/inforeg/PRAPrimer_04072010.pdf (https://perma.cc/D3VW-
ZD8T).

43. Memorandum from Cass R. Sunstein, Admin., OIRA, to
the Heads of Exec. Dep'ts & Agencies (June 22, 2012), https://

www.dol.gov/sites/default/files/oira-reducing-rep-paperwork-burdens-2012.pdf (https://perma.cc/FRA5-M5P2).

44. 같은 글.

45. 혼합된 접근법을 보려면 같은 글 참조.

46. Memorandum from Neomi Rao, Admin., OIRA, to Chief Info. Offs. (July 21, 2017), https://www.whitehouse.gov/wp-content/uploads/2017/12/MEMORANDUM-FOR-CHIEF-INFORMATION-OFFICERS.pdf (https://perma.cc/6PD4-25N7), 같은 주제.

47. Memorandum from Neomi Rao, Admin., OIRA, to Chief Info. Offs.8 (Aug. 6, 2018), https://www.whitehouse.gov/wpcontent/uploads/2018/08/Minimizing-Paperwork-and-Reporting-Burdens-Data-Call-for-the2018-ICB.pdf [https://perma.cc/KF9L-N6NZ]; 서류 작업 부담을 줄이기 위한 계획을 수립할 때 행동 과학을 사용하도록 권고하는 Memorandum from Howard Shelanski, Admin., OIRA, and John P. Holdren, Dir., Off. of Sci. & Tech. Pol'y, to the Heads of Exec. Dep'ts & Agencies and of the Indep. Reg. Agencies (Sept. 15, 2015) https://obamawhitehouse.archives.gov/sites/default/files/omb/inforeg/memos/2015/behavioral-science-insights-and-federal-forms.pdf (https://perma.cc/M8MX-9K6C).

48. Pac. Nat. Cellular v. United States, 41 Fed. Cl. 20, 29 (1998).

49. 같은 자료 (강조 추가).

50. 같은 자료: 공공 기록 관리법PRA이 개인 정보를 부적절하게 요구받은 사람들에게 개인적인 소송 사유가 아닌 방어 수단만을 제공한다고 설명하는 Util. Air Regulatory Grp. v. EPA, 744 F.3d 741, 750 n.6 (D.C. Cir. 2014) 참고; Smith v. United States, 2008 WL 5069783 at *1 (5th Cir. 2008), same subject; Springer v. IRS, 2007 WL 1252475 at *4 (10th Cir. 2007), 같은 주제; Sutton v. Providence St. Joseph Med. Ctr., 192 F.3d 826, 844 (9th Cir. 1999), 같은 주제; Alegent Health-Immanuel Med. Ctr. v. Sebelius, 34 F.Supp.3d 160, 170

(D.D.C. 2014), 같은 주제.

51. 44 U.S.C. §3512(b) (2012) (강조 추가).

52. 42 U.S.C. §706.

53. Cass R. Sunstein, "The Regulatory Lookback", 94 B. U. L. Rev. 579, 592-596 (2014).

맺음말

1. King James Bible Online, Gen. 3.1-3.7, https:// www.kingjamesbibleonline.org/Genesis-3-kjv/.

2. John Stuart Mill, *Utilitarianism* (Oskar Priest ed., 1957).

3. A. S. Byatt, *Possession* 212 (1990).

옮긴이 **고기탁** 한국외국어대학교 불어과를 졸업하고, 펍헙 번역 그룹에서 전문 번역가로 일한다. 옮긴 책으로 앤드루 솔로몬의 『부모와 다른 아이들』, 에번 오스노스의 『야망의 시대』, 프랑크 디쾨터의 인민 3부작인 『해방의 비극』, 『마오의 대기근』, 『문화 대혁명』, 토마스 프랭크의 『민주당의 착각과 오만』, 헨리 M. 폴슨 주니어의 『중국과 협상하기』, 윌리엄.H. 맥레이븐의 『침대부터 정리하라』 등이 있다.

TMI: 정보가 너무 많아서

발행일 **2023년 12월 15일 초판 1쇄**

지은이 **캐스 R. 선스타인**
옮긴이 **고기탁**
발행인 **홍예빈 · 홍유진**
발행처 **주식회사 열린책들**

경기도 파주시 문발로 253 파주출판도시
전화 **031-955-4000** 팩스 **031-955-4004**
홈페이지 **www.openbooks.co.kr** 이메일 **humanity@openbooks.co.kr**